图解社会常识全知道

全知道

文若愚◎编著

中国华侨出版社

北京

图书在版编目 (CIP) 数据

图解社会常识全知道 / 文若愚编著 . —北京：中
国华侨出版社，2017.12（2020.6 重印）
ISBN 978-7-5113-7256-7

Ⅰ .①图… Ⅱ .①文… Ⅲ .①社会学 – 图解 Ⅳ .
① C91-64

中国版本图书馆 CIP 数据核字（2017）第 309090 号

图解社会常识全知道

编　　著：文若愚
责任编辑：待　宵
封面设计：李艾红
文字编辑：胡宝林
美术编辑：盛小云
插图绘制：圣德文化
经　　销：新华书店
开　　本：720mm×1020mm　1/16　印张：26.5　字数：550 千字
印　　刷：北京德富泰印务有限公司
版　　次：2018 年 2 月第 1 版　2020 年 6 月第 2 次印刷
书　　号：ISBN 978-7-5113-7256-7
定　　价：68.00 元

中国华侨出版社　北京市朝阳区西坝河东里 77 号楼底商 5 号　邮编：100028
法律顾问：陈鹰律师事务所
发 行 部：（010）58815874　　　传　真：（010）58815857
网　　址：www.oveaschin.com　　　E－m a i l：oveaschin@sina.com

如果发现印装质量问题，影响阅读，请与印刷厂联系调换。

前言

　　什么是社会常识？"中国式管理之父"曾仕强曾说："社会常识就是指在日常生活为人处世中必须掌握且行之有效的知识，对于一个人而言，社会常识往往比知识更重要。"一个人如果不具备社会常识，就很难在社会上立稳足，自然也不可能成就什么事业了。

　　虽然说在现实生活中，适应社会也需要有一定的科学文化知识，"学好数理化，走遍天下都不怕"，说的是要掌握科学文化知识，科学文化知识在社会生存中是立足的根本之一。但光靠这些科学文化知识也是行不通的，因为社会是人的社会，人是复杂的个体，社会是纷繁复杂的。许多学富五车、积极奋进，怀有理想的人四处碰壁，举步维艰，最终壮志难酬。而一些资质平平的人，却干出了轰轰烈烈的事业。事业的成败，人生的得失，并不一定与才华成正比，而是与人际关系等各种因素紧密相关，要成就一番事业则离不开良好的人际关系。经营良好的人际关系，学会做人与处世，这就是社会常识，是在学校中学不到的知识，也是立足社会之根本。

　　要适应社会，首先要了解社会，要了解社会的规律，了解人际关系，了解社交心理学，掌握人际沟通技巧，知道与人相处的原则，懂得如何经营人脉等，也要提升自己的素养，这包括修饰自己的外在形象、注重自己的礼仪和谈吐。古人云，"工欲善其事，必先利其器"，只有在掌握科学文化知识的同时灵活地掌握这些技能，我们才能轻松立足社会，才能生活幸福、事业顺利。

　　编写这部《图解社会常识全知道》，旨在帮助每个渴望成功的人及时补足"社会常识"课，掌握适应社会的各种技巧。它从浩如烟海的各种社会知识中，提取出最为基本、最为必需，同时又最具操作性的常识性知识，给正在人生征途上奋斗的人一剂处世良方、一个智慧锦囊。

　　本书系统地从形象、礼仪、场景口才、语言沟通、社交心理学、与人相处、人脉、职场生存、创业、理财、休闲、安全、防骗等十几个方面深入解析社会生活的方方面面，例如，怎样得体穿衣、如何优雅地进行自我介绍、怎样的礼仪让你最有魅力、如何沟通最有效、怎样与形形色色的人打交道、如何筹划成功的商务宴请、旅行中有哪些注意事项、如何防范各种场合中的骗术，等等，本书都给出了详尽的解答。

对于每个即将走上社会的青年学生而言，这本书将帮助他们轻松地立足社会，找到理想的工作，顺利地融入社会，少碰壁，少走弯路，早日成功。对于每个刚刚跳槽进入理想单位的新员工而言，这本书将帮助他们学会处理各种人际关系，获取领导欣赏、同事信任，顺利实现升职加薪的愿望。对于那些在事业和生活上处处碰壁的人而言，这本书将帮助他们摆脱逆境，扭转人生航向，驶向美好的明天。

社会是一本大书，要完全读懂、读通并不容易，但社会不是建在空中的楼阁，而是伫立在地上的一座大厦，如果能抓住其中不可不知的必备常识，也就等于抓住了行走社会的精髓奥义，把握住了"社会大厦"的根基，成功离你也就不远了。同时，也只有了解了社会常识，才能更准确、清晰地认识社会、定位自我、开创新的生活。

鉴于现代人阅读追求实用和轻松的特点，在编写过程中，我们特别注重了本书的实用性和趣味性。本书汇集常见、常惑、常犯的现实问题，提供简单明了、实事求是的解决方案，让读者可以拿来就用，用了就能见效果；将相对专业和严肃的社会话题，通过采用轻松的叙事方式进行讲解，并适时地穿插一些小故事，读者轻轻松松就能领会到其中的真谛。

最后，希望本书在给读者带来实用与趣味兼备的社会常识的同时，也能给读者带来幸福与成功，带来无悔的精彩人生。

目 录

第一章 不可不知的形象常识

第二章 不可不知的礼仪常识

第三章 不可不知的场景口才常识

第四章 不可不知的语言沟通常识

第五章 不可不知的社交心理学常识

第六章 不可不知的与人相处的常识

第七章　不可不知的宴请常识

第八章 不可不知的职场生存常识

第九章 不可不知的创业常识

第十章 不可不知的理财常识

第十一章 不可不知的休闲常识

第十二章 不可不知的安全常识

◎ 基本救助常识 ◎ ·· **342**

◎ 生活事故应对常识 ◎ ·· **352**

第十三章 不可不知的防骗常识

第一章
不可不知的形象常识

◎ 形象常识 ◎

让发丝保持干净整洁

如果你没有时间打理你的头发，至少应保持它的干净整洁，一般两天清洗一次头发为宜（夏天可适当增加频率）。平时也应注意对头发的养护，使其具有自然光泽。

不要过多使用啫喱、喷彩之类的东西，如要使用，也最好选择无香型，免得和香水、化妆品等气味混杂在一起，令人闻之生厌。

指甲体现优雅气质

指甲最基本的要求是每星期剪两次，修一次，长度以不超过指尖为宜。

健康美观的指甲应该是纯净透明的，没有污垢，顶端磨圆。若要染指甲或者美甲，最好采用接近肉色或者透明的甲油，或者选择和口红相搭配的颜色，而不要染黑色、灰色等浓重的颜色。

对于指甲的修饰，以自然大方为宜，不用假指甲，不留长指甲，不装甲戒等指甲饰品。

让下巴干干净净

在过去，人们都认为男人的胡须是成绩和本领的体现，仿佛胡子越长越有办事能力，但在现代的职场中，"嘴上无毛，办事不牢"已经不灵，人际关系中第一印象往往很重要，若是胡子一大把会让人觉得没有精神。若是胡须没有理净，也会给人留下办事不利索的印象。为了让合作对象对你有个好印象，为了不给竞争对手"可以抓住的把柄"，一定要让下巴干干净净。

简单生活妆的化妆步骤

简易生活妆大体可分以下10步：

（1）洁肤：优质香皂洗手和清洁面部皮肤。

（2）整肤：涂化妆水，调整肌肤。

（3）护肤：面部涂适量护肤乳液或雪花膏。

（4）打底：均匀施上与肤色相近的乳液型粉底，若皮肤多油脂，应用粉饼

◇ 打粉底液的正确方法 ◇

涂抹粉底液其实不需要任何复杂的技巧，就如同护肤时涂抹乳液一样，用双手手掌均匀地涂抹于整个脸部即可。

整个脸只需1块钱硬币的大小。

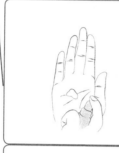
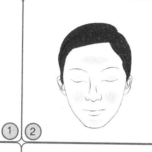

首先点在6个部位。在眼睛下方的三角区域、T区、下巴、上眼睑点涂上步骤1中的粉底液。

从中心向外匀开。搓热手掌，利用指腹涂抹。从鼻翼两侧朝着太阳穴，均匀地推开粉底液。

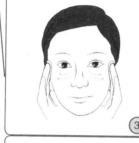
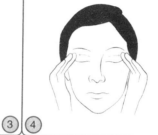

上眼睑按相同方向涂抹。用指腹在上眼睑区域，按照由内而外的方向涂抹薄薄的一层粉底液。

沿着鼻梁向上涂抹。在鼻子部分涂抹粉底的时候，可以沿着鼻梁向上涂抹，令鼻子看上去更加挺拔。

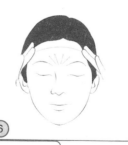

额头以扇形的轮廓涂抹。用中指和无名指，沿着额头的轮廓呈扇形涂抹。注意不要碰到发际线。

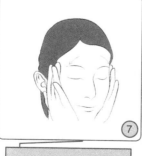

完成

抑制。

（5）扑粉。

（6）描眉：用黑色或咖啡色眼线笔画好眉毛；对眉形好而眉毛淡者用咖啡色睫毛油淡染眉毛效果更佳。

（7）画眼：这一步骤又可分解为3小步：一是用咖啡色眼线笔代替膏状眼影涂于眼睑、鼻旁及面颊等需要产生阴影效果之处，涂后用手指抹匀；二是用黑色眼线笔画出清晰的眼线；三是用卷睫毛器卷好睫毛，涂上睫毛油。

（8）唇妆：用咖啡色眼线笔勾好唇形，涂上与唇色一致的唇膏（口红），再上光泽唇膏或唇油。

（9）涂脂：根据不同肤型、肤色、年龄、部位来涂抹胭脂。

（10）定妆：扑上厚薄适度、均匀一致的扑粉作为定妆。

用粉底掩饰缺点

化妆时，应先用接近肤色的粉底均匀涂抹面部，然后用其他颜色的粉底修饰细节。

（1）下颌骨突出：选用较肤色暗的粉底，涂于颌及颌下，沿下颌弧线上下抹匀，并扩及颈部。

（2）鼻子的缺点：鼻子较宽大者可使用较两颊粉底稍暗的粉底沿鼻子两侧轻抹，直至鼻孔。鼻子较低时，应在鼻子中线上涂些比肤色稍浅的粉底，而在两侧涂深色粉底。鼻子较短的人可用淡色粉底将鼻中线从上到下涂得长些，再用深色粉底把鼻子两侧也涂长些。

（3）颧骨较高：用手蘸上较深色的粉底，最好是带些暗红色的粉底在颧骨上点三点，然后依颧骨的外弧，向上轻抹均匀。

用唇膏改变唇形

（1）小而薄的嘴唇：宜使用明亮色彩的唇膏，浅橘色或粉红色较佳。画唇线时，可用唇线笔将嘴唇轮廓线画成比实际嘴唇稍偏外一些，口角稍向上翘。

（2）大而薄的嘴唇：宜使用大红色和咖啡色的唇膏，用唇线笔增加嘴唇的厚度，缩小嘴唇的宽度，在唇线内涂满口红。忌用珠光、银光等膨胀色。

（3）小而厚的嘴唇：宜用鲜艳的唇膏，如明亮的红色或粉红色，忌用暗色唇膏，否则会使嘴唇更小。画唇线时，可用唇线笔向外扩0.1厘米，唇峰描高，下唇的曲线画平一些。

（4）大而厚的嘴唇：宜使用暗红色的唇膏，以使唇形看起来小一些。涂粉底时可使之压上天然唇线，然后再用唇线笔画出较内收的唇线，在唇部中心处把唇膏涂浓些。

（5）上下嘴唇相同的嘴形：宜使用浅咖啡色的唇膏，才会使嘴唇美丽可爱。画唇线时，可用唇线笔描上唇峰，但不要太过刻意。

（6）唇角上翘的嘴唇：画唇线时，应适当将上唇修薄，唇峰呈圆形的曲线形，而将唇角线稍微挑高。口红宜使用明艳的橙色、粉红色系列，那样效果会更好。

（7）唇角下垂的嘴唇：画唇线时，可把下唇画得丰满些，近唇角处画得丰厚些；而上唇角处两边修薄些，形成上薄下厚的嘴形；还可在上唇角处用唇线笔涂上一点，使之有上扬的感觉。

（8）下厚上薄的嘴唇：画唇线时，下唇轮廓向内缩0.1厘米，上唇用唇线笔适当向外扩展。

按想要的妆效抹口红

（1）透明妆

可选用淡色口红及透明唇膏，这样双唇透明又有光泽，可透出原来的唇色及唇纹。

方法：立起刷子，在双唇上涂一层淡色口红，再用手指轻轻拍打，使口红渗入唇纹，最后涂上一层透明唇膏，使双唇的颜色浅淡透明。

（2）雾光妆

可选择无光泽的哑光口红，涂抹后可持续6～8小时不褪色，省去补妆的麻烦。

方法：先用手指蘸取粉底在双唇上打上薄薄的一层，再用与唇膏一致的唇线笔将唇线描画在双唇之外，最后在双唇上涂满雾光口红。

（3）油亮妆

可使用含有金盏草及甘菊精华成分的滋润口红，可让双唇光泽细腻。

方法：先涂上一层唇彩，再用纸巾轻按，擦掉唇上的浮色，最后涂上口红，这样油亮度更高又不易掉色。

根据自己的脸型画眉

画眉时要根据自己的脸型来确定浓淡粗细，这样才能使女人的妆容具有灵动飘逸的美感。

（1）尖脸型：尖脸型也就是倒三角形的脸，这种脸型以瘦人居多。为了使脸颊看起来丰满些，可将眉头往中间稍加长一些，使重点集中在额头，脸颊自然就显得胖些了。

（2）方脸型：方形脸的腮骨较大，为了平衡腮骨的突出，可将眉头往外稍微移一点，眉峰也跟着往后移，腮骨也就可以显得小些。

（3）长脸型：长形脸的眉毛应画平一些，只要稍微弯一点就好，不必画眉峰，眉头与眼头成直线。这样可以缩短脸的长度。

（4）圆脸型：眉头和眼头成直线，逐渐往上挑高，直到眉峰再往下画，眉峰在眼球的正中心。这样使圆形的脸看起来比较长。

（5）椭圆脸型：眉头应与眼头成直线，慢慢高起，至眉峰处往下斜，眉峰应在眼球的外围。眉头较粗，眉尾较细，这是眉毛的标准画法。

另外，画眉时要把握好"三庭五眼"的原则。

所谓"三庭"，就是画眉时，要知道眉毛的起点、角度、高度描画的基本原则，通常眉毛的起始位置与内眼角的位置应是一致的。所谓的"五眼"，便是在两个眉头之间可以放下一只眼睛。如果你不懂得这个原则，眉头超出了内眼角，两眉之间距离过短，人就会显得压抑、苦闷。

描眼线的技巧

描眼线时，最好把手肘靠在桌面上，小手指可以轻轻依附脸颊，先画下眼线，一手持镜，一手将眼线笔先从眼线的外眼角由粗而细地缓缓向内眼角移动。画好下眼线，再画上眼线。上眼线可先从中间向外眼角画一条线，然后再从中部向内眼画一条细线。上眼线应粗些、深些，而下眼线应细些、浅些。

如果使用眼线液，可用一支细小的刷子，眼睛向下看，用一只手将上眼皮拉紧，另一只手紧贴着睫毛处画一条细线，从内眼角至外眼角，一般无需延长。

不同眼型眼线的画法：

（1）丹凤眼：上眼皮的眼角部分要画得较宽些，下眼皮只画眼尾就可以，且要离上眼线远些。

（2）小眼睛：画眼线时，将上、下眼皮都画上眼线，要画得宽而长，而且两条线不要连到一起，这样小眼睛就会显得大些。

（3）大眼睛：画眼线时，只画眼尾处就可以弥补大而无神的眼睛。

（4）单眼皮：画眼线时要粗一些，眼线由眼头稍外侧画起，到眼角时眼线向上翘，这样可使眼睛显得大而有神。

（5）双眼皮：画眼线时，在上眼皮的双眼皮褶皱处涂画上灰色或黑色眼线，浓一点，下眼线则细一点、淡一点。

（6）下垂眼：画眼线时，将上眼皮的眼尾画得粗且上翘，下眼皮只画眼角就可以，且要距离上眼线远些。

◇ 根据场合选择妆容 ◇

化妆只想到适合自己，却不去想是否符合场合，是不合礼仪的。妆容符合场合既是对在场者的尊重，也是对自己的尊严、形象、品位和亲和力的肯定。

在家中接待客人、日常生活中拜访友人、外出旅游时，适合化亲切自然的淡妆。

在工作场合，或者去见客户，适合化清新大方、体现职业色彩的淡妆。

参加正式的舞会或宴会，适合化浓妆。而参加严肃的场合如葬礼，化妆应尽可能地素淡，唇膏和眼影都要涂暗色的。

涂眼影的技巧

棕色眼影容易与肤色协调，并且显得大方自然；紫色眼影令人有神秘感，可增添眼睛的妩媚；紫色与黄色眼影令人感到华丽；黄绿与灰色眼影富有青春气息；蓝色与绿色眼影有冷艳感，比较适合于成熟的女性；淡红色眼影可以强调眼睛的明净和可爱；金黄色眼影有甜美感，比较适合于年轻的女孩子。

涂眼影，如用粉末状的眼影粉，可以用海绵头刷涂抹；如用油性的眼影膏，那么可以用自己的指尖、指腹及化妆笔抹上去。在日常生活中，涂眼影要掌握以下基本技巧：

（1）从靠近睫毛处刷深色眼影，越向上越淡，可以给人以清爽、自然的感觉。

（2）眼头处眼影颜色较浅，越向眼尾越深，并微微拉出上翘，可以让女人表现得神秘成熟。

（3）眼头、眼尾色深，中央搭上较浅的颜色，可以使眼睛看起来较圆，散发出华丽的韵味。

打睫毛膏的技巧

睫毛膏大致可分为防水配方、自然色泽配方和纤维配方三种。防水睫毛膏效果最持久，自然睫毛膏颜色柔和，纤维睫毛膏能增加睫毛的粗浓感。打睫毛膏可根据自己睫毛的特点按步骤进行。

（1）睫毛浓密

对于拥有浓密睫毛的你，只需一些简单的技巧就可以让你的睫毛更加美丽动人。可采取如下步骤进行：

①将蜜粉轻轻刷在睫毛上，突出睫毛的浓密。

②从上睫毛刷起，用Z字形的刷牙方式将睫毛膏刷在睫毛的根部，再由上往下地将睫毛刷翘。

③用睫毛刷的尖端刷下睫毛，即可使眼睛变大。

④等第一层睫毛膏干了之后，再刷一层就可达到增加睫毛浓密的效果了。

（2）睫毛较稀

如果你的睫毛较为稀少，选择粘贴假睫毛的方法可以使你的睫毛显得浓密一些。

①颜色的选择

最适合亚洲女性的颜色是深棕色和黑色。粘贴这两个色系的假睫毛，可以使假睫毛和自己本身的睫毛糅合在一起时显得很自然。

②改造假睫毛

刚买回来的假睫毛虽然很漂亮却极不自然，一定要自己动手修理一下。将一条假睫毛剪成两半，贴在自己希望加强的部位，如外眼角、眼睫中央等位置。

③粘贴假睫毛

在假睫毛的边缘处涂上黏合胶，两端因容易脱落，所以黏合胶要稍多一些。然后沿着自己的睫毛涂上一层睫毛胶。等到黏合胶快干时，用5秒钟把假睫毛弯一弯，使之变得柔软。然后沿睫毛根轻轻地按上假睫毛。用手按10秒钟，真假睫毛即可完全黏合。

腮红的使用技巧

涂腮红一般俗称搽胭脂，搽胭脂可以起到改变脸型的作用。

（1）一般没什么缺陷的脸型，在两边颧骨靠近眼角的部位略抹些腮红即可。

（2）脸型瘦小的人要想显得胖些，应该将胭脂往脸的旁边抹，范围铺开些。

（3）颧骨较高的，胭脂不能抹在颧骨上，而应该抹在颧骨下面一点。

（4）胖脸型要想显得瘦点，应该在靠鼻梁近一点的地方抹。

（5）长脸型想变宽些，应该把胭脂抹高抹宽一点。

需要注意的是，无论什么脸型，胭脂都应该抹得淡些。因为我们在社会交往中，人与人之间距离很近，最高明的化妆术应是美而不露化妆痕迹，否则就会使人看着很不自然。

涂抹香水要注意的事项

（1）香水使用不要过量，避免产生适得其反的效果。

香水要喷洒或涂抹在适当的地方。一般洒在耳朵后面或是手腕的脉搏上。另外手臂内侧和膝盖内侧也是合适的部位。除了直接涂于皮肤，也可以喷在衣服上，一般多喷在内衣和外衣内侧、裙下摆以及衣领后面。而面部、腋下的汗腺、易被太阳晒到的暴露部位、易过敏的皮肤部位以及有伤口甚至发炎的部位，都不适合涂香水。

若想保持香味持久，不妨搽在丝袜上。当你希望香味持久，又希望香气由下而上散发缭绕，搽在大腿内侧、脚踝内侧、膝盖内侧以及长筒袜上是很好的方法。

（2）使用香水时要注意一个浓度问题，欧洲人和中东人用的香水会比较浓。我们没有必要效仿西方，另外还应选择喜欢并适合自己的香水。香水是无形的装饰品，没有比香水能更快、更有效地改变一个人的形象的了。

在工作时，应用清新淡雅的香水，这样才不会给人以唐突的感觉。在运动旅游场合，就应用各品牌中标有"运动"字样的运动香水，而在私下亲密的时刻，当然

◇ 谨慎借用他人的化妆品 ◇

使用他人的化妆品，从卫生角度来讲，这样是很不可取的；从礼仪方面来讲，如果你把别人的化妆品当公用品借来使用，也是错误的。

化妆品是个人用品，它和牙刷一样，是不能混用的。个人的化妆盒相当于私人领地，你擅闯"禁区"，即使人家嘴上不说，心里也是不愿意的。

借用他人的化妆品容易导致皮肤的交叉感染，对别人和自己都不好。同样，自己的化妆品也不要随便借给别人用。

使用商场的化妆品试用装之前，或者在影楼拍照时，最好用干净的棉棒或卸妆棉将受过污染的表层剔除。

可以用浓烈诱人的古典幽香了。在白天和冬季由于湿度低，香水应相应增加浓度。

（3）随着时代进步，人们审美情趣不断提高，男士用香水也越来越被人们所接受。时至今日，很多男士都被古龙香水等淡香水所吸引。

男士在刮完胡子后，可以用一些男士香水。用香水是不受年龄、职业限制的，可以根据自己的喜好选择。

现在，香水几乎已成为衣着的一部分了。无论是擦式的还是喷式的香水，在英文中都用wear（穿着）这个动词。由此可见人们对香水的重视程度了。男士或女士出席正式场合时选用适宜的香水能够表现出优雅和品位，能更好地改变一个人的形象。

◎ 得体穿衣的常识 ◎

穿戴要符合TPO原则

TPO是西方人提出的服饰穿戴原则，分别是英文中时间（Time）、地点（Place）、场合（Occasion）三个单词的首字母。穿着的TPO原则，要求人们在着装时以时间、地点、场合三项因素为准。

（1）时间原则

时间既指每一天的早、中、晚三个时间段，也包括每年春夏秋冬的季节更替，以及人生的不同年龄段。时间原则要求着装考虑时间因素，做到随"时"更衣。例如，早晨人们在家中或进行户外活动，着装应方便、随意，可以选择运动服、便装、休闲服。而工作时间的着装，应根据工作特点和性质，以服务于工作、庄重大方为原则。

同时，服饰也应当随着一年四季的变化而更替变换，不宜标新立异、打破常规。

（2）地点原则

地点原则代表地方、场所、位置不同，着装应有所区别，特定的环境应配以与之相适应、相协调的服饰，才能获得视觉和心理上的和谐美感。

比如，穿着只有在正式的工作环境才合适的职业正装去娱乐、购物、休闲、观光，或者穿着牛仔服、网球裙、运动衣、休闲服进入办公场所和社交场合，都是与环境不和谐的表现。

（3）场合原则

不同的场合有不同的服饰要求，只有与特定场合的气氛相协调的服饰，才能产生和谐的审美效果，实现人景相融的最佳效应。

正式场合应严格符合穿着规范。在欢度节日或纪念日、结婚典礼、生日纪念、

◇ 根据身材选择服装 ◇

　　人的身材体型千差万别,大致可分为四种体型:梨型、倒三角型、直线型、宝葫芦型。很多人觉得自己穿衣服不好看,其实是没有按照自己的身材来选择适合自己的衣服。

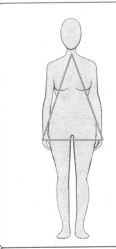
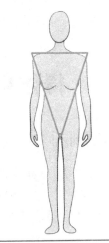

　　梨型身材,即上小下大。为使上下比例保持均衡,最好使用垫肩,比较适合的款式是上长下短,不加皮带的外套、连衣裙或梯型线条的瘦长直筒裙等。

　　倒三角形身材,即宽肩窄臀。倒三角型的身材适合穿各类服装。但不要使用垫肩。

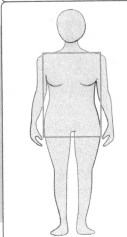
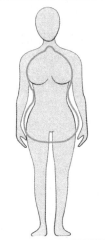

　　直线型身材,身材显得瘦高。适合的款式是轻飘有动感的服装。直线型宜穿横条纹、浅颜色、杂色的服装。

　　宝葫芦型身材,即隆胸凹腰。适合的类型是上身简洁、腰线恰当的服装,最好选择恰好在腰上高度的短款修身外套。

　　适合自己的才是最好的,每个人应根据自己身材体型的特点,选择恰当合适的服装,扬长避短,塑造美的形象。

联欢晚会、舞会等喜庆场合，服饰可以鲜艳明快、潇洒时尚一些。一般说来，在正式的喜庆场合，男性服装均以深色为宜，单色、条纹、暗小格都可以；在游览、联欢、生日晚会等场合，可以选择色彩明快的服装。女性不论在什么喜庆场合，都可以选择适合自己的色彩鲜艳的服装。

规范着装的要求

正式场合的着衣配装有一定的规范。如中山装的着装规范是扣好衣扣、领钩和裤扣，不把衬衣领口翻出，皮带不得垂露在外。穿长袖衬衣应将前后下摆塞入裤内，袖口、裤腿不能卷起。西服的着装规范更为严格。任何服装均应清洁、整齐、挺括。衣服应熨平整，裤子熨出裤线。衣领袖口要干净，鞋面要光亮。女士着裙装、套装应配以皮鞋或不露脚趾的皮凉鞋。不能赤足穿鞋，鞋袜不得有破损。

怎样正确穿着西装

西装通常是公司企业人员、政府机关人员在较为正式的场合男士着装的首选。作为一种正装，正确穿着西装显得非常重要。

（1）拆除商标：新买的西装一定要先将商标除去。

（2）保持西装外形的平整洁净：西装定期干洗，穿着前熨烫平整。西服的美感很大程度在于它的笔挺，皱皱巴巴的"抹布西服"，只会让别人皱眉。

（3）注意内衣搭配：西装的标准穿法是西装里面直接穿着衬衫，而衬衫之内不穿棉纺或毛织的背心、内衣，西装内穿T恤更是大忌。

（4）慎穿毛衫：原则上不允许穿毛衫，如果在冬季时实在寒冷难忍，也只宜穿上一件薄型"V"领的单色羊毛衫或羊绒衫。

（5）不卷挽西装衣袖和裤管：在正式场合，无论如何也不能卷起西装裤的裤管，或者挽起西装上衣的衣袖，以免给人以粗俗的感觉。

（6）正确系好西装纽扣：能否正确地给西装系好纽扣，直接反映出对西装着装礼仪的把握程度。

①单排二粒扣西装，扣子全部不扣表示随意、轻松；扣上面一粒，表示郑重；不可全扣。

②单排三粒扣西装，扣子全部不扣表示随意、轻松；只扣中间一粒表示正宗；扣上面两粒，表示郑重；不可全扣。

③双排扣西装可全部扣，亦可只扣上面一粒，表示轻松、时髦，但不可不扣。

④起身站立时，西装上衣的纽扣应当系上，以示郑重其事。

⑤就座之后，西装上衣的纽扣则要解开，以防其走样。

（7）用好西装的口袋：西装的口袋，装饰作用多于实用价值。所以，不能让口袋显得鼓鼓囊囊，使西装整体外观走样。

衬衫的穿着要求

和西装一起穿的衬衫，应是长袖的纯棉、纯毛制品为主的正装衬衫。以棉、毛为主要成分的混纺衬衫也可以。正装衬衫必须是单一色，白色是最佳选择。另外，蓝色、灰色、棕色、黑色，也可以考虑，正装衬衫大体上以没有任何图案为佳。较细的竖条纹衬衫在普通商务活动中也可以穿着，但不要和竖条纹的西装搭配。印花、格子以及带有人物、动物、植物、文字、建筑物等图案，都不是正装衬衫。

正装衬衫的领型多为方领、短领和长领。选衬衫的时候，要兼顾自己的脸型、脖长以及领带结的大小，反差不要过大。立领、翼领和异色领的衬衫，不适合和正装西装配套。

正装衬衫和西装配套穿的时候，要注意：

（1）要系衣扣：穿西装的时候，衬衫的所有纽扣都要系好。只有在不打领带时，才解开衬衫的领扣。

（2）收好下摆：穿长袖衬衫时，要把下摆均匀地掖到裤腰里面。

（3）大小合身：除休闲衬衫外都不要太短小，也不要过于肥大。衣领和胸围要松紧适度，下摆不能过短。当扣上最上面的一颗纽扣，还能插进两根手指，脖子不感到挤压，衬衫大小就合适了。

在单位，可以暂时脱掉西装外套、直接穿长袖衬衫、打着领带。

穿立领衬衫不用系领带，使人有一种挺拔、利落、简洁、轻松、休闲的感觉。穿立领衬衫的男士总会让人看上去多了一份特别的文化气质。但如果是正式的场合，如重要会议、签字仪式、礼仪会见等场合，尽量穿翻领衬衫并系上领带，以示庄重。

如何穿好白领男士装

男士主要以西服为主，配上合适的领带。

购买上班时穿的衣服颜色最好为海蓝、灰褐、黑色、白色，偶尔可以有一两件红色。海蓝或黑色的休闲外衣是用途最广的，加件T恤可以上班，周末配上牛仔裤，也可显出轻松休闲的气息。

正装浅口、中低跟的鞋子就很适合在办公室里穿，选择皮质佳的鞋子自然更能衬出自己的品位。手提包的样式应该越简单、越典雅越好，尺寸大小能放得下必备的东西即可，颜色要和鞋子搭配，最好是黑色、褐色、海蓝色等。

但有一点要记住，着装的品牌、价格、质地不要高于老板的。

根据衬衫和西装来挑选领带的颜色

◇领带的系法◇

男士的配饰不多，领带算是其中的一种，经常变变花样可以适合不同的场合，也能换换心情。

交叉结

交叉结。对于单色素雅质料且较薄领带适合选用，对于喜欢展现流行感的男士不妨多加使用。

平结

平结是男士最多选用的领结打法之一，要诀：领结下方所形成的凹洞需让两边均匀且对衬，这种凹洞一般只有真丝的领带才能打的出来。

温莎结

温莎结适用于宽领型的衬衫，该领结应多往横向发展。应避免材质过厚的领带，领结也勿打得过大。

挑选领带时应注意根据衬衫和西装来挑选领带的颜色。最好的两种颜色是红和蓝，或以黄色为主并带有图案的领带。色彩的搭配应该是有规则的，例如，衬衫是白色的，那么领带上的图案就应该带有一点儿白色。领带中的白色能衬托出衬衫的白色，这样效果很好，再和藏青色、深灰色西装配，能产生多种视觉效果。换成蓝衬衫，道理是一样的。带一点儿蓝色的领带配什么蓝衬衫都可以。不同的领带配上同一件衬衫，能产生不同的视觉效果，这是非常经济的办法。

另外，注意穿两个单颜色可加一个多花样图案，如衬衫和西装是单色，那领带和小手帕可以是多种颜色的。相反，如你的西装是很明亮的颜色或有图案、线条时，你需要一条朴实的、不耀眼的颜色的领带来配；当你穿正规的单色西装时，你可以选一条色彩明亮的领带来配。

反之，如果先定好领带的颜色，再去选择西装和衬衫也是可以的。另外，高大的人应该系上超大的领带，大块头的人必须打比较宽的领带。当你穿款式或色调比较突出的西装，应该搭配样式保守的领带；但是穿很保守的暗色西装，就应该配上色彩明亮或样式活泼的领带。

青年人可以选择色彩鲜艳、对比强烈的款式，以加强青春朝气，长者应该选择暗色、花型简洁的款式。个子高的应该选外观朴素、雅致大方的，个子矮的适合系斜纹细条的领带。脖子长的避免用领结而用大花型领带。面色红润饱满的人应该选择丝绸料的领带，颜色以素净为主。脸色苍白、晦暗的就可以用明亮色调的。

如何穿出女性的品位和优雅

女性的品位和优雅不仅仅来自于美丽和修养，更重要的是有没有和谐地装扮自己。和谐、高雅的装扮，能显出女性的魅力。

（1）裙长：除非你身材高挑，腿修长，否则不宜穿长至小腿中部的裙子。如果你的脚踝很美，则适合穿长裙。短裙的长度以在膝上15厘米或刚过膝为好。

（2）外套的长度：应在你身体最粗部位的下方，如果刚好在臀部或腹部，则会使你显得较肥胖。

（3）高跟鞋能使你的身材变高：高跟鞋能引起小腿肌肉收缩变细。但不能过高，否则使人太疲劳。一般4～6厘米为宜。

（4）内裤：内裤的轮廓和线条显现在外裤或裙子上是很不雅观的，在穿紧身的下装时尤其应注意避免这一问题。

（5）鞋子：鞋子的颜色通常应比裤、裙的颜色深，白鞋通常配白裤和白裙，或配以白色为主的套装。夏天则例外，只要上衣是白色的，白鞋和深色裤、裙相配也不错。

另外，鞋子的色彩不要太多，黑、白、灰三种颜色，就可以搭配了，冬天穿靴子时，如果穿裙子，其边应将靴子盖住，不要露出腿来。上衣应比下衣的质料厚重。

如何通过着装掩饰缺憾

合适、得体的衣着能帮一个人遮盖缺憾，每个人在穿衣时都要考虑掩劣势、显优势这一点。

（1）胸部太大的女性可选用没有光泽而又具有弹性的布料，光泽容易引人注目，应避免丝质衣料服装。斜裁宽松的衣服特别能弥补大胸部女性的缺点。

（2）脸庞大的女性通常脖子也比较粗，这种人适合穿深V字领的服装，使面部和脖子有一体的感觉，造成纤细的效果。相反，如果脸形太窄，则应选穿能强调面部和脖子的衣服。

（3）宽肩的女性特别适合穿外套，夏天试试穿削肩设计的服装，效果相当不错。腰粗的女性，请选择剪裁自然、曲线不太明显的款式。裤子宜穿松腰设计的，把上衣放在外面。不要穿松紧带裙子，以免看起来更胖。

（4）手臂太粗，只要衣服袖子宽度够，尽管放心穿。唯一要避免的是布料和袖口都贴身的衣服。

（5）对于大腿粗的女性应穿超过膝上2厘米左右的裙子；小腿粗的女性穿中长的裙子比较合适，如果喜欢穿半裙和短裤，那整套服装颜色一定要鲜艳些，再搭配暗色的长袜。

（6）臀部太大的女性，应选择柔软的材料，避免剪裁的样式太夸张；颜色当然以深色为宜。如果衣料本身有图案，使用斜裁效果最佳。

（7）小腹突出的女性，可以尝试直线条的、在小腹一带裁开的西装。裙腰使用松紧带，造成腰部蓬松的感觉。用弹性良好的麻质布料极合适，但须避免柔软的布料。

（8）腿太短的女性，穿裙装时，选择高腰设计加上宽腰带，长裤则应和上装同色。

什么样的牛仔裤最适合你

穿牛仔裤潇洒大方，能充分显示青年人的线条美，因而是广大青年喜欢的服装。但选择牛仔裤时也要根据自己的体型来买，量体裁衣。

（1）腰肥者不适合穿腰部有装饰的牛仔裤。如果腰宽粗而臀部小，也许可以在男装部买到比较合适的。穿牛仔裤时，不要将衬衣塞在裤腰内，衬衣的下摆最好放在裤外，上身穿一件牛仔上装或背心。

（2）细腰者宜穿腰部有装饰物的牛仔裤，如在腰部束一条宽腰带就更显得漂亮了。

17

（3）短腰身者上身比较短，适宜穿低腰的牛仔裤，这种牛仔裤穿在身上，腰部约比自然腰低3厘米左右，上身便显得修长。

（4）臀部肥大者选择暗色的牛仔裤，这样看起来臀部似乎小一点儿。这种体型的人最好穿合身而光滑的牛仔裤，但不要买臀部有口袋、横线或绣花的牛仔裤。不过，选择裤前有口袋的，可以显得比较苗条，裤管窄而紧的也不适宜。

（5）臀部瘦小者可以穿任何一种牛仔裤，但如果想使臀部看起来比较丰满，最好选择后面有大口袋、绣花或漂亮缝线的牛仔裤。

（6）粗腿者应穿直筒或裤管较宽大的牛仔裤。为了减少别人对粗腿的注意力，要避免穿脚踝部分缩小裤口的牛仔裤和裤管上有双缝线的牛仔裤。

（7）短腿者宜选择直筒式牛仔裤，上面不要有横线，否则会使腿看起来更短，前面若有口袋则必须是斜口袋，臀后不要有口袋。并可以利用适度的高跟鞋，使腿显得更长一些。

（8）长腿者穿任何服装都很好看，尤其是穿牛仔裤。贴身的牛仔裤更显出这种身材的修长和秀气。

穿鞋的注意事项

（1）所穿的鞋不能过于松垮，过于松垮极易崴脚。长期如此也可导致你的腿变成内八字或外八字，这样一来只好与心爱的贴身长裤以及短裤、短裙说再见了。

（2）与脚底重心不合的鞋子使脚尖负荷过重，脚趾受压而倍感疲劳。此外，小腿的过于用力，使得肌肉变得粗壮，导致小腿肚过粗，影响美观。

（3）鞋子切忌成为全身颜色最鲜艳之处，中性色（如黑色、灰色、米色、咖啡色、土黄色）等可与大多数颜色的服装相配，永远是上班族的最佳拍档。

（4）皮面、皮里加皮底的"真皮"鞋无疑是职业人士的上上之选。真皮皮鞋吸汗、透气，曲张度好，能给脚部足够的呼吸空间，穿起来舒适自在，看起来也非常有质感，款型绝对优于布面、假皮等材质。

另外，还有一些需要注意的就是：穿拖鞋参加社交或公共活动是极不礼貌的，即使上街闲逛或休闲，也不应该穿拖鞋。

除了进入专门场所等需要脱鞋外，不要当着别人的面把脚从鞋里伸出来。社交场合不应该出现扎鞋带这样的举动。

不管穿哪一种鞋子，既不应该拖地，也不应该跺地，这样不仅制造噪声，影响别人，也会给别人造成不好的印象。

作为男士，皮包、皮带、皮鞋应该颜色一致。

◇ 穿合适的鞋，走正确的路 ◇

　　鞋子的选择与衣着搭配协调会增强人的整体美感，起到良好的修饰作用。但是，要在合适的场合选择合适的鞋。

　　穿着破皮鞋出入社交场合或工作场合，在别人看来是轻蔑和自负的。所以，一定要穿新鞋，穿好鞋，在出门前先将皮鞋擦干净、擦亮。

　　女性穿套装配露趾凉鞋，会使人模糊职业身份，让人觉得突兀、不雅。所以，女性穿套装时，应该穿中跟或高跟的皮质船鞋。

　　女性穿高跟鞋走路声音太响，会给人做事浮躁、飞扬跋扈的印象。所以，不要穿太高、太细的高跟鞋，如果高跟鞋发出刺耳的声音，应该钉上橡胶垫。

小饰物，大时尚

每个人的魅力都是不同的，只有根据自身的条件、所处的环境和场合等不同的特定情况来协调，才能在配戴饰物时最大限度地散发出自己独特的魅力。

不管戴哪种饰物，在款式的选择上，要注意一个原则，就是必须配合体型、脸型与服装的美感。例如，短脸型的人，项链要戴长一点，耳环也要成垂型；长脸型的人，项链要稍短，耳环也以紧贴形式为佳；体型高大的人，饰物可以戴多些，形式也大些；体型娇小的人，饰物宜小巧、细致。穿厚衣服所戴的饰物应选大而重型的；穿薄质衣服所戴的饰物，就应该选轻巧的。

年轻的少女，最好不要戴珠宝类的饰物。尽量选择流行的，这样才适合年轻的气质。即使是简简单单的衣着佩饰，也能衬出娇俏，生出情趣，透出青春的朝气。

成熟的女性，偶尔戴戴流行的饰物作为点缀也未尝不可，而且对于某些流行饰物的独到品位，正好体现自己独特的爱好，与众不同。当然主要还是以真正的珠宝为主。

◎ **自我介绍的常识** ◎

什么时候需要进行自我介绍

应当何时进行自我介绍？这个问题比较复杂，它涉及时间、地点、当事人、旁观者、现场气氛等多种因素。不过一般认为，在下述时机，如有可能，有必要进行适当的自我介绍。

（1）在社交场合，与不相识者相处时。

（2）在社交场合，有不相识者表现出对自己感兴趣时。

（3）在社交场合，有不相识者请求自己作自我介绍时。

（4）在公共聚会上，与身边的陌生人共处时。

（5）在公共聚会上，打算介入陌生人组成的交际圈时。

（6）有求于人，而对方对自己不甚了解，或一无所知时。

（7）交往对象因为健忘而记不清自己，或担心这种情况有可能出现时。

（8）在出差、旅行途中，与他人不期而遇，并且有必要与之建立临时接触时。

（9）初次前往他人居所、办公室，进行登门拜访时。

（10）拜访熟人遇到不相识者挡驾，或是对方不在，而需要请不相识者代为转告时。

◇ 自我介绍的语言技巧 ◇

自我介绍是展示自己的一个重要手段，怎样才能使自己的自我介绍给人以深刻印象呢？

1.巧报姓名

为了使对方听清并记住自己的姓名，往往要对"姓"和"名"加以解释，注释得越巧，人们得到的印象越深刻。巧报姓名有三种方法：联想法、重复法和释义法。

2.把握分寸，自信自谦

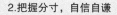

自我介绍不一定要口吐莲花，我们更推崇自信自谦，分寸恰当的介绍。

3.幽默生动

语言生动、幽默风趣能给听众留下更加深刻的印象，同时也比较容易引起人们的好感与认同，产生与之接近的愿望。

学习好自我介绍的语言技巧，给人以深刻印象，为以后的进一步发展打下坚实的基础。

（11）初次利用大众传媒，如报纸、杂志、广播、电视、电影、标语、传单，向社会公众进行自我推介、自我宣传时。

（12）利用社交媒介，如信函、电话、电报、传真、电子信函，与其他不相识者进行联络时。

（13）前往陌生单位，进行业务联系时。

（14）因业务需要，在公共场合进行业务推广时。

（15）应聘求职时。

（16）应试求学时。

怎样介绍自我

自我介绍时，最值得注意的是，自己的名字要特别说清楚。一些人在做自我介绍时，口中喃喃自语，吐字不清，而使别人听不清楚。因为对方听不清楚你在说什么，自然也就记不住你的名字，甚至会认为你这个人有些阴沉、消极。因此，自己的名字，一定要一个字一个字清楚地说出来。

不仅应在自我介绍的最初通报姓名，最好在告别时，再向对方告知一遍自己的名字。这样一来，不仅使对方容易记住你，而且会给对方留下一种积极的印象。

怎样介绍他人

介绍是有次序的，应讲究礼貌。一般来说，应介绍年轻人给老年人，介绍地位低的给地位高的，将男士介绍给女士，将未婚者介绍给已婚者。当向一个人介绍多数人时，则应当遵守先职位高后职位低、先长后幼、先女后男的原则。

介绍时，一般简略地介绍一下被介绍者的姓名、身份即可。如果被介绍人担当的职务很多，可以只介绍级别最高的职务或与之有关的职务，其他职务不必一一都介绍。要实事求是地介绍，不要忘记被介绍者的重要身份，使其不能受到应有的重视，也不要夸大其词地胡乱吹捧，使对方处于难堪的境地。

怎样听别人介绍自己。

当别人介绍自己时，就要从座位上站起来，表示出很愿意认识对方的样子，并主动把手伸出与对方握手。如果对方是女性，就必须等对方伸出手后再去握手。如果她不伸手，可以点头表示致意。给双方介绍完毕后，不要马上离开，要等天他们交谈上几句话后，再借故告辞，但也不要该走不走。当双方谈兴渐浓时，应当找借口适时地离开，不影响他们的交谈。

◎ 行为举止得体的常识 ◎

如何入座最优雅

入座时，应轻、缓、稳，动作协调柔和，神态从容自如。人应走到椅子前，转身背对椅子平稳坐下，若离椅子较远，可用右脚向后移半步落座。女子入座尤要娴雅、文静、柔美，若穿裙子则应注意收好裙脚。一般应从椅子左边入座，起身时也应从椅子左边站立，这是一种礼貌。如要挪动椅子的位置，应当先把椅子移到欲就座处，然后坐下去。坐在椅子上移动位置，会有损你的形象。

不同情况下应采取哪些坐姿

俗话说"站如松，坐如钟"，对人的坐姿已有一个原则性的要求，但具体哪种情况下应采取何种坐姿却没有说明。其实，在不同场合中，坐姿也是有不同要求的。

（1）在比较轻松、随便的场合，可以坐得比较舒展、自由，只要不太过随意、放肆即可。

（2）谈话、谈判、会谈时，适合正襟危坐。要求上体正直，臀尖落在椅子中部，双手放在桌上或将一只手放在椅子扶手上都行。脚可以并着放，也可并膝稍分开小腿或并膝小腿前后相错、左右相掖。

（3）女士在社交场合，为了使坐姿更优美，可以采用略侧向的坐法。即头和身子朝向对方，双膝并拢，两脚相并、相掖、一前一后都可以。在落座时，应把裙子向腿下理好、掖好，以免不雅。

（4）倾听他人教导、指示时，如果对方身份较为尊贵，坐姿除了要端正外，还应坐在椅座的前半部或边缘，身体稍向前倾，以表现出一种积极、重视的态度。

怎样的站姿最优美

站姿是静态的造型动作，优美的站姿往往能体现出一个人良好的精神面貌和心态。同时，优美的站姿也是其他姿态美的起点和基础。常言道"站如松"就是说站立应像松树那样端正挺拔，需尽量避免歪脖、斜腰、屈腿，尤其是提臀、挺腹，以免给人留下轻浮、缺乏教养的印象。

那么，规范的站姿是怎样的呢？

（1）头正：两眼平视前方，嘴微闭，收颌梗颈，表情自然，稍带微笑。

◇ 社交中对姿态礼仪的要求 ◇

具体地说，在社交场合中对除正文中的姿态要求外，还有：

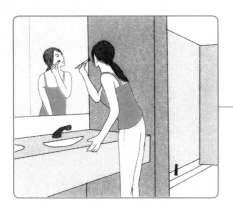

化妆、补妆避人

化妆、补妆要到专门的化妆间或者洗手间。实在没有条件，应尽量避人。

整衣避人

衣服有灰尘或褶皱，要等到无人时整理；有大面积污染，要到洗手间整理；不能在公共场合整理内衣。

良好的谈话姿势

交谈时，首先双方要互相正视、互相倾听、不能东张西望、看书看报、面带倦容、哈欠连天。否则，会给人心不在焉、傲慢无理等不礼貌的印象。

优雅、合乎礼仪的姿态在社会交际中十分重要，所以，我们应当注意姿态礼仪的培养。

（2）肩平：两肩平正，微微放松，稍向后下沉。

（3）臂垂：两肩平整，两臂自然下垂，中指对准裤缝。

（4）躯挺：胸部挺起，腹部往里收，腰部正直，臀部向内向上收紧。

（5）腿并：两腿立直，紧贴，脚跟靠拢，两脚成夹角60°。

这种礼仪站姿同部队战士的立正很不一样，礼仪站姿比立正显得更加自然和柔美。

另外，还有一种叉手站姿也值得学习和注意。即两手在腹前交叉，左手搭在右手上直立。这种站姿，男子可以两脚分开，距离不超过20厘米。女子可以用小丁字步，即一脚稍微向前，脚跟靠在另一脚内侧。

这种站姿端正中稍有自由，郑重中稍有放松。在站立过程中身体重心还可以在两脚间转换，以减轻疲劳，接待人员常用这种站姿。

如何走出优雅

行走时，应昂首挺胸、收腹直腰，两眼平视，肩平不摇，双臂自然前后摆动，脚尖稍微向外或向正前方伸出，行走时脚跟成一条直线。起步时身体微微向前倾，身体重量落于前脚掌，行走中身体的重心要随着移动的脚步不断向前过渡，不要让重心停留在后脚，并注意在前脚着地和后脚离地时伸直膝部；迈出每一步都应从胸腔开始向前移动，而不是腿独自伸向前。男女的走姿及步态风格亦有所区别。男子的步履应雄健、有力、潇洒、豪迈，步伐稍大，展示出刚健、英武的阳刚之美；女子的步履应轻捷、娴雅、飘逸，步伐略小，展示出温柔、娇巧的阴柔之美。

如何蹲出优雅

在生活中常会见到那些未受过蹲姿训练的人捡东西时，臀部向后撅起，很不雅观。

优雅的蹲姿应该是：下蹲时，可以左脚在前，右脚稍后，两腿靠紧向下蹲。左脚全脚着地，左腿小腿基本垂直于地面，右脚脚跟提起，脚掌着地，形成左膝高右膝低的姿态，臀部朝下，主要用右腿支撑身体。

怎样训练自己的微笑

在交际的过程中，微笑的表情是必不可少的，那么，怎样修好微笑这门功课呢？

（1）自信的微笑：这种微笑充满着自信和力量，即使遇到困难，也一定能渡过难关。

（2）礼貌的微笑：一个懂得礼貌的人，会将微笑当作礼物，慷慨地赠与他人。

（3）真诚的微笑：表现对别人的尊重、理解、同情。

微笑并非天生就会，尤其是成熟的微笑，更需要经过一定训练才能展现出来。

微笑的基本做法是不发声、不露齿，肌肉放松，嘴角两端向上略微提起，面带笑意，使人如沐春风。

训练微笑，要求发自内心，发自肺腑，无任何做作之态，防止虚伪地笑。只有笑得真诚，才显得亲切自然，与你交往的人才能感到轻松愉快。

第二章

不可不知的礼仪常识

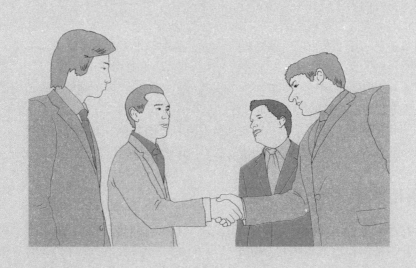

◎ 握手与递交名片的常识 ◎

哪些场合应当握手

（1）遇到较长时间没见面的熟人。

（2）在比较正式的场合和认识的人道别。

（3）在以本人作为东道主的社交场合，迎接或送别来访时。

（4）拜访他人后，在辞行的时候。

（5）被介绍给不认识的人时。

（6）在社交场合，偶然遇上亲朋故旧或上司的时候。

（7）别人给予你一定的支持、鼓励或帮助时。

（8）表示感谢、恭喜、祝贺时。

（9）对别人表示理解、支持、肯定时。

（10）得知别人患病、失恋、失业、降职或遭受其他挫折时。

（11）向别人赠送礼品或颁发奖品时。

如何给对方递送名片

一般情况下名片放在西装口袋里。初次见到顾客，首先要以亲切的态度打招呼，并报上自己的公司名称，然后将名片递给对方，名片夹应放在西装的内袋里，不应从裤子口袋里掏出，递名片时如果对方职务较高或年龄较长，应双手捧着递过去。对一般的人，用右手递送即可，但态度应庄重大方，动作要轻缓，也可以同时说"请多关照""欢迎指教，多多联系"等话语。递名片时，目光应正视对方，不要目光游移，显出漫不经心的样子。如果是随上司到别处去拜访，需等上司介绍后，再递出名片，如果对方先递过来名片，要先收好后再递出自己的名片。

拿名片的标准做法是两只手捏着名片的上侧，把自己的名字正对着对方。当然一只手拿也可以，但是正面要面对着对方。

当你接到别人的名片时一定要回敬对方自己的名片。如果没有名片，一般也采用委婉的表达，"不好意思名片用完了""抱歉今天没有带"等。

如何接受对方的名片

接受对方的名片时，也要注意礼节，当对方掏名片时要表现出很感兴趣的样子，接名片时应以双手去接。如果是坐着的，要尽可能地起身接受对方递来的名片，接过名片后要认真地看一遍，并确定姓名和职务，然后郑重地装入上衣上方的

◇ 送名片要讲究时机 ◇

精美的名片使人印象深刻，但发送名片的时机与场合可是一门学问。若想适时地发送名片，使对方接受并收到最好的效果，必须注意下列事项：

你好，我是××公司的××，初次见面，这是我的名片。

当你与某人第一次见面时，一般都要赠送一张名片，这是十分得体的礼仪。交换名片通常标志着初次见面的结束。出示名片，表明你有与对方继续保持联络的意向。

不要在一群陌生人中到处传发自己的名片，这会让人误以为你想推销什么物品，反而不受重视。在商业社交活动中尤其要有选择地提供名片，才不致使人以为你在替公司搞宣传、拉业务。

那哥们挨个同学都发了张名片，是不是想推销！

唉，看来又要出去洗洗手了！

无论参加私人或商业餐宴，名片皆不可于用餐时发送，因为此时只宜从事社交而非商业性的活动，且在餐间接送名片让人感觉不卫生。

口袋里。若有名片盒，可以直接放入名片盒里。切忌一眼也不看，就装入口袋，更不要顺手扔在桌子上，或往扔在桌上的名片上压东西，这样会使对方产生受轻视的感觉。有的人会不小心把对方的名片掉在地上，或把名片夹在笔记本里，或者将名片上的内容记在笔记本上，在名片上面写不相干的东西，这些都是不礼貌的举动。收到他人的名片时，需要说"很高兴认识您""有机会一定登门拜访""谢谢"，等等。

如何索取名片

如果没有必要，最好不要强索他人的名片。若索取他人的名片，则不宜直言相告，而应采用以下几种方法之一。

（1）向对方提议交换名片。

（2）主动递上本人名片，此所谓"将欲取之，必先与之"。

（3）询问对方："今后如何向您请教？"此法适于向尊长索取名片。

（4）询问对方："以后怎样与您联系？"此法适于向平辈或晚辈索要名片。

如何婉拒他人索取名片

当他人索取本人名片，而不想给对方时，不宜直截了当，而应以委婉的方法表达此意。可以说"对不起，我忘了带名片"，或者"抱歉，我的名片用完了"。不过若手中正拿着自己的名片，又被对方看见了，这样讲显然不合适。

若本人没有名片，而又不想明说的，也可以上述方法委婉地表述。

如果自己的名片真的没有带或是用完了，自然也可以这么说，不过不要忘了加上一句"改日一定补上"，并且一定要言出必行，付诸行动。否则会被对方理解为自己没有名片，或成心不想给对方名片。

如何存放名片

参加交际应酬以后，应立即对所收到的他人的名片加以整理收藏，以便今后使用方便。不要将其随意夹在书刊、材料中，压在玻璃板下，或是扔在抽屉里面。

存放名片的方法大体上有四种，它们还可以交叉使用：

（1）按姓名的外文字母或汉语拼音顺序分类。

（2）按姓名的汉字笔画的多少分类。

（3）按专业或部门分类。

（4）按国别或地区分类。

◎ 涉外礼仪常识 ◎

涉外迎送需要注意哪些问题

（1）迎送车辆应事先安排好，不可临时调遣，给人以仓促之感。

（2）对于身份较高的客人，事先应在机场或车站、码头安排贵宾休息室、准备饮料。

（3）客人的住处、膳食应事先安排好，如有条件，在客人抵达之前就应将住房地点、房间号码、用膳方式、日程活动安排、联络方式、联络人等事宜通知到具体客人，如做不到，也可将上述内容打印成文字材料，在客人到达时分发给每位客人，或通过对方的联络秘书传达，这既可避免一些不必要的混乱，又可使客人心中有数，主动配合。

（4）客人到达后一般不要立即安排活动，应给客人留下一定的休息时间或适应时差的时间。

（5）指派专人协助客人办理入境手续及机票或车票、船票和行李提运、托运手续等事宜，客人到达后，应尽快进行清点并将行李取出，送到住处。

涉外交往中的称呼礼仪

人与人见面，首先就是如何称呼。一个得体的称呼，可以使人心情愉悦、愿与之交往。特别是在涉外交往中，称呼在某种程度上更起着举足轻重的作用。各国、各民族由于语言的不同、风俗习惯的不同、社会制度的差异，在称呼上差别很大。国际上的称呼要求有：

（1）一般对男子统称"先生"；对已婚女子称"夫人"或"女士"；对已婚年纪较大的女士称"太太"；对未婚女子统称"小姐"；对不了解其婚姻状况的女子可泛称"小姐"或"女士"。这些称呼前均可冠以姓名、职称、头衔等。

（2）对地位较高的，一般为部级以上的官方人士，可称"阁下"，或职衔加先生，如"部长先生""总理先生"等。对有高级官衔的妇女也可称之为"阁下"。

（3）对来自君主制国家的贵宾，习惯上称国王、王后为"陛下"，称公主、王子为"殿下"。对有公、侯、伯、子、男等爵位的人既可称其爵位，也可称"阁下"，一般也称"先生"。

（4）对医生、律师、法官、教授、博士等，均可单独称其职称或学位，也可加上姓氏和"先生"，如"法官先生""约翰教授"等。

（5）对军人一般称其军衔加"先生"，知其姓名的，可加上姓与名。

（6）对教会中的神职人员，一般可称其教会内的职称，或者是姓名加职称，或职称加上"先生"。

总之，在与外国友人交往过程中既要注意世界通用的习惯称呼，也要考虑宾客所在国的具体情况，使用适当的称呼在外事交往中尤为重要。

如何安排外宾参观

安排外宾参观是在许多外事活动中都会涉及的问题。如何安排设计整个参观流程也就成为相关人员的必备常识。

（1）项目的选定：参观游览项目的选择主要考虑以下几个因素：访问目的、性质，客人的意愿与兴趣及特点，当地实际情况。

（2）安排布置：项目确定之后，应作出详细计划，向被接待单位交代清楚，并告知全体接待人员。

（3）陪同：按国际交往礼节，外宾前往参观时，一般都有身份相应的人员陪同，如有身份高的主人陪同，应提前通知对方。

（4）介绍情况：一般是边看边介绍，有保密的内容不要介绍。参观项目概况尽可能事先发给对方书面材料，节约参观介绍时间，让客人尽可能多地实地参观。

（5）摄影：通常可以参观的地方都允许摄影。遇到不让摄影的项目，应先向来宾说明，并在现场竖外文的说明标志。

（6）用餐安排：参观地点远，或是外出游览，要考虑用餐时间和地点，如果郊游，则应准备食品、饮料、餐具等。有的地方还要预订休息室。

签字仪式中的礼仪问题

签字是文件有效的重要标志，在缔结条约、协定时，往往会有重要的签字仪式。

举行签字仪式之前，要准备好文本，具体包括文本的定稿、翻译、印刷、校对、装订、盖章等，均要确保无误。同时还要准备好签字时用的国旗、文具。

签字的现场布置各国不尽相同。我国的做法是在签字厅内设一长桌，桌面覆以深绿色的台呢作为签字桌。桌后放两把椅子，为双方签字人座位，主左客右。座前摆放本国保存的文本，文本前面放有签字文具。桌子中间摆一旗架，悬挂双方国旗。

签字仪式开始，双方人员进入签字厅。签字人员首先入座，其他人员按宾主身份、礼宾顺序就位。助签人员分别站立在各自签字人的外侧，协助翻揭文本，指明签字处，用吸水纸按压签字部位。签字人在本国保存的文本上签字后，由助签人员传递文本，再在对方保存的文本上签字。签毕，双方签字人交换文本，并互相握手，此时，可上香槟酒，宾主双方共同举杯庆贺。

多边签字仪式与双边签字仪式大体相同，如果签字国家众多，通常只设一个座位，由文本保存国代表先签字，然后由各国代表按礼宾次序轮流在文本上签字。

◇ 与外宾举行签字仪式时的注意事项 ◇

签字仪式是确定双方合作的最重要的一步，如果签字仪式没有准备好，可能会影响双方的合作，导致功亏一篑。所以，在举行签字仪式前要注意：

与外宾合作时，应提前准备对方所在国家语言的文字和语音资料。包括合同也要准备双份的，一份中文，一份对方所在国语言。即使外宾通晓中文，也不能不准备外语资料。

在举办签字仪式时千万别忽略了座次的排列：签字仪式座次排列方式有横桌式和竖桌式。横桌式时客方对门而坐；竖桌式时客方居右。另外，双方主谈人员右侧可坐副手。

涉外会谈中的礼仪

在涉外会谈交往中，话题的选择是很重要的。我们在选择话题时，必须注意把握以下原则。

（1）要选择外宾喜闻乐见的话题。无论在正式场合还是非正式场合，这都是能够普遍接受的，若条件许可，最好事先研究一下交往对象的兴趣爱好，这样比较容易获取谈话的话题。

（2）不盲目迎合他人的话题。由于国情的不同和意识形态的差异，我们同外宾对一些问题的看法截然不同，对此应采取正确的态度。对重大的国内外事件要事先统一口径，对于非原则性问题可以各抒己见。不便谈论的话题可以不谈或转移，但绝不能迎合无理的话题。

（3）要回避外宾忌讳的话题。同外宾交往，要注意他们对某些话的忌讳。下列话题通常是不适宜谈论的。其一，过分的关心和劝诫。其二，个人的私生活。其三，令人不快的事物。其四，随意评论别人。

（4）不要谈论自己不熟悉的话题，"闻道有先后，术业有专攻"。在涉外活动中必须坚持知之为知之，不知为不知，不要不懂装懂。

在国外付小费有何原则

小费源自18世纪的英国伦敦，是当时就餐者为得到更周到的服务而需额外支付的费用，而如今则已变成了对服务人员的一种感谢。现今，在国外对为你服务的行李员、当地导游、司机、饭店及餐厅门口为你叫车的服务生以及客房清洁员等，都应该付给一定金额的小费。

付小费虽然是个人行为，但也已成为一种约定俗成的习惯，在外国旅游时最好能入乡随俗，以免闹出笑话。小费的给付要适当，过多或过少都会被认为失礼。小费的计算方法大约有以下几种：

（1）依消费金额计算：通常小费金额为账单金额的10%～15%。一般而言，到餐厅吃饭可依此原则付小费。在自助餐厅吃饭一般不需给小费，但若有人倒茶水，并殷勤询问需求，则可依人数酌情给小费。

（2）按件数计算：例如对搬运行李的饭店服务员，可按每件行李1美元或30便士左右付小费。当自己行李太多时，则不妨多给一些，以酬劳他们对你的服务。

（3）按服务次数计算：像客房服务员每天可付2美元左右小费。如果无法确定账单里是否包括服务费，则可以问清楚后再决定付与不付。

值得注意的是，在日本、澳大利亚、韩国和新加坡等国没有付小费的传统。因此若不清楚何时应该付小费，出国前应先了解当地的风土人情或者询问当地人，以便提前做好准备。

西方人的花卉数字禁忌

（1）花卉禁忌

在国际交往场合，一般忌将杜鹃花、石竹花、菊花以及其他黄色的花献给客人。在欧美一些国家，如果被邀请到朋友家做客，给女主人献花是件愉快的事，但在花卉选择上应慎重。郁金香在德国是"没有感情的花"；意大利和南美洲各国认为菊花是"妖花"，只能用于墓地与灵前；在巴西等国家，绛紫色的花一般用于葬礼。

（2）数字禁忌

由于背叛、出卖耶稣的犹大是第13个参加最后的晚餐的人，而且耶稣是在13

◇ 面对外宾要进退有度 ◇

与外宾对话也是一门艺术，过轻过重，都会给人以错误的暗示。

与外宾对话尽量有话直说，不要做过多的寒暄。

对外宾要恭敬有度，避免过度点头哈腰的动作和姿态，避免低声下气。

与外宾合作时，应尽可能地配备翻译人员，以显示对外宾的尊重。还应该以对方国家的语言向对方进行详细地自我介绍，以显示合作的诚意。

面对外宾，我们是寻求合作的，是平等的，所以，要进退有度，才能赢得对方的尊重。

号（星期五）被捕并被钉在十字架上，因此西方国家的人们认为"13"是个不祥的数字。

为了避开"13"这个数字，西方许多国家高楼的12层之上便是14层，宴会厅的餐桌14号紧挨着12号。并且，人们还认为星期五也是个倒霉的日子，特别是遇到13日又是星期五时，一般不举行任何活动。日常生活中的电话号码、汽车牌号、房间号等编号都要尽量避开13这个数字。

◎ 接待与拜访礼仪常识 ◎

接待来访者的原则

接待来访者可以说是日常生活中必不可少的工作。在接待中应注意自己的礼仪表现，做到得体接待来访者。在接待中，一般要注意以下几项原则。

（1）对来访者，应起身握手相迎，对上级、长者、客户来访，要起身上前迎候。如果不是第一次见面的同事、员工，可以不起身。

（2）不能冷落了来访者。如果自己有事暂不能接待，一定要安排助理或相关人员接待客人。

（3）认真倾听来访者的叙述。大多数人是无事不登三宝殿，因此来访者一般都是有事而来，所以要认真听其讲话。

（4）不要轻率地对来访者的意见和观点表态，应思考后再作回复，对一时不能作答的，要约定一个时间后再联系。

（5）对能够马上答复的或立即可办理的事，应当场答复，迅速办理，不要让来访者等待或再次来访。

（6）正在接待来访者时，有电话打来或有新的来访者，尽量让助理或他人接待，应尽量避免中断正在进行的接待。

（7）礼貌地拒绝来访者的无理要求或错误意见，不要刺激来访者，使其尴尬。

（8）要结束接待，可以婉言提出，也可用起身的体态语言暗示对方。

接站时应注意哪些礼仪

不管是在机场，还是在车站，接站人员都要时刻注意自己的礼仪表现，给客人一个好印象，让其有宾至如归的感觉。那么，如何接站呢？

（1）对于贵宾，要备有其照片。

（2）准确掌握客人抵达的时间，如有变化，应及时通知。对提前预订远道而来的客人，应主动到车站、码头、机场迎接。一般要提前15分钟赶到。

（3）在前往接站之前，接待人员应先以大纸明显写出贵宾姓名，由接待人员拿着，以接到贵宾。

（4）接待人员应熟悉各国人员对颜色的喜好。要考虑到不同国别的客人所能接受的服饰颜色的习惯。

（5）西方人在初次见面时的礼节习惯是拥抱、吻颊，应坦然接受，大方应对。而东方人，尤其是日本人一向多礼，在初次见面时，有时会赠送一份见面礼，所以，最好预先准备一些小礼物。

待客之道有哪些

（1）待客态度热情

客人前来拜访时，主人应以高度的热情来接待。这是对来访客人的尊重。

客人敲门时，应热情起身开门请客人进来，给客人让座，如果在办公室接待来访者，顺手把桌子上的有关文件及时收拾妥当放入抽屉或盖好。切忌有陌生客人在时，桌上堆满重要文件。一则给人以凌乱感，二则有可能泄密。

对待陌生客人切忌犯"冷热症"。起初不认识就傲慢无礼，得知客人来访目的后，突然变得异常热心，这就是典型的势利眼，这也正是公务员接待工作中的大忌。

（2）诚恳挽留客人

如客人提出告辞时，主人应婉言相留，但要看具体对象分别对待。客人执意要走，也要等客人起身告辞时，主人再站起来相送。切忌没等客人起身，主人先于客人起立相送，这是很不礼貌的。

（3）对客人的礼物有所表示

如客人随身带有礼物，告辞时非要留下不可。主人对此应有所表示，除了谢意外应请客人下回不再带礼品来。有时，也应回礼给客人。切忌接受礼物时若无其事、受之无愧的样子。也不能说"这礼物家里有好多了"之类的话语，这会使客人感到难堪。

（4）送客有礼

本地客人，一般送到大门口，与客人"再见"，并说一些"希望下次再来"的礼貌用语，目送客人远去再返身回屋。如客人刚走出，就"砰"的关上门是很不礼貌的。尤其对初次造访的客人更应热情、周到、细致些。对远方的客人，应送客上车、上船为宜。主人应等车船开了，再挥手告别，以表诚意。

◇ 到别人家做客需要注意的细节 ◇

节假日，朋友邀请自己去他家做客，一起吃吃饭喝喝酒。这时，我们要注意哪些细节？

一般情况下，去朋友家做客的时候，都要带礼物过去。

到朋友家做客不宜带小孩同行。

在别人家非常忌讳左看右看，东张西望地打量别人家，也不能不经主人同意就随意拿起物品欣赏抚摸，更忌讳在别人家随意走动，进出别人的卧室等私人领域。

拜访的时机要选择好

拜访是日常生活中常见的交往现象，懂得应酬的人往往都十分注意拜访的时机，这样不管是日常应酬，还是求人办事，都会收到不错的效果。那么，如何选择好拜访的时机呢？

（1）拜访应选择适当的时间，如果双方有约，应准时赴约。万一因故不得不迟到或取消拜访，应立即通知对方。

（2）到达拜访地点后，如果与接待者是第一次见面，应主动递上名片，或做自我介绍。对熟人可握手问候。

（3）如果接待者因故不能马上接待，应安静地等候，有抽烟习惯的人，要注意观察该场所是否有禁止吸烟的警示。如果等待时间过久，可向有关人员说明，并另定时间，不要显得不耐烦。

（4）谈话时开门见山，不要海阔天空，浪费时间。

（5）与接待者的意见相左，不要争论不休。对接待者提供的帮助要致以谢意，但不要过分。

（6）要注意观察接待者的举止、表情，适可而止。当接待者有不耐烦或有为难的表现时，应转换话题或口气；当接待者有结束会见的表示时，应立即起身告辞。

拜访时要提前预约

拜访作为一种很重要的应酬方式，是十分讲究的。没有人喜欢"天兵天将"式的突然拜访，因此，在拜访之前，要先和主人打好招呼，在繁忙的现代生活中，提前预约显得更为重要。

现代人对于时间的安排，已经到了分秒必争的地步。区区5分钟、10分钟，对你来说也许不算什么，却可能造成对方的严重困扰。例如，工作中断，或在那之后的行程无法连贯。在时间安排方面，应尽量配合对方。原则上，如果对方的地位高，而且工作忙碌，应提早联络约定拜访的时间。不过相对地，约得越早，其间发生变卦的可能性越大，因此，要把握理想的时间。

当你前往别的公司拜访时，你所代表的不只是自己，而是代表整个公司的形象。因此，你的言谈举止必须要得体，否则就会损及公司形象。

首先是在拜访之前，必须先以电话与对方取得联系，这是基本的原则。此外，事先和对方约好的时间、地点一定要严格遵守。

严守时间是与人会面的必要条件。如果对方是重要的人物，其行程表多半排得很紧凑，即使只迟到5分钟或10分钟，也会在对方心目中留下不好的印象。

出发前应将交通阻塞或其他意外因素考虑在内，比约定时间至少提早5分钟，最

拜访任何人都需要控制时间，这是对拜访对象最起码的尊重。

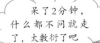

临时性访问应该控制在 15 分钟左右，太短会被认为是嫌弃和敷衍。

一般关系的拜访和事务性的拜访时间应控制在半小时以内。

好友聚会时间最好不要超过两小时。

好是提早10分钟抵达。抵达后不妨顺便把预备和对方讨论的内容复习一遍，而以从容不迫的姿态出现。

万一中途发生意想不到的事情时，预料将会延迟抵达或必须取消会面，应尽早与对方取得联系，以便重新约定见面时间，并且针对这一变故让对方尽早作出调整。

尊重拜访对象

如果要到别人的住处拜访，那么就要对他的嗜好、风格、观点以及生活习惯等表示尊重，尽可能地去了解对方，尽可能地去欣赏对方所喜爱的事物。如果对方所处的环境使你非常不舒服，那么，你可以及早离开，或是下次不再来拜访。但在离开以前，不要有任何不满或厌烦的表示。因为这次拜访完全是你出于自愿，对方并没有强迫你接受。但是如果能够对于别人的趣味、风格等也有欣赏的能力，有接受的雅量，这是一种善于和别人相处的修养。

拜访结束后，要礼貌告别

当遇有其他人也来拜访时，应尽快谈完所要谈的话，向主人告辞。对其他来访者，或打招呼，或点头微笑示意，以表示对主人的尊敬。如果你与来客熟悉或主人真情挽留，亦可坐一会儿再告辞。

在拜访即将结束时，应向主人及其亲属、在座其他客人握手或点头致意，对主人的接待表示谢意。主人相送时，应说"请回""留步""再见"。不能悄悄走掉或无视主人的礼貌相送。

带领来访客人的礼仪

带领来访的客人时，要讲礼仪。二人并行，以右为上，所以应请客人走在自己的右侧，为了指引道路，在拐弯时，应前行一步，并伸手指引。三人同行，中间为上，右侧次之，左侧为下，随行人员应走在左边。如果是接待众多的客人，应走在客人的前面，并保持在客人右前方2~3步的距离，一面交谈一面配合客人的脚步，避免独自在前，臀部朝着客人。引导客人时应不时地根据路线的变化，招呼客人注意行走的方向，如"请向这边走""请注意前面有积水""请慢慢地通过，前面路较窄"等。在引导客人的路上避免中途停下来与他人交谈，除非有必要。在向客人介绍建筑物等场所或指示方向时，避免使用食指，正确的做法是掌心稍微倾斜向上，四个手指自然地并拢并伸直，大拇指微微地弯曲，这表示对客人的礼貌。

慰问时要酌情选择慰问形式

要因对象的不同而选择不同的慰问形式。选择具体的慰问类型与形式时，应当综合考虑以下三项要素，然后再做决断。

（1）慰问的主要原因：因何要对慰问对象进行慰问，这对慰问类型与形式的选择关系极大。

（2）慰问双方的关系：慰问的具体类型与形式，必须要与慰问双方关系的现状相适应。做得过了头，会让人起疑；做得不到位，则又会显得失礼。

（3）慰问的可操作性：理论上适当的慰问类型与形式，在现实的使用中一定要有可行性。因地制宜，因人而异，灵活应变是慰问时应该遵守的。

◎ 餐桌礼仪常识 ◎

中餐餐具及其摆放

中式餐具不像西餐那么复杂，通常包括餐巾、餐盘、水杯、汤匙、筷子。有些餐厅会提供筷架和调味的小碟子。如果要喝烈性酒，可以请餐厅提供小酒杯。

先放餐盘，水杯放在餐盘上方，右上方放酒杯，酒杯数与所上酒的品种相同。杯之间距离均为1厘米。餐巾叠成花插在水杯中，或平放在餐盘上。我国宴请外国宾客，除筷子外，还摆上刀叉。酱油、醋、辣油等佐料，通常一桌数份。公筷、公勺应备有筷座、勺座，其中一套放在主人面前。餐桌上还要配备牙签筒、烟灰缸。

使用中餐餐具礼仪

筷子是中餐餐具中最具特色的工具，就餐时应掌握使用筷子的礼仪。

（1）要轻拿轻放：在餐前发放筷子时，应该把手洗干净。然后将筷子一双双理顺。轻轻放在每一个人的餐位前，切不可乱扔，切忌坐在餐桌前用筷子敲打餐具。

（2）要正确摆放：筷子通常放在碗旁边，不能搁在碗上。筷子是成双成对的，在摆放时把它对齐，不要一横一竖交叉摆放，也不要一根是大头、另一根是小头放，用餐中临时离开应该将筷子轻轻放在桌子上，饭碗放在旁边，切不可插在碗里。

（3）不要挥舞筷子：筷子是就餐的工具，就餐时，你可以交谈，但千万不要用筷子作道具，在餐桌上挥舞。在夹菜时还要注意避开别人的筷锋，以免筷子打架。

◇ 使用筷子的注意事项 ◇

在中餐宴会中，筷子是必不可少的工具，也是体现中国传统饮食礼仪的重要载体。文明的使用筷子，是个人修养的表现。

吃饭时不要嘬筷子并发出响声。

筷子横放是表示已经吃完的意思；中途不用时应对齐竖放。

在餐桌上与别人交谈时应将筷子、勺子等餐具放下，不要用筷子指人。

上茶礼仪

在家中待客时，通常可由家中的晚辈或是家庭服务员为客人上茶。接待重要的客人时，则应由女主人，甚至由主人亲自为之奉茶。

在工作单位待客时，一般应由秘书、接待人员、专职人员为来客上茶。接待重要的客人时，则应由本单位在场的职位最高者亲自为之上茶。

奉茶秩序礼仪。

若来访的客人较多时，上茶的先后顺序一定要慎重对待，切不可肆意妄为。合乎礼仪的做法应当是：

（1）先为客人上茶，后为主人上茶。

（2）先为主宾上茶，后为次宾上茶。

（3）先为女士上茶，后为男士上茶。

（4）先为长辈上茶，后为晚辈上茶。

如果来宾甚多，且其彼此之间差别不大时，可采取下列三种顺序上茶：其一，以上茶者为起点，由近而远依次上茶；其二，以进入客厅之门为起点，按顺时针方向依次上茶；其三，在上茶时，以客人的先来后到为先后顺序。

敬茶礼仪

标准的上茶步骤是：双手端着茶盘进入客厅，首先将茶盘放在临近客人的茶几上或备用桌上，然后右手拿着茶杯的杯托，左手附在杯托附近，从客人的左后侧双手将茶杯递上去，置于客人左前方。茶杯放置到位之后，杯耳应朝向右侧。若使用无杯托的茶杯上茶时，亦应双手捧上茶杯。

为客人敬茶时，一定要注意尽量双手奉茶，切勿将手指搭在茶杯杯口上，或是将其浸入茶水，污染茶水。

在放置茶杯时，不要把茶杯放在客人的文件上，或是其行动时容易撞翻的地方。将茶杯放在客人面前与右手附近，是最适当的做法。

续茶礼仪

为客人端上第一杯茶时，通常不宜斟得过满。得体的做法是应当斟到杯深的2/3处，不然就有厌客或逐客之嫌。

一般来讲，客人喝过几口茶后，即应为之续上，绝不可以让其杯中茶叶见底。

品茶的礼仪

当主人上茶之前，向自己征求意见，询问大家"想喝什么"的时候，如果没有什么特别的禁忌，可以在对方所提供的几种选择之中任选一种，或告之"随便"。在一般情况下，若向主人提出过高的要求，是很不礼貌的。

主人为自己上茶时，在可能的情况下，应当即起身站立，双手捧接，并道以："多谢。"不要视而不见，不理不睬。当其为自己续水时，亦应以礼相还。其他人员为自己上茶、续水时，也应及时以适当的方式向其答谢。

如果对方为自己上茶、续水时，自己难以起身站立、双手捧接或答以"多谢"时，至少应向其面带微笑，点头致意，或者欠身施礼。不喝的凉茶、剩茶，千万不要随便泼洒在地上。品茶时，应一小口、一小口地细心品尝。

在端起茶杯时，应以右手持杯耳。端无杯耳的茶杯，则应以右手握茶杯的中部。不要双手捧杯，以手端起杯底，或是用手握住茶杯杯口。那样做，或是煞有介事，或是动作粗鲁，或是不够卫生。

使用带杯托的茶杯时可以只用右手端起茶杯，而不动杯托。也可以用左手，将杯托连茶杯，托至左胸高度，然后以右手端起茶杯饮之。

饮茶的时候，忌连茶汤带茶叶一并吞入口中，更不能下手自茶中取出茶叶，甚至放入口中食之。万一有茶叶进入口中，切勿将其吐出，而应嚼而食之。

饮盖碗茶时，可用杯盖轻轻将飘浮于茶水之上的茶叶拂去，不要用口去吹。茶太烫的话，也不要去吹，或是用另一只茶杯来回倒凉茶水，最好待其自然冷却。

自助餐就座礼仪

首先应找到座位，而不要先急着找寻餐台在哪里，虽说没有固定的座位，但是有时仍会为主人及贵宾留下部分保留座位备用，此时最好别径自坐下。

物品放妥后前往取餐时，请将餐巾打开放在椅子上或椅子扶手上，表示此座位已有人坐了。

自助餐取餐礼仪

先观察一下餐台是单排还是双排，如果是双排则一定会有双排的配套，如双份餐具、双排菜馐等，此时可依序排队取用。

习惯上第一回取用沙拉、热汤等当作前餐，配以面包、乳酪等。第二回取主菜如肉类、鱼类、海鲜类等，要记住一次拿一种，不要混在同一盘中，如此一来不但味道会彼此影响，而且看起来也不太好看。一次不要拿太多，即使是想帮同桌的人

45

一次拿足也是不妥的，如此也失去了自助餐的"自助"意义了。最后拿甜点、水果等。然后是咖啡、茶等餐后饮料。至于饮料则一般都由服务人员拿来，或者在餐台旁有附设饮料吧，可自行前往取用。

依序取餐时尽量避免把食物掉在餐台上，汤汁洒在汤碗外。

汤勺用完不要放在汤中，以免下一个人用时会烫手。明虾、生蚝等应酌量取用，应替后面苦苦排队的人考虑一下。

◇ 吃自助餐的基本礼仪 ◇

现在很多场合虽然的用餐都实行自助餐，所以知晓一些吃自助餐的礼仪非常必要。

在取食物的时候只取自己的，以免造成取的菜同伴不喜欢或者不能吃，令双方尴尬。

根据个人食量取菜，一次不可取太多，吃完一盘后再去取用，以免造成浪费。

不能将自助餐打包外带回去，即便是不用付费的内部餐会也不行。

自助餐就餐中的礼仪

同桌用餐者并不一定相识，此时不妨主动自我介绍以示友善，谈话也以轻松、幽默之话题为妥，在轻松的气氛下多开拓自己的交际圈。自助餐是很利于结交朋友的就餐方式，在就餐中一定要抓住时机，多与其他就餐人士交谈。

自助餐离座礼仪

离座时必须对其他在座的人说："对不起！"（Excuse me）然后起身把餐巾放在椅子上（注意不是桌子上，以免被误认是已用完餐离席了），再去取用餐点。

西餐中刀叉的用法

西餐中刀叉使用有两种方法：一是英国式的，即在进餐时，始终右手拿刀，左手拿叉，一边右手用刀切割，一边左手用叉将食物送入嘴中。二是美国式的，先右手拿刀，左手拿叉，把餐盘中的食物先全部切割好，再把右手的餐刀斜放在餐盘的前方，将左手的餐叉换到右手，再品尝。

使用刀叉时要注意切割食物时不可声响过大、动作过大；切下的食物要正好适合入口，不能叉起来咬着吃；不可挥动刀叉或用刀叉指指点点。

刀叉也会"说话"。刀叉一旦开始使用，就不能再放到餐桌上。刀叉不同的摆法，表示着不同的含义：

（1）当刀右叉左摆放，刀下叉上交叉，刀口向内，叉齿向下，呈现出"八"字形时，表示"我在休息"或"此道菜尚未用完"。

（2）当刀右叉左均平行并排摆放，刀口向内，叉齿向下，刀叉头指向10点，柄指向20分时，表示"我不再吃了"或"此道菜已用完"。

刀叉掉到地上时如何处理

用餐的时候刀叉不小心掉在地上，如果弯腰去捡，不仅姿势不雅观，也会弄脏手指。不妨轻声叫服务生前来处理并替你更换新的餐具。

拿握酒杯有讲究

根据酒的不同，握酒杯的方式也各异：

（1）拿白兰地时，要用手掌握住杯子的下半部，利用手掌的温度让白兰地酒香挥发出来，增加酒的甜美。

（2）握红葡萄酒杯时，则只可用手指握住杯柄部分，然后轻轻摇动杯中之酒，以利酒与空气充分混合接触，达到醒酒的目的，而若是手掌接触到酒杯，则其温度反而会影响葡萄酒的风味。

（3）由于白葡萄酒在饮用前必须冷藏至某一温度才是其味道绝佳之时，为了保持佳酿，整瓶酒都必须放在有碎冰块的冰桶之中，瓶外再加上白色餐巾，避免冰块融化时会弄湿手指。因此当然倒入杯中的酒也就不宜久置，因为室温会渐渐影响酒的风味。

享用日本料理礼仪

日本人吃饭前会先说一声"いただきます"（itadakimasu），表示要开始享用了的意思。寿司是日本的代表食物，应以右手的拇指、食指及中指捏住来食用。吃面时，不管男士还是女士皆应发出"苏苏"的声音，表示非常好吃，这是传统的日式礼仪。

宴会时，应帮对方倒酒，不喝酒的人应将酒杯倒扣住。

如大家干杯时，应将酒杯举起与眼睛一样高，这样才合乎礼节。

日本人在用餐时并不习惯交谈，我们在餐厅时常可看到一桌一桌静悄悄的日本客人在用餐。外国客人第一次看到并不是很习惯。

用餐时抽烟，在日本也是一件平常的事。

用餐完毕，将用过的筷子放回纸套中，并放在筷架上。

喝咖啡礼仪

在咖啡馆喝咖啡时，咖啡一般是用带碟子的杯子端上来的。你可以往杯中倒入牛奶并加糖，然后拿起咖啡勺搅匀，再把勺子放入碟中，端起杯子来喝。

在餐后饮用的咖啡，一般都是用袖珍型的杯子盛出。这种小型杯的杯耳较小，手指无法穿进去。但即使是较大的杯子，也无须用手指穿过杯耳再端起杯子。咖啡杯的正确拿法，应是用拇指和食指捏住杯把而将杯子端起。

给咖啡加糖时，如果是砂糖，可用汤匙舀取，直接加入杯内；如是方糖，则应先用糖夹子把方糖夹在咖啡碟的近身一侧，再用咖啡勺把方糖放入杯子里。如果直接用糖夹子或手把方糖放入杯内，有时可能会使咖啡溅出，从而弄脏衣服或台布。

在用咖啡勺把咖啡搅匀以后，应把咖啡勺放在碟子外边，以不妨碍喝咖啡为原则。不能让咖啡勺留在杯子里就端起杯子来喝，这样不仅不雅观，而且很容易使咖啡杯泼翻。也切不可使用咖啡勺来喝咖啡，因为咖啡勺只是用来加糖和搅拌的。

不要用咖啡勺用力去捣碎杯中的方糖。

◇ 喝咖啡的注意事项 ◇

端咖啡杯的正确姿势是，用拇指和食指捏住杯把端起杯子，千万要记得，不要用手指穿过杯耳来端杯子。

咖啡趁热喝才好，如果太热，可用咖啡匙轻轻搅拌使之冷却，或者等待自然冷却后再饮用。不要试图用嘴吹凉咖啡，记住这是不文雅的动作。

竟然想用嘴吹凉咖啡，这个动作太不文雅了。

喝咖啡时只需端起杯子。如果端起碟子或托住杯底喝咖啡，都是失礼行为。除非是在没有餐桌可以依托的情况下，可以用左手端碟子，右手持咖啡杯耳慢慢品尝。

49

如果嫌刚刚煮好的咖啡太热了，可以用咖啡勺在咖啡杯中轻轻搅拌使之冷却，或者等待其自然冷却，然后再饮用。用嘴试图去把咖啡吹凉，是很不雅观的动作。

盛放咖啡的杯碟都是特制的。它们应当被放在饮用者的正面或者右侧，杯耳应指向右方。饮咖啡时，可以用右手拿着咖啡杯的杯耳，左手轻轻托着咖啡碟，慢慢地移向嘴边轻啜，切记不要发出声响来。

当然，有时也会遇上一些特殊情况。例如，坐在远离桌子的沙发中，不便使用双手端着咖啡饮用，此时可以做一些变通。可用左手将咖啡碟置于齐胸的位置，用右手端着咖啡杯饮用。饮毕，应立即将咖啡杯置于咖啡碟中，不要让二者分家。

添加咖啡时，不要把咖啡杯从咖啡碟中拿起来。

有时喝咖啡可以吃一些点心。但不要一手端着咖啡杯，一手拿着点心，吃一口、喝一口地交替进行。喝咖啡时应当放下点心，吃点心时则应当放下咖啡杯。

在咖啡屋里，举止要文明，不要盯视他人。交谈的声音越轻越好，千万不要不顾场合而高谈阔论。

敬酒的礼仪有哪些

敬酒也叫祝酒。具体指的是，在正式宴会上由男主人向来宾提议，为了某件事而饮酒。在敬酒时，通常要讲一些祝愿、祝福之言。在正式的宴会上，主人与主宾还会郑重其事地发表一篇专门的祝酒词。因此，敬酒往往是酒宴上必不可少的一项内容。

敬酒，可以随时在饮酒的过程中进行，频频举杯祝酒，会使现场氛围热烈而欢快。不过要考虑到尽量不影响来宾用餐。

通常，致祝酒词最适合在宾主入席后、用餐前开始。有时，也可以在吃过主菜之后，上甜品之前进行。

不管是致正式的祝酒词，还是在普通情况下祝酒，内容均应愈短愈好，千万不要连篇累牍，让他人等待时间过长。

在他人敬酒或致辞时，其他在场者应一律停止用餐或饮酒，并坐在自己座位上认真倾听。对对方的言行不要小声讥讽，更不应公开表示反感。

劝酒与谢酒的学问

劝酒可以起到有效渲染宴会气氛的作用，因而在宴会酒席中十分常见。一般由主人、陪客或主人所委托的"代东""酒官"来劝，劝酒的方式主要有如下三种：

（1）司仪"强制性"劝酒。指由主人所委托或大家推举的"桌长""酒官"以令众人无法推诿的理由或口气劝酒。

（2）主人以某种理由如感谢各位光临等向全体或某些客人劝酒。

（3）客人以某种理由劝酒。指酒过一段，客人推出代表或自己挺身而出，向主人或有关人士劝酒。

当自己不能够继续再喝或不愿喝的情况下，在别人准备为你斟酒时，可以用语言或动作予以谢酒。谢酒时可以用一只手扣住酒杯，并强调一下不肯饮酒的原因，如说明自己的身体原因或说明自己酒力不胜，请对方多包涵。谢酒并非失礼的行为，大可不必以为这是不给对方面子而勉强饮酒。

◎ **电话礼仪常识** ◎

遵循"铃响不过三"的接听规定

电话铃声一旦响起，要立即放下手头的事去接听电话。接听与否，反映了一个人待人接物的真实态度。而且应该亲自接听电话，不要轻易让别人代劳，尤其是不要让孩子代接。

接电话有一个"铃响不过三"的规定，即接听电话以铃响三声之内接最恰当。

不要铃响许久才姗姗来接，也不要铃声才响过一次，就拿起听筒，这样会让打电话的人大吃一惊。如果是由于特殊原因，致使铃响过久才接，要向对方表示歉意。

接起电话时，先自报家门，并首先向对方问好。如果是对方首先问好，应该立即问候对方。但在家里，为了自我保护，可以用电话号码作为自报家门的内容，或者就算不报家门也不算失礼。

通话时要注意举止文明

在通话时，应对自己的举止有所要求。当众拨打电话时，对这一点更是不能掉以轻心。在打电话时，最好双手持握话筒，并起身站立。一定不要在通话时把话筒夹在脖子下面，抱着电话机随意走动，或是趴着、仰着、坐在桌角上，或是高架双腿与人通话。拨号时，不要以笔代手。边打电话边吃东西，亦为失礼。

在通话时，不宜发声过高，免得令受话人不舒服。标准的做法是：声音大小适中，并使话筒与口部保持3厘米左右的距离。

终止通话，放下话筒时，应使用双手轻放，不要用力一摔，令对方误会你有什么不满情绪。

通话中途中止，或拨号时对方一再占线，不要骂骂咧咧，或是采用粗暴的举动拿电话机撒气。这些举动都会有损你的形象。

通话完毕后要注意的礼仪

在日常生活和工作中，如果在你打完电话之后，对方刚准备向你说声"谢谢"的时候，还没说完，你就已经把电话重重地挂上了，这时对方的心情会很不愉快。同时，放电话时的重重声音会通过听筒传给对方，使对方感到你这个人不仅不懂礼貌，而且文化素质太低。所以，在通话先毕后，应把电话轻轻地放在电话机上。打电话的一方，应该先挂断电话。如果对方的社会地位、年龄、职务或影响比你高，你应该让对方先挂掉电话，然后自己再轻轻地挂掉电话。

做好准备后再拨打电话

对拨打电话前的准备工作，很多人都不以为然，因为准备需要时间，他们不想把时间花在准备上，而更愿意将时间花在与客户的沟通上。事实上，有了充分的准备，明确了自己打电话的目标，往往会达到事半功倍的效果。如果你没有把准备工作做好，不瞄准靶子射箭，那么很可能使电话沟通以失败告终。

适时结束通话

有的人只顾自己的高兴，不管对方是否愿意继续接听此电话，殊不知对方已经不耐烦了，你还津津有味，其乐无穷。因此，应该培养一种习惯，在将所有的问题要点解释及讨论完毕后，应提醒自己适时结束通话。并且说几句客气话，"非常高兴能和你交谈""真的很高兴你告诉了我这么多的事情"等，以显热情。不可粗鲁地挂上电话，以免对方误认为你在摔电话，应以顺其自然及友好的方式结束电话。

如何结束讲得没完没了的电话

工作中，如果来了一个讲得没完没了的长电话时，会叫人觉得非常着急。有时候，还会使工作没办法进行下去。

如何不影响到对方的情绪，又能赶快地挂掉电话，才是最重要的。

（1）将对方的话做个小结，并确认其意图

反问对方电话的要点，做个小结论，以缩短对方的谈话。

"是不是要查询××契约的事？"

"那么，您指的是A、B、C那三个要点？"

赶快随声附和对方，这样对方也会觉得意气相投而大为欣慰。

◇打电话时要注意的细节◇

电话是现代生活必不可少的沟通工具。当我们联络别人时，经常需要打电话。打电话也是有讲究的，我们需要注意礼貌问题，用声音给人留下好印象。那打电话需要注意什么问题呢？

通话过程中，如果难以控制打哈欠，应避免让对方听到。

通话过程中，即使对方与自己关系密切，也不要边吃东西边说话。

通话过程中，应避免用手捂着嘴说话，会造成对方听不清楚。

有的人觉得这都是"小节"，无关紧要。其实这些并非"小节"。通话过程中做与通话无关的事情是心不在焉的表现。

（2）假装有急事而结束没完没了的电话

首先要利用电话谈话时，对方看不见的优点。当对方的话告一段落时，故意稍微大声地说："啊，对不起！"

当对方说"喂！什么事啊"的时候，就说："现在我必须到厂商那儿！"这时候，说说谎也能应急。

不过，这个方法经常使用，难免引起对方怀疑，所以，较好的托词是："现在，我有一个紧急电话进来，实在抱歉。"

若是对方也说："我这边也是紧急电话啊！"就向对方表明："那么，请您简短地说好吗？"

这种应对方法，绝对不可以说得心虚声弱，要煞有介事地大声告诉对方。

选择适当的时间打电话

在不恰当的时间打电话是很失礼的，尤其是在拨打商务电话时，更应该注意时间是否恰当。现代社会由于工作关系，很多人作息时间并不一致，因此，不要以自己的作息来规范别人。初次认识交换名片或互留电话时，可先询问对方方便接听电话的时间。

如果，你对客户的作息时间不了解，那么一般而言，大多数人一天的作息时间如下：

（1）早上8：00～10：00

这段时间大多客户会紧张地做事，这时接到一般的电话也无暇顾及。所以这时你不妨安排一下自己的工作。

（2）10：00～11：00

这时你的客户大多不是很忙碌，一些事情也会处理完毕，这段时间应该是电话沟通的最佳时段。

（3）11：30～下午2：00

午饭时间，除非你有急事，否则不要轻易打电话。

（4）下午2：00～3：00

这段时间人会感觉到烦躁，尤其是夏天，所以，此时不要去和客户谈生意。

（5）下午3：00～6：00

努力地打电话吧，你会在这时取得成功。

当然，如果你想确保万无一失，了解客户的作息时间，你可以在不同时间打几个电话试试，那么，你很快就可掌握联系不同客户的最佳时间。

友善对待错打进来的电话

的确，错打的电话会给接电话的人带来麻烦。但是，如果接电话的人在电话中愤怒地大喊"你打错了"，然后又"啪"一声挂上话筒，只能令对方和自己感到不愉快。如果对方是客户，还有可能给工作造成负面影响。因为商务活动使用的电话都有重新自动拨号功能，那位客户也可能一时疏忽按错了键而打错了电话。

其实，如果你能做到对打错的来电也礼貌应对，那么你就会给对方留下一个很好的印象。同时，你所在公司的好形象也会深深印在他的脑海里，也许这就会为公司赢来客户。

常言道："人非圣贤，孰能无过。"所以我们应该允许错误的出现与存在，况且对方也不是故意打错的。

打错电话后，立即向对方道歉

打错电话是每个人都有过的经历，有时很让人尴尬、莫名其妙。但是作为一个有礼貌有修养的人，应该立即向对方道歉，以真诚之心弥补一时失误造成的影响，而且你的热情和真诚也可以取得对方的谅解甚至给自己带来意想不到的机会。

◎ 公众礼仪规范常识 ◎

行人行走礼仪

（1）行人应走人行道，不能在机动车或自行车的车道上行走。

（2）过马路时，应走地下通道、过街天桥或斑马线。

（3）要等到绿灯亮起时再过马路。

（4）按照交通指示灯和标志、标线行走。

（5）应当请年长者、女士和未成年人走在离机动车道较远的内侧。

（6）避免在只准机动车通行的高架桥上步行。

（7）避免在车流中穿行。

（8）不要在行走中突然停下来，更不能在道路上嬉笑玩闹。

（9）多人同行时，应避免并排行走。

（10）尽量靠右行走。

（11）行人应自觉配合交通警察或交通协管员的指挥。

（12）不翻越道路交通隔离护栏，以免影响交通和发生危险。

乘坐电梯的礼仪

（1）要讲究次序

等候电梯时，应站在电梯门两侧，不要妨碍电梯内的人出来。电梯门打开时，应先等里面的人出来后再依次进入。如果是自动电梯，则应先让老人、小孩及女士进入，年轻者及男士应站在电梯按钮旁提供服务。

在自己的目的楼层快要到时，应尽早等候在电梯门旁，不要等电梯门打开时，才匆匆忙忙出来。一般说来，与不相识者同乘电梯，出来时应由外而里依次而出，不要争先恐后。

（2）电梯里面也要讲礼节

◇遵守公共秩序，注意安全◇

公众礼仪不仅指各种正式场合礼仪，还包括日常的公众场所礼仪，我们要从身边的小事做起，严格遵守公共秩序，维护自己和其他人的生命财产安全。

在进电梯、上车等情况下自觉排队，以免造成踩踏事件。

不要在公交站、地铁站随意奔跑打闹，以免影响到其他乘客，甚至危害自己的生命安全。

进入电梯后，主动告诉服务人员自己要到达的楼层，如果是自动电梯，应在入电梯时按一下要到达楼层的按钮。较为拥挤时，可请人帮忙。

电梯内要保持安静、清洁，不要大声讲话，更不能在电梯内吸烟、随地吐痰等，同时，站立时应面向电梯门，避免和陌生人尤其是异性面对面站立。

乘坐公共汽车的礼仪

乘公共汽车，必须排队上车。有教养的人不仅自己排队上车，而且会帮助妇女、老人和残疾人上车。

上车后应自动购票，不要等售票员来找你。在车上遇到孕妇、病人、老人和抱孩子的妇女，有座位的年轻人应主动让座。碰到他人给自己让座，不能表现出心安理得的样子，而要立即表示感谢。假若自己不打算去坐，则应礼貌地向对方说明，例如："谢谢。我马上就要下车。"在车上不要吸烟、吐痰或大声与他人交谈。

在乘坐公用交通工具时，必须将其视为一种公共场合。因此，必须自觉地讲究社会公德，遵守公共秩序。对于自己，处处要严格要求，对于他人，时时要友好相待。这就是所谓乘车时的律己敬人。

自驾车的礼仪

（1）要专心致志地驾车，不要因观赏周围景色、交谈、打手势等而分散注意力。

（2）不要酒后驾车。

（3）遇见红灯时，应将车停在标线内，此时不要超越其他车辆或紧急制动，以免影响后面车辆的行驶。

（4）不要将他人的车挤离车道。当别人的车从身边驶过时，应放慢速度而不要加速行驶。

（5）不要朝别的驾驶人员大喊大叫。

（6）遇见突发事件，要当机立断，不要优柔寡断。

（7）正常情况下，不开远光，不开雾灯。

（8）没事不乱按喇叭，尤其不要在小区、校园等安静的地方使劲按喇叭。

（9）起步、拐弯、并线、停车时要打转向灯。

（10）下雨天经过行人自行车身边，要减速慢行，不溅别人一身水。

（11）行驶时车与车之间要保持安全的距离。

（12）停车前要减速。

（13）停车时清楚前后左右的情况，不要堵住别的车，也不要堵住行人和自行车的习惯通道。

（14）加油时，如果前面的位置能加，就到前面去，不要一进去就停在最后一个加油位，导致前面的油枪空着，后车却要等待。

（15）不往车窗外乱扔垃圾，车里的垃圾，应收拾好扔到垃圾筒里。

乘坐轿车时车内举止要文明

在轿车上入座后，应把身体放正，双腿并拢，不可东倒西歪，成卧势。这样的姿态极不雅观，若有异性在场，也是对异性不尊重的表现。在车内要讲究卫生，不能在车上吸烟，或大吃大喝，且随手乱丢废物，不要在车上脱鞋或将手或腿、脚伸出车窗外。

乘坐火车的礼仪

乘坐火车时应提前到火车站候车，到时排队检票上车。进入车厢后，对号入座（卧），不可占用别人的座位（铺位）。

上车后，应立即把携带的物品安放在行李架上，而不要乱放在过道上，以免影响通行。旅途中可以读书刊或闭目养神，但不要大声谈笑。未经允许，不要随便取阅人家的书刊，也不要凑过去与别人同看一份报纸。吸烟时要去两节车厢的交接处或吸烟通道。

火车上吃的东西，最好不要带刺鼻的气味，果皮纸屑不要随手乱扔。大人要管教自己的小孩不准用脏手乱抓、乱拿他人的物品。

下车时不要推挤或大声叫嚷，应提前准备好自己的行李，按秩序礼貌下车。

乘坐客轮的礼仪

上客轮时应有秩序地排队上船，男士或年轻者应留意照顾同行的女士或年老者。

在船上标明"旅客止步"之处，多为船员工作或休息的场所，不要去妨碍他们。船上各种各样的电路，蒸汽开关很多，禁止随意触动。

在客房里吸烟是不礼貌的，也是不安全的，乘客若打算吸烟最好到甲板上去。如晕船要吐，应该到洗手间去，不要吐到船内或甲板上。不要将垃圾随手乱丢或扔到船外。

在船行驶中应遵守有关的规则，不要因无知而制造麻烦。白天舞动花衣服或手帕会被其他船只认为打旗语，晚上拿手电乱晃，也可能被当成灯光信号，雾天不宜大声喧哗，也不能在甲板上听收音机、录音机。

乘坐飞机的礼仪

乘坐飞机应提前1～2小时到达机场，以便有足够的时间取登机卡，办理行李托运手续等。

上机时不得违规携带有碍飞行安全的物品。在乘坐飞机时，通常都规定：任何乘客均不得携带枪支、弹药、刀具以及其他一切武器或凶器，不得携带一切易燃、易爆、剧毒、放射性物质以及其他任何有碍于航空安全的危险物品。在交付托运的行李之中夹带此类物品，也是不允许的。乘机坐下后要主动系好安全带，等待飞机起飞。

如果遇到飞机误点或临时改降、迫降在其他机场，不要惊慌失措，也不要发牢骚埋怨，而应镇静地听从空乘人员的安排，友好体谅地与之配合，越是在这种令人烦恼的时刻，越能表现你良好的素养。

在飞机上用餐时要将坐椅复原。吃东西应把动作尽量放轻，不要影响他人休息。用完餐后，再放下坐椅靠背。

不要在飞机上随地吐痰，下飞机前，要将垃圾放入座位前方的杂物袋内。离开机舱时，记得向列队相送的服务员致谢，并向他们告别。

参加舞会前的准备

（1）着装干净、整洁、端庄。男士宜穿西装套服或长袖衬衫配长裤。女士则可穿中、长袖的连衣裙。切忌衣衫不整，或者过紧、过短、过于暴露。在舞会上，不要当众更衣或脱去外衣。

（2）身体要清除异味。出席舞会之前，一定要洗澡、理发、漱口。不要吃葱、蒜、韭菜、海鲜、腐乳之类气味经久不散的食物，不要饮酒。在舞场上下，都不要吸烟。

邀舞礼节不可不知

一个注重社交的人，交谊舞是一门不可缺少的必修课。参加舞会向别人邀舞时要注意的礼仪主要有以下几点：

（1）男女即使彼此互不相识，但只要参加了舞会，都可以互相邀请。通常由男士主动去邀请女士共舞。

（2）在正常的情况下，两个女性可以同舞，但两个男性却不能同舞。在欧美国家，两个女性同舞，是宣告她们在现场没有男伴；而两个男性同舞，则意味着他们不愿向在场的女伴邀舞，这是对女性的不尊重，也是很不礼貌的。

◇乘坐公共交通工具的注意事项◇

当我们要进行一次长途旅行的时候，火车、客轮、飞机就成了我们必然的选择，那在这些公共交通工具上，我们怎么做，才不会引起大家的反感呢？

不要随意的脱鞋、袜子、上衣等。

乘船时晚上慎用手电筒。使用手电筒，不仅容易影响其他乘客，还有可能干扰到本船和对方船只的正常工作。

不可占据过多空间，否则容易遭人诟病。

（3）如果是女方邀请男伴，男伴一般不得拒绝。音乐结束后，男伴应将女伴送回原来的座位，待其落座后，说一声："谢谢，再会！"方可离去，切忌在跳完舞后，不予理睬。

（4）邀请者的表情应谦恭自然，不要紧张和做作，以免使人反感。更不能流于粗俗，如叼着香烟去请人跳舞，这将会影响舞会的良好气氛。

舞会上下场礼仪

上场时，男士应主动跟在女士身后，由对方来选择跳舞地点。女士则应注意自己所选择的地方不宜过于拥挤，或者过于空旷。

下场时，不宜在舞曲未完之际先行离去。等舞曲演奏完毕，应立于原处，面对乐队或主持人鼓掌，以示感谢。随后，男士可在原处向女士告别，或是把对方送归原来的地方再离开。告别时，男士应对女士说："谢谢。"女士应回答："不客气。"或"再见。"未与女士作别时，男士不宜离去，尤其是不要为了急赶他人而不辞而别。

上下舞场时，应缓步而行，不要拐来绕去，动作轻佻。

拒舞也要很高雅

拒绝邀舞也能表现出一个人良好的修养。应注意的礼仪如下：

（1）一般情况下，女士不应拒绝男士的邀请。如万不得已决定谢绝，必须态度和蔼，表情亲切地说："对不起，我累了，想休息一下。"或者说："我不大会跳，真对不起。"对方当然心领神会，不会强邀蛮缠。但在一曲未终时，应不再同别的男士共舞，否则会被认为是对前一位邀请者的蔑视，这是很不礼貌的表现。

（2）如果你参加舞会时自带舞伴，当你们跳过一场或几场之后，如果有别人前来邀其共舞，你应开朗大方，促其接受。

（3）如果你是一位女士，有两位男士同时邀请你共舞，应都礼貌地谢绝。如果同意与其中的一个共舞，对另一个则应表示歉意，应礼貌地说："对不起，只能等下一次了。"

（4）当女士拒绝一位男士的邀请后，如果这位男士再次前来邀请，在确无特殊情况的条件下，应答应与之共舞。

（5）如果女士已经答应和别人跳这场舞，应当向前来邀舞男士表示歉意说："对不起，已经有人邀我跳了，等下一次吧。"

跳舞时的礼仪

跳舞时，身体要端正。通常为男士领舞。领舞与伴舞者之间不宜相距过近，双方胸部应有30厘米左右的间隔，以维护各自的人格尊严。

跳舞时，体态和表情应当活跃自然，不要呆滞拘谨。同时，动作要把握好分寸，以免引起对方和他人的反感。

跳舞时，男女双方都不要目不转睛地凝望对方，也不要表情不自然。男士不可把女士的手捏得太紧，不可把整个手掌掌心向内地全贴在女士的腰上。不要在旋转时把女士拖来扯去，或是腿部过分地伸入女方的两腿之间。女士不要把双手套在男士的脖子上，也不要把头部主动俯靠在对方的肩上。

要注意不要踩踏舞伴。如果因为自己的不慎而踩踏、碰撞了舞伴或周围的人，不管与对方相识与否，都应主动向其道歉。

观看国际体育比赛有何礼仪问题

人们在欣赏高水平的国际体育比赛的时候，也应时刻提醒自己保持良好的观赛礼仪。

因为赛场往往是各国媒体关注的焦点，一些所谓的"小节"问题，不仅代表你个人，还代表着一个群体、一座城市，以至于一个国家的形象。

以进退比赛场为例：

（1）观看体育比赛，应该准时入场，以免入座时打扰别人。入场后，应该对号入座。不能因为自己的座位不好，而占别人的座位。

（2）如果赛后你还有其他事想早些退场，就应该在终场前几分钟悄悄走，不要等散场时，在人群中乱窜乱挤。

（3）散场的时候，要跟着人流一步步地走向门口。挤、推的话，可能谁也出不去，甚至会出现危险。万一被推挤的观众围困，则要努力向最近便的出口缓行，并且应顺着人流前进，不可乱钻。

出国参观礼仪

出访代表团如果要求参观可向接待单位提出。所选的参观项目应符合访问目的，但也要客随主便，不要强人所难。与对方商谈参观事宜时，可以提具体项目，也可提出笼统愿望。在商妥之后，要确凿核对时间、地点及路线。

无论参观何种项目，都应专心听取介绍。参观完毕，向主人致谢。如果主人在门口送行，上车以后应挥手致意。

◇ 在观看音乐会、演唱会时要注意的礼仪◇

听音乐会是种很高雅的行为，而演唱会却会让人很激动。在这样两种截然不同的场合，都要注重礼仪。

听音乐会要正装入场，听时，要保持安静。

演唱会上不可乱扔荧光棒，以免妨碍到周围的人。

不管是音乐会，还是演唱会，都不可在场内随处走动。

参观游览时，要注意尊重对方的风俗和宗教习俗。如有的地方参观历史纪念馆，为保护建筑物，要穿鞋套。如要拍照，应事先向有关人员了解有无禁止摄影的规定。

参观博物馆的礼仪

博物馆、美术馆、展览馆是大家时常造访的地方，参观这些地方除了可以提供精神上的享受、情感上的慰藉外，也丰富了知识。但这些地方有很多约定俗成的规定。

（1）禁烟、禁食、禁饮

全馆禁烟、禁食、禁饮以保持参观场地的整洁，一方面可以保护珍贵的收藏品，另一方面则给参观者一个舒适安宁的环境。

（2）禁用闪光灯

几乎所有博物馆都禁用闪光灯，这是为了保护这些脆弱的艺术品以及古物。

有些博物馆则是任何照相机或摄影机都禁用的，这是为了防止复制品充斥市场。有些善于仿造的非法集团，专门设法取得原件资料后再仿制出售牟利，造成社会上许多混乱与争执，而此种混乱，可能一直延续几十年甚至上百年。

（3）禁止触摸

一般严禁以手触摸艺术品或古物，其目的也是防损。

（4）背包等物品

进场时，大型背包、雨伞等一律得留在馆外，以避免身上的东西在走动时碰倒展览物品，或是刮伤艺术品。

（5）禁止在馆内解说

有些美术馆为了提供最佳的欣赏环境，是不准在馆内解说画作的。如阿姆斯特丹的凡·高美术馆就有上述的严格规定，以让大家都能平心静气地凝神欣赏这些震撼心灵的感人作品。

（6）录音机导览

如果真的需要听导览，很简单，只要在入场时租一副导览随身听即可。好处是可以多次收听，直到完全了解为止。

（7）闭馆

每日闭馆前约1小时即停止售票，禁止参观者入场，此时只准出不准进，以利于闭馆作业，所以参观时应尽量早一点儿到场。

（8）休馆日

各馆的休馆日不同，需要注意休馆时间。有些非常受欢迎的博物馆则规定团体必须预约，否则不准入场，以控制每日的入场人数。

第三章

不可不知的场景口才常识

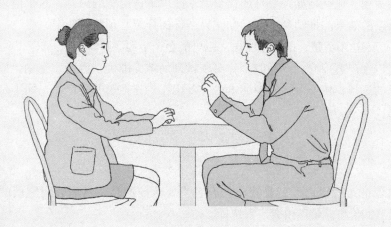

◎ **推销口才常识** ◎

迅速打开客户的"心防"

任何人与陌生人打交道时，内心深处总是会有一些警戒心，当准客户第一次接触业务员时，也是带有防备心理的。

只有在推销人员能迅速地叩开准客户的心扉后，客户才可能用心听你的谈话。打开客户心扉的基本途径是：①让客户对你产生信任；②引起客户的注意；③引起客户的兴趣。

TOYOTA的神谷卓一曾说："接近准客户时，不需要一味地向客户低头行礼，也不应该迫不及待地向客户介绍商品，这样做反而会引起客户逃避。当我刚进入公司做推销时，在接近客户时，我只会向他们介绍我的汽车，因此，在初次接近客户时，往往都无法迅速地与客户进行沟通。在无数次的体验揣摩下，我终于体会到，与其直接说明商品不如谈些有关客户的太太、小孩的话题或谈些社会新闻之类的事情，能让客户喜欢你才真正关系着销售的成败，因此接近客户的重点是让客户对一位以推销为职业的业务员产生好感，从心理上先接受他。"

介绍产品要用客户听得懂的语言

用客户听得懂的语言向客户介绍产品，这是最简单的常识，尤其对于非专业的客户来说，推销员一定不要过多使用专业术语。有一条基本原则对所有想吸引客户的人都适用，那就是如果信息的接受者不能理解该信息的内容，这个信息便产生不了它预期的效果。推销员对产品和交易条件的介绍必须简单明了，表达方式必须直截了当。表达不清楚，语言不明白，就可能会产生沟通障碍。

所以在向客户介绍产品时，你必须做到简洁、准确、流畅、生动，而且还要注意时机的选择，切不可卖弄专业术语。要记住：你推销的是产品，而不是那些抽象的代码！

推荐给客户的产品最好是三款

推荐的过程说白了就是找出符合客户要求的产品，然后介绍它们的品牌、型号、配置和价格。最后由客户来选择。

这个选择性过程基本可以总结为以下两步：第一步，列举几种可供选择的产品和这些产品各自特点；第二步，让消费者从中选择认可的一个备选选项。

◇ 如何站在客户的角度考虑 ◇

一个专业的销售人员，要想提高自己的销售业绩，就必须学会站在客户的角度考虑问题。

学会倾听顾客的声音，尽可能多地跟客户沟通，了解客户的需求。

照顾客户的感受，遇到问题及时更进。

急人所需，为客户介绍最适合的产品，并且在第一时间告诉客户。

但是，切记只能推荐两到三款，三款最好。少了，客户没有挑选的余地，自己也没有回旋的余地；多了，客户会挑花眼，自己也会因为盲目推荐而没有目标。接下来的谈话很重要，要让客户实实在在地体会产品本身的优异性能。

利用客户的好奇心

"好奇"是人类一种非常普遍的心理，当你能够准确地把握并利用这一心理的时候，你往往能够轻而易举地征服客户。在商务电话沟通中，业务员可以首先唤起客户的好奇心，引起客户的注意力和兴趣，建立与客户的关系，从而获得与客户的顺利沟通。

利用客户的好奇心必须根据具体情况来设计具体的语言，激起客户好奇心的方法应该合情合理，奇妙而不荒诞。业务员应该向客户展示各种新闻、奇遇、奇才、奇谈、奇货等合乎客观规律的新奇事物来唤起客户的好奇心，以达到接近客户的目的，而不应该凭空捏造违背客观事实的奇谈怪论来诱惑客户，更不可装神弄鬼，进行迷信宣传。

另外还要注意，无论利用什么语言，都应该与推销活动有关。如果客户发现业务员的接近与推销活动完全无关，很可能立即转移注意力并失去兴趣。

给予客户沉默的时间

客户的沉默，相当于我们常听到的"请稍候"。业务员在敦促签单的话告一段落之后应给予对方沉默的时间。

当对方沉默时，如果业务员沉不住气，不能等待客户思考之后，就将客户的思路打断。那样就不仅只是打断他的思路，还打断了一个明确的答复。正如有的业务员所说的那样："对方一沉默，我就像被人用枪瞄着，却总也听不见枪响。这比挨一枪还难受。"这就是业务新人常犯的沉默恐惧症。

有些业务员认为沉默意味着缺陷。客户的沉默使业务员感到压抑，很冲动地产生打破沉默的念头。相反，有经验的业务员在敦促到一定程度的时候，会主动沉默。这种沉默是被允许的，而且也是受客户欢迎的。

在商务电话沟通中，我们要做好充分的打持久战的心理准备，尤其是在等待客户决策，对方沉默不语时更不能操之过急。

其实，沉默的时间并非像有些耐不住的业务员感受的那样漫长。当客户沉默的时候，他比业务员承受的压力要大得多，他们沉默一般不会超过30秒。一般来说，客户在你沉默10秒最多不超过20秒后，他就会对你开口。在这种情况下，客户说出的基本上是实质性的决定。

及时领会客户的意思

销售过程中及时领会客户的意思非常重要。只有及时领会客户的意思，推销员才能及时做好准备，为下一步的销售创造条件。

推销员只有及时领会了客户的意思，巧妙地作出适当的回应，才能使事情朝越来越好的方向发展，如果推销员不能及时领会客户的话，就不能很好地解除对方的疑虑。

及时领会客户话中的意思，及时发现成交信号，是促成成交最关键的环节。

尽量问一些能得到肯定回答的问题

在法律系学生的课程中，教授会告诉他们："当你盘问证人席的嫌犯时，不要问事先不知道答案的问题。"

相同的训诫也可以用在销售上。辩护律师如果不事先知道答案就盘问证人，会为他自己惹来很多麻烦，同样的情形也会发生在销售人员身上。

绝对不要问只有"是"与"否"两个答案的问题，除非你十分肯定答案是"是"。

例如，不要问客户："你想买双门轿车吗？"而要说："你想要双门还是四门轿车？"

如果你用后面这种二选一的问题，你的客户就无法拒绝你。相反地，如果你用前面的问法，客户很可能会对你说："不。"下面有几个二选一的问题：

"你比较喜欢三月一号还是三月八号交货？"

"发票要寄给你还是你的秘书？"

"你要用信用卡还是现金付账？"

"你要红色还是蓝色的汽车？"

"你要用货运还是空运的？"

可以看出，在上述问题中，无论客户选择哪个答案，业务员都可以顺利做成一笔生意。

要养成经常这样说话的习惯："难道你不同意……"例如："难道你不同意这是一部漂亮的车子，先生？""难道你不同意这块地可以看到壮观的海景，先生？""难道你不同意你试穿的这件貂皮大衣非常暖和，女士？""难道你不同意这价钱表示它有特优的价值，先生？"因为，这些问题你已很有把握客户会作出肯定的回答。当客户赞同你的意见时，也会衍生出肯定的回应。

突破客户的防线，开发潜在需求

当客户对你说出拒绝的话语时，一个成熟而有经验的推销人员会通过有策略的交谈，巧妙突破客户的防线，从而开发出客户的潜在需求。推销时挖掘客户的消费需求至关重要。

挖掘客户的消费需求，就是要让他觉得眼前的商品可以给他带来远远超出商品价值之外的东西。每位顾客由于其年龄、性别、职业、文化程度以及消费知识和经验的差异，他们在购买商品时，会有不同的购买动机和消费需求，因此，他们所要求得到的服务也不同，销售人员面对每一位顾客都要细心观察，热情、细致地为他们提供所需要的服务。

客户的消费需求要求推销员去开发，聪明的推销员会在无意中给顾客限制选择的权利或者是让消费者做出有利于推销员的选择。要想占有更大的市场，就要求推销员不断开发客户的需要。

了解何时该温和地推销

作为一个优秀的推销员，应该了解何时该温和地推销。对于极有潜力的未来客户，推销员应该沉住气，潜入海底。所谓"潜入海底"，是指能够耐得住性子，尽力接近他们而不是让他们从一开始就怀有戒心，相互信任是营销关系的最高境界。

例如推销员托马斯，喜欢打高尔夫球，也因此结识了很多有实力的客户，但他并没有利用这个机会去推销，而是把个人娱乐和生意分开，与球伴建立了很好的关系，这是建立信任、赢得客户好感的一种典型策略，它也常常能取得非常好的效果。

正是这样的做法，使得托马斯赢得了与他一起打球的某公司的总经理吉米的敬佩，对方主动要求与他做生意，于是，吉米成了托马斯最大的客户。

这桩生意做得看似轻而易举，其实是与客户长期接触，赢得客户的信任与尊重而获得的。这其中，与潜在客户长期接触时的言谈尤其重要，不能流露出功利心，这也是托马斯取得成功的关键。

可见，强硬推销的结果必是遭到拒绝，而经过一段时间发展得来的关系会更长久。作为推销员，不妨借鉴一下托马斯的做法，先取得潜在客户的信任，生意自然水到渠成。

◇ 怎样突破客户的防线 ◇

当客户拒绝购买时，并不意味着你推销的失败，这时候，巧妙的突破客户的防线，仍然可以达成交易。

不断追问，找出客户的疑虑根源，根据客户的顾虑，对症下药。

运用数字技术化解价格异议，淡化客户"太贵了"的印象。

巧用"假设成交法"促成交易，让客户想象已经购买了某产品或服务，而给他带来的好处和收益。

留给自己解释产品性能的机会

在推销比较昂贵的产品时，销售人员在遇到顾客直接询问价格的时候，第一反应应该是确认顾客是否了解这个产品。如果顾客不了解产品销售人员就直接回答顾客的询价，顾客必然会觉得价格不合适。这样，销售人员没有任何解释的空间，顾客也不给销售人员机会来解释产品的技术或独到的领先之处。

我们来看一个成功案例：

顾客："你介绍的这个34寸的高清数码彩电多少钱呀？"

销售人员："您真是行家，您看中的可是现在最流行的、最新推出的款式，价格可不便宜，挺贵的！"

（暂停，将沉默留给客户。）

顾客（有些着急）："到底多少钱呀？"

销售人员："要不说您是行家呢，3480元。"

顾客："为什么这么贵呢？"

在本案例中，推销员在顾客直接问价后先说贵，等客户继续问贵是多少的时候，再回答具体的价格。当客户再次询问贵的原因时，则正好是销售人员解释产品性能的机会。

价格谈判中的说服术

如何说服你的客户接受你的建议或意见，这其中有很大的学问，特别是在价格的谈判中。以下是价格谈判中的一些技巧和策略。

（1）在谈判过程中尽量列举一些产品的核心优点，并说一些与同行相比略高的特点，尽量避免说一些大众化的功能。

（2）在适当的时候可以与比自己的报价低的产品相比较，可以从以下几方面考虑：

①客户的使用情况（当然你必须对你的和你对手的客户使用情况非常了解——知己知彼）。

②列举一些自己和竞争对手在为取得同一个项目工程，并同时展示产品和价格时，客户的反应情况（当然，这些情况全都是对自己有利的）。

③列举一些公司的产品在参加各种各样的会议或博览会时专家、学者或有威望的人员对自己的产品的高度专业评语。

④列举一些公司产品获得的荣誉证书或奖杯等。

◇ 不同客户的应对技巧 ◇

"一千个人心中有一千个哈姆雷特"，这就说明每个人的性格、想法和需求都各不相同，这就需要销售人员根据不同客户的性格采取不同的应对方法。

优柔寡断型：不要给客户太多的选择，在充分了解客户的需要后取得其信任，帮其做选择。

爽快干脆型：一定要争取一次搞定，对他穷追不舍，不再给他出尔反尔的机会，让其立即拍板。

沉默寡言型：除了介绍产品卖点之外，还要以亲切、诚恳的态度拉拢感情，使其放下戒心，这样方便我们了解客户的需求，以便于我们投其所好、对症下药。

吹毛求疵型：要采取迂回战术，先与他交锋几个回合，但必须适可而止，最后故作宣布"投降"，假装战败而退下阵来，宣称对方高见，让其吹毛求疵的心态发泄之后，再转入销售的主题。

许下的承诺必须信守

承诺是一种约定，推销人员对客户的承诺是推销人员表现的大好机会。兑现你的承诺，你就会赢得客户的信任和支持。如果你不能兑现已经说出口的承诺，你就会永远失去客户。因此，推销人员不要轻易许诺。

推销人员常常通过向顾客许诺来打消顾客的顾虑，如许诺承担质量风险，保证商品优质，保证赔偿顾客的损失；答应在购买时间、数量、价格、交货期、服务等方面给顾客提供优惠。但要记住，不要做过多的承诺，同时要考虑自己的诺言是否符合公司的方针政策，不能开空头支票。推销人员一旦许下诺言，就要不折不扣地实现诺言。为了赢得交易而胡乱许诺，其结果必定是失去客户的信赖。

遵守诺言是一个人最可贵的品性，要想销售更多的产品，推销人员必须信守承诺。

◎ 谈判口才常识 ◎

尽可能以提问方式操纵对方思维

直接性提问："谁能解决这个问题？"这种提问具有限制性，回答是可以控制的。

一般性提问："你认为如何？""你为什么这样做？"这种提问没有限制，回答难以控制。

诱导性提问："这不就是事实吗？"这种回答也是可以控制的。

发现事实的提问："何处""何人""何时""何故"。

探询观点的提问："是不是？""你认为如何？"

描述性提问："看来你很高兴，是不是遇上什么好事？""我知道你为难，能想想办法吗？"

理解性提问："是这个意思吗？……"

求同式提问："你怎么看？""有什么想法？"

鼓励性提问："能再讲一点吗？""你怎么能肯定？"

持续性提问："后来呢？""那怎么办？"

追踪性提问："为什么？"

冷场或僵局时的提问："你看，要不然这样好不好？""只要你同意，其他都好商量，你说呢？"

◇谈判中回答对方问题的技巧◇

虽然，在谈判中提问可以使我们掌握掌握主动权，但不可避免地，总要回答对方所提出的问题，遇到这种情况，我们怎么回答才会对己方有利呢？可以从以下几个方面来考虑：

回答对方的问题，不要确切的回答，要给自己留有一定的余地，不要过早地暴露己方的实力。

对于那些可能会有损己方形象、或泄密、或近于无聊的问题，谈判者也不必为难，不予理睬或者说"无可奉告"是最好的回答。

当谈判对手对你的答复做了错误的理解，而这种理解又有利于你时，不必去更正对方的理解，而应该将错就错，因势利导。

不轻易作答

谈判者回答问题，应该具有针对性，有的放矢，因此有必要了解问题的真实含义。同时，有些谈判者会提出一些模棱两可或旁敲侧击的问题，意在以此摸对方的底。对这一类问题更要清楚地了解对方的用意。否则，轻易、随意作答，会造成己方的被动。

谈判中常用的转折用语

谈判中如遇到问题难以解决，或者有话不得不说，或者接过对方的话题转向有利于自己的方面，都要使用转折用语。

例如：

"可是……"

"但是……"

"虽然如此……"

"不过……"

"然而……"

这种用语具有缓冲作用，可以防止气氛僵化。既不致使对方感到太难堪，又可以使问题向有利于己方的方向转化。

谈判中常用的弹性用语

对不同的谈判者，应"看人下菜碟"。如果对方很有修养，语言文雅，己方也要采取相似语言，谈吐不凡；如果对方语言朴实无华，那么己方用语也不必过多修饰；如果对方语言爽快、耿直，那么己方就无需迂回曲折，可以打开天窗说亮话，干脆利索地摊牌。总之，在谈判中要根据对方的学识、气度、修养，随时调整己方的说话语气、用词。这是双方沟通思想、交流感情的有效方法。

从人的听觉习惯去考察，在某一场合，他听到的第一句话与最后一句话，常常能留下很深的印象。在谈判中假如你以否定性话语来结束会谈，那么，这否定性话语会给对方一种不愉快的感受，并且印象深刻。同时，对下一轮谈判将会带来不利影响，甚至危及上一轮谈判中已谈妥的问题或已达成的协议。所以，在谈判终了时，最好能给予谈判对手以正面的评价。例如：

"您在这次谈判中表现很出色，给我留下了深刻的印象。"

"您处理问题大刀阔斧，钦佩，钦佩！"

不论谈判结果如何，对参与谈判的人来说，每一次谈判都是谈判双方的一次合作过程。因此，一般情况下在谈判结束时对对方给予的合作表示谢意，既是谈判者应有的礼节，同时，这也是对今后的谈判大有裨益的。

◇ 谈判中突破僵局的策略 ◇

在谈判中，运用解围用语可避免僵局，但是，僵局有时总会不可避免地出现，遇到这种情况，怎样才能既不损害己方利益，又能突破僵局呢？可以从以下几个方面来考虑：

既然我们双方都有合作的诚意，那这样，双方各退一步……

通过从客观角度关注利益的方式打破僵局，找到可以兼顾双方利益的方案，让双方都认为是公平的。

既然我们在这个方案上打不成共识，那么，我们还准备了另外一种方案：合资经营。

好的！

通过换方案的方式打破僵局：换一种双方更容易接受的方案。

谈判中常用的解围用语

当谈判出现困难，无法达成协议时，为了突破困境，给自己解围，可以运用解围用语。例如：

"真遗憾，只差一步就成功了！"

"就快要达到目标了，真可惜！"

"行百里者半九十，最后的阶段是最难的啊！"

"这样做，肯定对双方都不利。"

"再这样拖延下去，只怕最后结果不妙。"

"既然事情已经到这个地步了，懊恼也没有用，还是让我们再做一次努力吧！"

这些解围用语，有时能产生较好的效果。只要双方都有谈判的诚意，对方就可能会接受你的意见，促成谈判的成功。

谈判中的吹毛求疵策略

运用吹毛求疵策略是指为了达到自己的目的，对对方的产品鸡蛋里挑骨头，想方设法地去找出毛病、缺点，以便迫使对方让价。运用该法得当，往往可以使买方获得物美价廉的产品。

商贸交易中的无数事实证明，这种挑剔战术不仅是行得通的，而且是富有成效的，因为它可以动摇卖方的自信心。面对顾客横挑鼻子竖挑眼所提出的一大堆问题和要求，卖方往往招架不住，尽管这些毛病只是买方的夸大其词、虚张声势。

需要注意的是，任何谈判策略的运用都是有一定限度的，因此，买方在提出问题和要求时，不能过于苛刻，漫无边际，不能与通行的做法和惯例相距太远，否则，会被人认为没有诚意，以致中断交易。

一般来说，买方所挑剔的应是实际存在的问题，可以把它略微夸大；进行苛责的方面，最好是卖方对此信息比较缺乏。不然，一下子就让卖方识破了你的战术，就会采取应对的措施。

谈判中的后发制人策略

后发制人策略往往会在谈判过程中显示出出乎意料的优势，尤其当意见分歧很大，气氛处于比较紧张的状况时，效果更佳。后发制人策略就是指，在谈判过程中，先让一方尽可能多地发表意见，不与之争论，而是仔细倾听，待到对方说完，再以相应的对策使其折服。

1987年，我国南平铝厂厂长高泽瑞赴意大利与伯勒达公司就引进先进技术设备的有关问题进行谈判。谈判开始时，伯勒达公司的谈判代表，对中方代表流露出不尊重的态度。他们依仗技术优势，胡乱要价，抛出的价格高于市场最高价，同时，卖方代表还竭力宣传他们的设备是世界一流水平，对中方代表实施先声夺人策略。

高泽瑞没有被对手的技法所蛊惑，而是注意认真地倾听。等对方报价、自我夸奖等一系列表演结束后，高泽瑞沉着且彬彬有礼地回答："我们中国人民最讲究实事求是，还是请你们把图纸拿来看看吧！"

等对方代表把图纸拿来后，高泽瑞根据设备图纸分析比较，指出成套设备在哪些方面是先进合理的、哪些方面有欠缺，不如德国的，等等。高泽瑞的分析有理有据，使意方代表面露窘色，深为叹服，一反傲慢态度。高泽瑞继续说："先进的液压系统是贵公司对世界铝业的重大贡献，20年前我们就研究过……"高泽瑞的发言不仅让意方代表折服，还减少了双方的距离。最后意方代表："了不起，了不起……你们需要什么，我们可以提供，一切从优考虑。"南平铝厂以优惠价格成交了一系列先进的铝加工设备，为国家节约了大量外汇。

高泽瑞就是使用了后发制人的策略，待对方滔滔不绝之后，已无话可说之时，再发表自己超人的见解，不可谓不是明智之举。而相反，如果是在对方胡乱要价，侃侃而谈之时沉不住气而与之争论，不但显得极无礼貌，有失身份，而且很可能导致谈判进入僵局甚或破裂。

谈判中的远利诱惑策略

谈判者就好像证券市场中的投资者，都是为了利润而投资。只不过在谈判中所谓的利润乃是指欲望的满足，不单只是金钱的获得。

这便可以了解谈判中基本而微妙的特点，即任何交易所产生的未来满足或不满足完全在于谈判者自己的看法。有的谈判者对于未来是乐观的，有的则是悲观的；有的谈判者希望马上完成交易，有的却能先等待一段时间后再说。

远利诱惑策略就是以较高的未来值吸引谈判对手，保证谈判成功。

谈判中的虚虚实实策略

虚虚实实的策略就是为了对付谈判对手，在一席谈话中掺杂着真实与虚假的情况，同时表现出严肃认真、镇定自若的神情，致使对方信以之真，而使最终结果有利于己方。

◇ 取得谈判胜利的方法 ◇

谈判，是一种过程，也是一种较量，是口才的较量，也是谋略的较量。谋略正确，往往能出奇制胜，达成双赢。下面我们一起看看有哪几种技巧：

1.虚张声势。为增加购买欲望，在谈判中，可适当制造悬念，增加紧迫感，产生"不买将会错过机会"的感觉。

这种商品的原材料已经准备提价了，所以，这种商品也会因此价格上涨的。

我看过拍卖规则，卖方对价格不满意，会拒绝出售，咱的出价第二，卖方一定会跟咱联系的。

老李，还没过咱的竞拍价，你怎么就拉着我走了。

3.逆向思维。当遇到紧急情况百思不得其解时，可从反向角度即倒过来思考。

2.制造优势。建立起对对方的心理优势，改变对方立场，坚定自己的谈判立场，不要轻易让步。

你看，这是我们产品的制作过程，它已经获得了好几项专利，而且……

您能够具体说明一下吗？

关于这件事情，我没有直接接手，但我听说是这样的。

4.装聋作哑。明确什么该说，什么不该说。对于不该说的不说，对于可以说的选择说。

但是，在谈判过程中，还要提防对方采用一种所谓的"虚虚实实"策略：先提供很好的条件，结果什么也得不到。而对付这种策略最有效的方法是只要看到有信用不好的迹象，就赶快躲得远远的。这也是对付这种"虚虚实实策略"的策略。

谈判中的事实抗辩策略

在谈判时双方是平等的，双方都必须遵守公共的准则，不得采取不正当的手段来取得谈判的成功，也不能以势压人。在某个问题发生争论时，关键是要以理服人。因此，摆事实、讲道理就显得非常重要。但决不能空洞，而应有科学根据，有确凿的事实，这就要求参加谈判的人员有理、有利、有节。谈判双方在涉及全局利益的原则问题时都不会轻易退让，而往往是针锋相对、据理力争。因此，谈判过程中，辩论是经常使用的一种语言手段。谈判桌前的辩论必须是以事实来抗辩，逻辑严密，语言有力。

谈判中的软硬联手策略

两手的策略是指先由唱"黑脸"的人登场，他傲慢无礼，苛刻无比，强硬僵死，让对方产生极大的反感，具有进攻性和威慑力。然后，唱"白脸"的人登场，以合情合理的态度，对待对方。他左右逢源，十分理智，但却巧妙地暗示，若谈判陷入僵局，那么"黑脸"会再度登场。在这种情况下，谈判对手一方面由于不愿与那位"黑脸"再度交手，另一方面迷恋于"白脸"的礼遇，而被迫答应"白脸"提出的要求。

谈判中的投石问路技巧

投石问路是一种向对方的试探，它在谈判中常常借助提问的方式，来摸索、了解对方的意图以及某些实际情况。

当你作为买主，在讨价还价时，可以提出下列问题：

"假如我们订货的数量加倍，或者减半呢？"

"假如我们和你们签订一年的合同，或者更长时间的合同呢？"

"如果我们减少保证，你有何想法？"

"假如我们自己提供材料呢？"

"假如我们要求改变产品的规格呢？"

"假如我们采取分期付款的方式呢？"

"假如我们自己解决运输问题呢？"

当你想取得对方的情报，获取所需要的信息时，可以提出下列问题：

"请您告诉我，为什么半个月后才可以发货？"

"请问这批货物的出厂价是多少？"

"请问，提货地点在哪里？"

"究竟什么时候才能到货？"

当你想引起对方的注意，并引导他的谈话方向时，可以这样提出问题：

"您能否说明一下，这种类型的商品的修理方法？"

"如果我们大批订货，你们公司能不能充分供应？"

"您有没有想过要增加生产，扩大一些交易额？"

"请您考虑签订一份三年的合同，好吗？"

当你希望对方做出结论时，可以这样提问：

"您想订多少货？"

"您对这种产品的样式感到满意吗？"

"这个问题解决了，我们可以签订协议了吧？"

当你想表达己方的某种情绪或思想时，可使用这类问话：

"我们的价格如此低廉，您一定会感到吃惊吧（表达炫耀的情绪）？"

"您是否调查过本公司的财务状况和信用（表达自信和自豪的情绪）？"

"对于那个建议，您的反应如何（引起他人注意，为他人思考指引方向）？"

"请原谅，您是否知道这是达成协议的唯一途径（引起对方注意，引导对方自己做结论）？"总之，每一个提问都是一粒探路的"石子"，你可以通过对产品质量、购买数量、付款方式、交货时间等问题来了解对方的虚实。

同日本人谈判的要诀

美国学者韦恩·卡肖研究了日本工商企业的谈判方式，向外国谈判人员提供了以下谈判要诀：

（1）只要是正式的谈判，就不能让妇女参加。日本妇女是不允许参与大公司的经营管理活动的。日本人在一些重要的社交场合是不带女伴的（这一点很难被欧美的职业妇女所接受）。

（2）尽量不要选派年龄在35岁以下的人去同日本人谈判。如果派一名年轻人去同日本一位65岁的经理人谈判，意味着对日本对手的不尊敬。

（3）不要把日本人礼节性的表示误认为是同意的表示。在谈判中，日方代表可能会不断地点头，并且嘴里说："嗨！"（是）。但是日本人这样说往往不是表示同意，而是在提醒对方，他在注意听。这种表示方法同英语中的"阿哈"或是"我懂"之类的表示方法是一样的。简言之，"是"这个词不总表示"同意"的意思，尤其在日本。

（4）当日方谈判代表在仔细推敲某一问题时，总是一下子变得沉默不语。这一点常常叫一些外国人"丈二金刚摸不着头脑"。滑稽的是，每当日方代表沉默时，西方人就容易掉进圈套，等他们醒悟过来时，已是后悔莫及。如美国国际电话电报公司与日本一家公司进行一项商业谈判，在一切都谈妥后，美国国际电报电话公司就在双方均已认可的合同上签了字。可是当这份合同送到日本那家公司总裁面前请他签字时，这位总裁却坐在那里一动不动，沉思默想。见此状，国际电话电报公司的经理以为日本公司的总裁不肯签字，于是急忙同意再付给日方25万美元。其实，国际电话电报公司的经理只要再耐心等待几分钟，他就能为自己公司省下这一大笔钱。

要想在同日本人的谈判中取得成功，国外学者概括的要诀就是：千万不要把你心中想的告诉给对方，要不动声色；要有无限的耐心；要使自己显得彬彬有礼。一句话，就是要像地道的日本人那样。

同美国人谈判的要诀

其实了解了美国人的谈判风格，就是掌握了同美国人谈判的要诀。

（1）爽直干脆，民族优越感强：美国谈判者要求谈判对手表达意见要直接，是就是，非则非，不得含糊其词；当双方发生纠纷时，美国谈判者希望谈判对手态度认真、诚恳，即使争得面红耳赤，他们也不会在乎；相反，如果你支支吾吾，敷衍塞责，那么，他们就会真的生起气来。

（2）重视效率、速战速决：在国际谈判中，美国人总是直截了当，按事先安排的议程行事。

（3）讲究谋略、追求实利：美国人在谈判活动中，十分讲究谋略，以卓越的智谋和策略成功地进行讨价还价，从而达到其目的。

（4）全盘平衡、一揽子交易：美国凭其经济大国的地位，在谈判方案上喜欢搞全盘平衡、一揽子交易。所谓一揽子交易，主要是指美国商人在谈判某一项目时，不是孤立地谈它的生产和销售，而是将谈判项目从设计、开发、生产、工程、销售到价格等一起洽谈，最后达成一揽子方案。

（5）律师在谈判中扮演重要角色：凡有工商谈判，特别是到国外的谈判，美国人一定要带上自己的律师，一旦谈判协议达成，必须请律师到场。

（6）非常注重担保：许多美国人在同未曾谋面的人通话时异常谨慎，有时甚至拒绝通话，更谈不上亲自会见一个完全陌生的人，除非对方有为该美国人所熟知并受其尊重的第三方——一个为外国谈判者的声誉提供担保的人或公司的介绍，此时美国人的一些疑虑方可消除。

同德国人谈判的要诀

（1）做好充分准备：德国人在进行谈判前要进行充分的专业准备，因此，和德国人谈判，一定也要做好充分准备，以便回答他们关于公司和其他方面的详细提问，用满意的回答表明自己的实力。

（2）尊重德国人的商权：德国人极度珍惜自己的商权。在德国的法律条文中，保护商权规定得严格而明确。所以，在与德国人进行洽谈时，要切记商权的处理千万不可大意。

（3）务必要守时：德国人不管是工作还是干其他事情，都是有板有眼，一本正经的。因此在同他们打交道时，也应努力适应他们的这些特点。不仅谈判不能迟到，其他社交活动也不能随便迟到。

（4）正确看待谈判对手：在洽谈时，不能想当然地认为"这种事情凡是谈判人都应该会了解的"而不对细节详加规定，为日后纠纷的产生留下隐患。

（5）尊重契约：德国谈判者订立契约之后，一定会履行。因此，只有认真履行谈判合同，才能牢固树立在德国人心目中的形象，增强信誉。

（6）不能太着急：德国人同谈判对方正式签约之前，会一丝不苟地搜集、了解一切可能得到的信息。此外，他们还要与谈判对方进行一系列的讨价还价，这都需要一定的时间。因此，在同德国人进行工商谈判时一定要耐着性子，不要过于急躁，以免使他们产生不信任感。

（7）尽量不在晚上进行谈判：德国人工作起来常常废寝忘食，但他们对家庭生活也看得很重要。尤其到了晚上，家人团聚，共享天伦之乐。若非特别重要，与德国人的谈判就不要安排在晚上。

◎ 演讲口才常识 ◎

演讲语言要符合逻辑

语言学家吕叔湘、朱德熙在《语法修辞讲话》中指出："要把我们的意思正确表达出来，第一件事情就是要讲逻辑，一般人所说的'这句话不通'，多半不是语法上有毛病，而是逻辑上有问题。"显然，逻辑是正确表达思想的首要条件。演讲者要使自己的演讲概念准确，判断恰当，推理合理，论证有力，同样要依靠逻辑，使之符合逻辑要求。

1919年3月，列宁在乌里茨基宫发表演讲。当时听众中别有用心的人叫喊："自由在哪里？"

列宁便用无可辩驳的逻辑痛斥叫喊者："自由是个好的字眼，到处都可碰到'自由'，贸易自由、买卖自由等。孟什维克和社会革命党人这些无赖在每一种报纸上，每一次演讲中，都要这样或那样地引用'自由'这个美丽的字眼，但所有这些人都是把人民拉向后退的资本主义的骗子和奴才。"革命导师用简明而有条理的逻辑判断和论证，有力地批驳了敌人的攻击。

演讲要善于运用警句

警句，就是诗文、谈话中言简意深、语意新颖、警策动人的句子。在演讲中适当使用警句，往往能够妙趣横生、余味无穷，使听众大开眼界，收到事半功倍的效果。

周恩来同志在《鲁迅逝世二周年纪念大会的讲话》中，评价鲁迅先生的一生时，引用了"疾风知劲草，板荡识诚臣"这句古诗，来表达中国人民在抗战年代对鲁迅先生的敬仰和怀念之情，意味深长。

李燕杰同志在给青年的一次演讲时，引用了"宁可枝头抱香死，不随落叶舞东风"这一警句，来歌颂像鲁迅、闻一多、张志新等这样一批"威武不能屈、富贵不能淫、贫贱不能移"的品德高尚者，进而鞭挞那些为了升官发财而不择手段、助纣为虐的人，使听众从富有哲理的警句中受到了教育。

演讲语言要规范化、条理化

要想让演讲获得成功，演讲者必须具有一定的驾驭语言的能力。诚然，每一个演讲者的演讲风格是由他的个性气质、生活经历、立场观点、知识修养等条件决定的，但是，我们也应该提倡在具体的一篇演讲稿、一场演讲中熔多种表现样式于一炉，使之规范化、条理化。

选对演讲风格

（1）庄重大方型：由于演讲者知识丰富，学识渊博，社会地位较高，又拥有大量材料，在登台演讲时，能不卑不亢、落落大方。演讲使用的语言稳重缓慢，铿锵有力，手势动作适度。如毛泽东、周恩来等老一辈革命家的演讲，多属这种类型。

（2）潇洒自如型：由于演讲者风度翩翩，装束大方，口齿伶俐，对于所讲内容十分熟悉，讲起话来从容不迫，侃侃而谈，长期以来，就形成一种潇洒自如的演讲风格。如一些竞选演讲者、著名演说家，多属这种类型。

（3）缜密严谨型：由于演讲者学识渊博，造诣颇深，专攻甚勤，又善于条分

◇演讲的常见类型◇

演讲类型有时候会决定演讲的风格。比较常见的演讲类型有以下几种：

竞选演讲。竞选演讲是竞选者为了实现竞聘目的而发表的演说。竞选演讲的作用主要是制造舆论，推介自身，争取选民。这就要求竞选者通过演讲展示自身的优势，并且明了竞选岗位的特点和竞争者的基本情况。同时要求竞选的语言感情真挚、质朴纯真。

就职演讲。就职演讲是新任领导面对其职权范围内的所有观众或代表而发表的施政演说。就职演讲的内容可以从阐述自己的施政纲领、工作规划、工作的决心等来表述。从总的来说，就是要实话实说，多"实"少"虚"。

很感谢大家对我的信任，接下来我谈谈就任后的具体想法……

我完全同意王总刚才关于公司前景的说明，但是还有几个方面我想要补充一下……

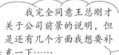

即席演讲。即席演讲没有精心制作的讲话稿，因此在讲话时，需要临场发挥。即席讲话者在构思初具轮廓后，应注意观察现场和听众，捕捉那些与讲话主题有关的人或情景，因地设喻，触景生情，以使讲话生动形象，沟通与听众的感情。

缕析，缜密思维。对所讲内容掌握大量材料，或阐释评述，或严密推理，都思路清晰，逻辑严密。在长期的演讲实践中，就形成了一种缜密严谨的演讲风格。如一些理论家、研究人员的学术报告、科技演讲，多属这种风格。

（4）幽默诙谐型：由于演讲者思维敏捷，语词丰富，口齿伶俐，又有一定的传情达意的技巧，能将平淡无奇的事稍加组合与调换，道出一些新颖别致、超乎寻常而又能说明问题的道理来。或讥讽嘲笑，或挖苦批驳，或揭穿表象，或赞美歌颂，或支持表扬，都能恰到好处地运用口头语言和态势语言，演讲起来，轻松活跃，令人捧腹，常使听众难以忍俊。文学家、诗人、演员及主持人常为这种风格。

演讲可采用赞扬式开场白

人们一般都有爱听赞扬性语言的心理。说几句让听众感到舒服的话能收到奇功异效。演讲者在开场时说几句赞扬性的话，可尽快缩短与听众的感情距离。有位演讲者到宜城作演讲，开场白充满赞美之情："有人问我，最喜欢哪一首民歌，我脱口而出：《回娘家》！是的，宜城是我的娘家，是我母亲的土地。我热爱宜城，赞美宜城，也许首先是因为宜城人外表美。古代宜城有个大文学家叫作宋玉的写道：'天下之美在楚国，楚国之美者在臣里，臣里之美者为臣东邻之女，臣东邻之女，增之一分则太长，减之一分则太短，施朱则太赤，著粉则太白。'宋玉说，天下最美的人是我家东边隔壁的那位姑娘，那位姑娘增一分就太高了，减一分又太矮了；抹点胭脂太红了，擦点粉又太白了。各位老乡，你们说我们宜城人美不美呀？"（台下热烈鼓掌）巧妙的引用，深情的赞美，一下子抓住了听众的心。接着他讲宜城人心灵如何美，家乡如何可爱，一步步切入"爱家乡才能爱祖国，爱祖国就要投身改革大潮，创造有价值人生"的主题，收到了良好的效果。

演讲可采用套近乎式开场白

演讲者根据听众的社会阅历、兴趣爱好、思想感情等方面的特点，描述自己的一段生活经历或学习、工作中遇到的问题，甚至讲自己的烦恼、自己的喜乐，这样容易给听众一种亲切感，他们会自然而然地把你当成"自家人"而乐于听你演讲。例如，某大学教授一次应邀到某体育学校演讲。一开始，他就介绍自己学生时代曾是大学田径代表队的队员，使听众觉得他是同行，有共同语言，双方的感情距离一下子拉近了。

◇ 演讲时机智应对刁难话题 ◇

　　有互动，就会有起哄的、故意刁难的人。面对这种情悦，有随机应变能力的人，能调动自己的智慧，化被动为主动，使尴尬烟消云散。

> 你脑袋上边的那个玩意儿是个什么东西，能算是一顶帽子吗？

> 你帽子底下的那玩意儿是个什么东西，能算个脑袋吗？

1. 仿拟话语
　　仿照对方讽刺性的话语形式，制造出一种新的说法，从而使对方落入"聪明反被聪明误"的自造的陷阱中。

> 我公司员工通过网络也知道你们的公司财务状况。

> 我们公司员工都知道公司财务状况，你们公司员工知道吗？

2. 歧解语义
　　它是指故意将对方讽刺性的话做出另一种解释，而这种解释又恰巧扭转了矛头，指向对方，这等于让对方自己打了自己的嘴巴。

> 这位先生，我马上就要谈到你提出的环境脏乱差问题了。

> 垃圾！

3. 装聋作哑，糊涂到底
　　"装聋作哑"，就是指对别人的话装作没有听到或没有听清楚，以便避实就虚、猛然出击的处理问题的方式。

演讲可采用渲染式开场白

渲染式开场白，即运用形象的、充满情感的语言开头，创造适宜的环境气氛，引发听众相应的感情，进而吸引听众。如恩格斯在《马克思墓前的讲话》的开头："3月14日下午两点二刻，当代最伟大的思想家停止思想了。让他一个人留在房里还不到两分钟，等我们再进去的时候，便发现他在安乐椅上安静地睡着了——但已经是永远地睡着了。"

这个开场白，只用了短短的两句话，便把听众引进了一个庄严、肃穆、沉痛的气氛之中，激发了人们对革命导师的景仰、悼念之情，有利于听众接受演讲者在正文中所要展开的论述。

演讲可采用模仿式开场白

模仿某个人的语调或动作姿态，使听众产生丰富的回忆和想象，有助于推动演讲的深入。例如，"大家还记得吗？1980年12月，在香港伊丽莎白体育场举行的世界杯亚太区足球预选赛中，中国队32岁的足坛老将18号容志行，（模仿宋世雄的音调）以其熟练、细腻、漂亮的盘带动作，晃过了对方三个后卫队员的拦截，在离对方禁区15米远处起脚射门！射出一个什么呢？射出了一个'足球热'。"由于演讲者模仿得惟妙惟肖，几乎能以假乱真，因此一下子就使全场的气氛活跃起来。但运用模仿式开场白，要注意内容、场所、听众心理、民族风格等因素的制约，要以讲为主，以演为辅，且适可而止，否则会使人觉得华而不实，产生逆反心理。

演讲可采用提问式开场白

提问式开场白，也叫作"问题引路"。演讲者一上台便向听众提出一个问题，请听众和自己一起思考，这样可以立即引起听众的注意，使他们一边迅速思考，一边留神听。这样，不仅有利于集中听众的思想，而且有利于控制场面。同时，听众带着问题听讲，将大大增加他们对演讲内容认识的深度和广度。例如，在为财贸系统职工演讲时，有位演讲者是这样开场的："我们财贸系统的同志，被人们戏称为'财神爷'。在座的各位，都是理财行家，做生意的能手。现在，请允许我向大家请教一个问题：（略停顿）美国十大金融财团的首富摩根，当年从欧洲到美洲时，穷得发慌，只得卖鸡蛋为生。他弄了三篓鸡蛋，可卖了三天，一个也没卖出去。第四天，他让妻子去卖。结果，不到半天全卖完了。请问，这是什么原因呢？"这样以生意之"磁"吸"财神爷"们的兴趣之"铁"，吸引力自然是很大的，一下抓住了听众的心。

演讲可采用悬念式开场白

悬念式开场白也叫"故事式开场白"。即开头讲一个内容生动精彩、情节扣人心弦的小故事，或举一个触目惊心的事实来制造悬念，使听众对故事发展和人物命运深表关切，从而仔细听下去。例如，李燕杰同志的演讲《爱情与美》是这样开头的："前年四月，北京一家公司的团委书记要请我去作报告，我因教学任务紧张推脱不去。这个团委书记恳切地说：'李老师，你一定要去，我们这次是请你去救命的。'我很纳闷……"听演讲者这么一说，听众也纳闷了：到底发生了什么事，非请他去不可？这样开场，吸引力极强。

演讲可采用新闻式开场白

新闻式开场白，即一开讲就发布一条引人注目的新闻，以引起全场听众的高度注意。但运用这种方式开场要注意两点：一是新闻必须真实可靠，切不可故弄玄虚，否则，愚弄听众只能引起反感；二是事件要新，不能用早已过时的旧闻充当新闻。

演讲可采用道具式开场白

道具式开场白，也叫"实物式开场白"，即开讲之前先展示某件实物，给听众以新鲜、形象的感觉，引起他们的注意，从而一下子抓住听众的注意力，收到意想不到的效果。有位演讲者向数百名教师作一场题为《做教育改革弄潮儿》的演讲。一上台就展示出齐白石的名画《雏鸡》，当听众的目光全被吸引过来之后，他才开口："请看，在这幅一米多长、一尺来宽的画面上，齐白石先生只画了三只毛茸茸、憨乎乎的小鸡，其余处皆为空白，这些空白，给我们留下了无限广阔的想象和再创造的天地。看了这幅画，你是否会想到雏鸡会长成'一唱天下白'的雄鸡呢？你是否感到了春天的无限生命力呢？每个人可以根据自己的体验想象到很多很多——这就是'空白'的魅力。我们做教师的，能否都打破45分钟的'满堂灌'，也给学生留下一点回味和进行创造性思维的'空白'呢？"

运用设问创造演讲的高潮

设问就是自问自答。它之所以被广泛用于演讲，是因为它能够调节演讲时的气氛，唤起听众听讲的兴趣和热情，达到提醒和强调的目的，激发听众共同思考问题，从而使演讲者牢牢掌握住演讲的主动权。

◇让演讲的结尾回味无穷◇

一个好的演讲不仅包括开场和高潮，还要有个好的结尾。那么，怎样才能把演说的结尾搞好呢?

把要点做一个总结：一是提醒，二是强调。这样的结尾可以让观众更加明晰你演讲的要点。

避免结束太唐突。要循序渐进，顺其自然地结束，而不是突然中止，让人感觉莫名其妙。

将"再见"体现在听众的微笑中。比如常见的相声艺术就是通过幽默的方法让观众在笑声中结尾。

我们不妨具体分析一下丘吉尔著名的《出任首相后的首次演讲》中最后一段的演讲："你们问：我们的政策是什么？我说，我们的政策就是用我们的全部能力，用上帝所能给予我们的全部力量，在海上、陆地和空中进行战争，同一个在人类黑暗悲惨的罪恶史上所从未有过的穷凶极恶的暴政进行战斗，这就是我们的政策。你们问：我们的目标是什么？我们可以用两个字来回答：胜利——不惜一切代价，去赢得胜利；无论多么可怕，也要赢得胜利；无论道路多么遥远和艰难，也要赢得胜利……"

该演讲的前部分主要报告新政府组阁的情况，后部分则是阐明新政府的态度和政策。通读全篇演讲不难看出，通过步步上升和层层推进，演讲者的思想表达越来越鲜明、深刻和完整，其感情也随之越来越强烈。到了结尾部分，演讲者巧妙地运用两个设问句，和盘托出了自己的观点主张，酣畅淋漓地抒发了自己的情感情绪，使演讲达到了最高潮。

运用反问创造演讲的高潮

与设问不同，反问是问而不答，是用疑问句的形式表达确定的内容。这种句式感情色彩浓重，有很强的感染力和说服力，因而同样有助于构筑演讲高潮，特别是在说理性、论辩性和鼓动性很强的演讲中，其作用显得尤为突出。请看：

"我们的同胞已身在疆场了，我们为什么还要站在这里袖手旁观呢？先生们希望的是什么？想要达到什么目的？生命就那么可贵？和平就那么甜美？甚至不惜以戴锁链、受奴役的代价来换取吗？"这是亨利在美国弗吉尼亚州议会上演讲结尾中的一组反问句。全篇演讲就像跌宕起伏的海浪；一个高潮接着一个高潮，而且处理高潮的语言修辞手段各不相同。这一连串反问句，使演讲显得更加轩昂激越，文气也随之大振，充分显示了反问所特有的鼓动力量。紧接着，亨利用呼吁式的口吻结束了演讲："全能的上帝啊，阻止这一切吧！在这场斗争中，我不知道别人会如何行事，至于我，不自由，毋宁死！"

演讲至此，演讲者的思想、意志、信念和感情都达到了最高潮，犹如空谷回音，三日不绝，给听众留下了深刻的印象。

运用排比创造演讲的高潮

连用两个或两个以上结构形式相同的句子，多角度地表达演讲者的思想感情，这就是排比修辞。使用排比句的地方，未必一定是演讲高潮的地方，但演讲高潮的地方却往往离不开排比句。

"有办法！办法就出在陕甘宁边区！办法就是八路军、新四军和敌后抗日根据地！办法就出在中国人的身上！办法就出在真正抗日的党派和军队中间！就出在中国共产党，尤其是在我们的毛泽东同志心中！"

这是周恩来同志在延安一次会上发表的演讲中的片断。从全篇演讲来看，这段文字显然是高潮所在。这里用了五个相同排比句："……办法就出在……"这五个排比句或由近及远、由小及大，或由此及彼、由次及主，好似管弦齐奏，把演讲推向高潮。

◎ 辩论口才常识 ◎

善于抓住对方的要害之处

在辩论中要善于抓住对方的要害之处，针锋相对地进行反驳。一是反驳其错误论点，用事实分析，直接证明对方论点的虚假和荒谬；二是反驳其论据，直截了当地揭穿其论据的虚伪性，论点的不正确也就随之暴露出来了；三是反驳论证，通过揭露对方论点和论据之间的逻辑关系错误，最终推翻其论点。

把道理寓于比喻中

在辩论中，把道理寓于比喻中，运用比喻手法说明道理，既可言简意赅地阐述道理，又能理趣浑然，风采夺目。如《名人的幽默与妙答》中有这样一个事例：

春秋时代的墨子不但是大学问家，也是一位辩才，说话很富哲理。

一日，他的学生子禽问他：

"老师，是多说话好，还是少说话好？"

墨子沉思了一下说："你看，池塘里的青蛙，不分昼夜地呱呱叫，声音又高又亮，可从来没有人注意他们。而鸡棚里的公鸡，平时轻易不叫，只在每天天亮时才叫几声。人们听到它的叫声，就知道天亮了，于是起床做事。这说明人们很注意公鸡的鸣叫声。"

子禽会意地点点头。

一开始便发起攻势，处于主动

从辩论一开始便发起攻势，使自己处于主动地位，在给对方威慑性的攻击之后，一步一步地引诱对方围绕自己的话题展开辩论，在辩论中以充分的事实驳斥对方，使对方陷入艰难境地。先发制人的情况主要有三种。一种是在对方"先发"而未发时，你抢在前面，从而使对方措手不及，乱了阵脚，失去心理平衡，从而败北。第二种情况是事先做了充分准备，在对方意料不到的情况下，拿出确凿的证据，向对方发起进攻，直捣要害，使对方没有喘息的余地，只能接受你的观点。第

◇怎样在辩论中获得主动？◇

在辩论中处于主动地位对于取得辩论的胜利至关重要，那么，怎样才能在辩论中获得主动呢？

抓住对方嘲讽的话头，反过来用嘲讽的方法予以反击，使对方处于被嘲弄的尴尬境地。

提出多个可能的情况给对方，让对手从中选择，使其露出破绽，从而瓦解对方防线。

抓住对方薄弱环节，给予针对性的攻击，使对方陷入被动的地位。

运用两难推理，左右围攻。即利用对方论据反驳对方观点，使对方无话可说。

三种情况是预测敌论，先行批驳。即预先将对方可能提出的观点进行驳斥，这样既可使旁听者形成先入为主的印象，又可把对方置于被动。

当然，先发制人不是即兴发言，一定要知己知彼，有充分的准备方能百发百中。另外，辩论的语言必须句句在理，运用的事实须经反复核对，确凿无误，否则可为对方后发制人提供依据而使自己陷入被动。再次，要把握时机，切不可贻误战机。"猛虎一旦犹豫而失去进攻良机，还不如小小蜜蜂果敢的一刺"说的就是这个道理。

步步紧逼，直到对方投降认输为止

由彼及此法是由远而近，步步紧逼，直到对方投降认输为止，例如：

某市长收到举报材料，得知某百货商场经理有违法乱纪行为，为挽救这位经理，使其悬崖勒马、改邪归正，便去找他谈话。谈话中，这位经理多方辩解，和市长争论起来。于是，市长改变方法，冷静地问道："假若你家里喂了一条狗，只会偷吃睡懒觉，从不顾家守屋，有时还打烂碗盆，你怎么办？"经理回答："把它赶出家门。"市长说："假如你商场有个售货员工作懒惰，态度恶劣，胡乱提价，有时还将商品偷回家去，你怎么办？"

经理说："开除他！"市长说："假如他的经理知情不报，且与之暗中勾结，倒卖香烟，中饱私囊，你说该怎么办？"经理："这……"。

由彼及此法，往往是欲此先彼，欲实先虚，欲近先远，步步紧逼，最终使对方无路可逃，只好束手就擒。

权衡利害，明辨得失

在辩论中，有时争辩的核心问题往往是关于某一事物的利与害、得与失的问题，而趋利避害是人的天性。根据这个特点，我们在涉及这一类辩题的辩论中，可以针对对方的不同观点，喻之以利，晓之以害，让对方在权衡利害得失关系后，放弃其错误主张，使之与辩者的观点趋向同一，从而中止对方行为。这就是"晓以利害"的辩论技法，如：

某市无线电厂由于长期亏损，债台高筑，濒临破产。这天，该市电视机厂对无线电厂实行有偿兼并的大会在无线电厂举行。上千名职工感到耻辱，坚决反对兼并，人们争吵着，吼叫着，吹口哨，鼓倒掌，一片混乱。

这时，电视机厂刘厂长扯大嗓门讲道："我告诉你们一个事实：到下个月工商银行的抵押贷款已经到期，无线电厂马上就要破产，上千名职工就要失业！难道你们愿意这个具有几十年历史的我市唯一的收录机专业生产厂家破产吗？难道我们厂上千名职工心甘情愿失业，重新到社会上待业吗？请问，谁能使无线电厂不破产？谁能使上千名职工不失业？是能人，请站出来，有高招，请拿出来！你们反对兼并，拿出主意来！"

骚动的人们顿时静了下来。他面对上千双翘首以待的眼睛，接着说："我刘××是国家干部。就我个人来说，叫我兼并无线电厂，我才不干呢！我又何必自找苦吃？可是我是共产党员，看到国家受损失，我于心不忍啊！"

这时，有人站起来说："我要问刘厂长，你能保证我们不失业，保证无线电厂不破产吗？"

刘厂长说："有些同志对我不信任，这是可以理解的，因为不了解嘛。请大家放心，从并厂后第一个月起，如果再亏损，由我刘××负责。我和大家同舟共济。如果要跳海，我刘××第一个带头跳，至于具体办法，我这里就不说了！"

这时，全场爆发出雷鸣般的掌声。

在当时的情况下，面对骚乱的会场，训斥或是制止都不行，而婉言相劝也不行。这时，刘厂长直陈并厂与不并厂的利害得失，终于打破了人们的认识障碍，镇住了混乱的会场。

婉曲作答，避其锋芒

婉曲作答法是对对方所提问题不作直接回答的一种辩论方法。

据说，有人问美国天文学家琼斯："地球有多大年龄，你能说清楚吗？"琼斯回答："这也不难。请你想象一下，有一座巍峨的高山，比如说高加索的厄尔布鲁士山吧。再设想有几只小麻雀，它无忧无虑地跳来跳去，啄着这座山。那么这几只麻雀把山啄完大约需要多少时间，地球就存在了多少时间。"琼斯这种委婉曲折的回答，不仅把一个容易引起争议的难题化解了，而且使人意识到地球存在的岁月异常悠久。

婉曲作答法，往往要避开锋芒、摆脱困境，使对方由主动变为被动，比直接作答更形象、生动、有力，往往使对方无可辩驳。

避实击虚，立竿见影

避实击虚是一种实用性很强的辩论技法。当你已经掌握了论敌的部分情况，想通过攻击对方弱点再进一步扩大战果时，运用此法可使对方一触即溃。这种方法常用于对抗性较强的法庭辩论或审讯罪犯。

刑警初审罪犯，是一场心理战，特别是在尚未完全掌握证据的情况下进行突审，既是一种斗争，也是一种辩论。如果急于求成，直来直去，往往很难见效；而采用避实击虚之法，却容易敲开罪犯嘴巴，促使其交代事实真相。

某市刑警队长奉命侦破一起恶性杀人案，经过周密的调查，认定此案是两人所为，接着在某郊县抓获了一名有重大嫌疑的人犯。另一人是谁？他不肯交代。审问开始了。

　　警：“你知道我们是干什么的吗？”

　　犯：“是警察！”

　　警：“知道我们是从哪里来的吗？”

　　犯：“那我怎么知道？”

　　警：“我告诉你吧，我们是从××市两路口来的，两路口你去过了吧？”

　　犯：“我没去过。”

◇避其锋芒≠以退为进◇

　　针对对方的话题而岔换新的话题，不仅避其锋芒，而且能显示出一种较为强硬的以退为进的表达气息。由此可见，避其锋芒只是以退为进的表现之一，那么，以退为进的表现还有什么呢？

1.尊严幽默，以退为进

　　尊严幽默是一种防卫的软实力，巧妙地为自己的尊严找到了宣泄的方式。幽默地缓和气氛却表达出并不幽默的强硬。

2.顺水推舟，以退为进

　　顺应双方的话题和心态，自然而然，顺理成章，退得巧妙，进得有力。

警："那就不对了，我们查了那里一家旅馆，你前几天在那里住过。"

犯："住过又怎样？"

警："住过倒不怎样。只是那里前天发生了一起命案，你不会不知道吧？"

犯："我不知道，也与我无关。"

警："与你的关系可大啦！"

犯："什么！"

警："我们从现场找到了血衣，你家里人看过，认出是你穿走的。你想不想看一看？"

犯："不不，不看了。"

警："看来你是个爽快人。既然这样，你大概该说出什么了吧？"

犯："那个司机被杀我是在场，但你们总不能说是我杀的！"

警："那汽车上有你的指纹，你推得了吗？"

犯："反正不是我亲手杀的。"

警："我们知道不是你一个干的，不说出同伙只好由你一人顶罪了。"

犯："我说……是他下的手，我只帮了忙。"

警："那人是谁？"

犯："是我表哥。"

刑警队长就是这样真真假假，虚虚实实，旁敲侧击，话中有话使罪犯的防线彻底崩溃了，不得不如实交代了这起命案的经过。

机智折服，不卑不亢

机智折服法，就是面对难于争辩的问题随机应变，运用智慧，化被动为主动，向对方发难使其折服的一种方法。如：

晋朝有个叫许允的书生，洞房花烛夜见新娘相貌平平，大为不悦。新娘问他何故，许允没好声气地说："你知道好妻子是什么样的吗？"新娘不卑不亢地说："孝顺老人，尊敬夫君，说话和气，做事利索，而且模样也不错。前几项我都能做到，只是模样是老天生成的，我就无法了。"许允听后仍然不高兴。新娘转问道："相公，你是读书人。我问你，一个人应具有的好品德你有多少呢？"许允答："我都具备"。新娘道："好品德的第一条，就是看人要重德，你却只是以貌取人。既然第一条就不符要求，怎么能说都具备呢？"

许允被新娘的口才折服了，终于改变了对妻子的态度。

机智折服法，在辩论中运用时，要靠知识和头脑，才能机智地由答变问，折服对手。

这种绝妙的辩驳，博得了热烈的掌声。

采用对手使用的方法来制伏对手

有这样一个故事：有个财主听见老乡们都夸伊凡染布染得好，心里很不高兴，于是就挟了一匹布前来刁难伊凡。他对伊凡说："我要染的颜色普通极了，它不是红的，不是蓝的，不是黑的，又不是白的，不是绿的，也不是青的，（实际上不要染成任何颜色）你明白了吗？"伊凡胸有成竹地一口答应下来："没有问题，我一定照您的意思染就是了。"财主非常惊讶："什么，你能染？人说话可得算数？我哪天可以来取呢？"伊凡说："就到'那一天'来取吧！"财主追问："'那一天'是哪一天呢？"伊凡说："'那一天'不是星期一，不是星期二，不是星期三和星期四，也不是星期五和星期六，连星期天也不是。亲爱的财主老爷，你就到'那一天'来取吧！"财主听了不禁目瞪口呆。

不是任何具体颜色的颜色，是无法染成的，如果说染不成，就会遭到财主的奚落，如果和这种无理取闹的人讲道理，将会纠缠不休。于是他以其人之道，还治其人之身，要财主在不是任何具体日期的日期来取布，这就把财主出的难题交给财主自己去解决，使得他自讨没趣。

◎ 会议口才常识 ◎

主持会议尚清新，忌陈词滥调

现代社会中人们的观念不断更新，时间概念不断强化，对"会海"越来越反感。会议主持人如不能把握这一心理状况，势必给会议带来负效应。由于各种原因，会议主持者思想上的积淀使其在会议中表现出一种左顾右盼而生怕不周全的态度，因而常常"穿靴戴帽""会议八股"味浓厚。这种不厌其烦的表述常使与会者精神不振。

清新，一是开门见山，二是与会无关的话坚决不说，三是语言生动。否则，一来浪费自己和大家的时间，二来使会议主题变淡。

主持会议尚简明，忌拖泥带水

会议主持者要学会用简明的语言表达深刻的思想，而不要以啰嗦的语言说明肤浅的道理。语言拖泥带水必然使与会者疲惫松散。会议是因事而开，因此应把握好时间，不宜开得过长。据生理学家研究，当人参加会议或讨论时，脑力的最佳状态只能保持40～50分钟，超过一小时，与会者的注意力就会分散，会场纪律也会难以

◇常见的辩论的技巧◇

　　辩论，指彼此用一定的理由来说明自己对事物或问题的见解，揭露对方的矛盾，以便最后得到共同的认识和意见。那么，怎么才能在辩论中立于不败之地呢？下面，来介绍几种辩论的技巧。

你说你一个女人这么拼命工作干什么？

照你这么说，我就应该在家啃老，坐吃山空？

　　放大法。对论敌隐蔽的荒谬点，扩大其范围、程度和性质，使其荒唐之处暴露无遗。

流行的都时尚吗？那流行感冒也时尚吗？

这件衣服很流行……流行的怎么会不时尚呢？

　　诱问反问法。诱导性的提问，让对方紧紧围绕自己的论题思考，再以反问的形式肯定自己的观点，迫使对方不得不接受。

李小姐，打个比方，我吃了一口苹果，发现是坏的，难道我非得把它吃完再下结论吗？

编辑先生，我的书稿您还没看完，怎么就枪毙了。

　　比喻巧辩法。用生动形象的比喻，来巧妙施辩，这种方法表意明确，贴切，会使对方无话可说。

　　当然，辩论的技巧不止上面提到的这些，在辩论中多总结、多思考，熟练地掌握各种辩论的技巧，辩论的胜利一定会属于你。

维持。所以，事明即当散，衡量会议的质量不在时间而在内容。当然，会议也不能因时限而疏漏内容，否则，虽简明却不解决问题。

主持会议尚引导，忌切言断流

做出一个科学的决策，需要多种方案；确立一个正确的观念，需要各种思想的交锋。与会者之间的分歧，与会者与会议主持者之间的分歧，是好事而不是坏事，好就好在能从各个方面提醒会议主持者防疏补漏。因此切不可不容反面意见，而应将不同的思想朝有利于解决会议中的问题方面引导，特别是产生观念的会议，会议主持者的语言更应特别注意，要在引导上下工夫，引导势必使言路大开。语言是一个外壳，会议主持者要具备引导的能力，其根本还在于会议主持者应具备较好的素质。

主持会议尚启迪，忌一锤定音

会议主持者切忌将会议搞成一言堂，而应充分发扬民主，提倡各抒己见。在会议中，会议主持者要学会把握设问句的句式，给与会者以启发，而不要用肯定句式贯穿始终，这在讨论会上尤为重要。会议主持者的水平在于通过思考之后，将各种意见综合起来进行比较，择其优者而从之。即或对那些不妥的意见，在语言中也不应流露出否定之意，而应肯定其在讨论中的作用，这对以后开讨论会无疑具有重要的作用。会议主持者一锤定音不仅使会议开不好，而且会破坏民主气氛。

主持会议尚感染，忌冷若冰霜

会议主持者要善于制造某种气氛以适应各种不同类型的会议。在讨论会上切忌语言刻板，而应含蓄、诙谐；在发散型会议上，则要富有鼓动性，具有号召力，切忌照本宣科，态度冷漠。应该通过热烈的语言和生动的表情表现出朝气、信心和魄力，以此感染与会者，达到鼓舞人心的目的。要使语言富有感染力，会议主持者应掌握一定的讲演技巧，使自己能用感情和理智驾驭会议。

会议主持要把握准时机分寸

开会时往往有这种情况：有时大家意见比较集中，而会议主持人却不能及时总结，提请大家转入另一项议题，便出现了冷场，拖延了时间；在征求大家意见时，有的人一声不吭，有的人翻来覆去，谈不到点子上，越扯越远；也有时人们争论不休，互不服气……

会议上发生了冷场、争论、跑题等情况怎么办？这就要求会议主持人能够细致了解会议进程，掌握与会人员的心理，恰到好处地、适时地对会议进行引导。意见基本一致时，立即终止；意见大同小异时，允许求同存异，及时终止；很难一致时，下次再议；对于离题太远的发言，会议主持者可寻找时机予以引导、提醒，拉回正题。为了不分散大家的精力，不浪费大家的时间，不冲击会议的中心议题，企业领导必须十分注意掌握讲话的时机和火候。

会议主持者还要注意掌握说话的分量和分寸。这也是"度"的一种要求。

语言的分量是由词意和态度两个主要因素构成的。词意是指语言的本意，态度是指表达时所持的表情和情绪。比如，主持会议的企业领导，要批评下级人员的工作差错或较大的失误，这里就有个分量问题。如果是个别的、一般性的差错，而批评的分量过重，未免有小题大做之嫌，本人不服气，大家也不满意。如果是较大失误，而批评分量过轻，既达不到教育本人的目的，又给大家一种袒护当事人之感，不能起到警示他人的作用。当然，不做具体分析、以理服人，而是无限上纲，乱批一通，也不会有好效果。因此，根据问题的性质、程度，在讲话的时候，就有一个轻重之间怎样才算适宜的分寸问题。

分寸是衡量语言分量的尺度。而要把握好分寸，一是注意词意上的细微差别，尤其是同义词、近义词之间的细微差别。二是注意态度和语调的区别，这种分寸也是会影响到分量的。我们的目的是，既要弄清问题，又要教育职工。指出问题的严重性，进行严肃的批评，不一定非要大嗓门、声色俱厉不可。语言尖刻，态度粗暴，甚至出口伤人，以挖苦、讽刺、嘲笑他人为乐事，必定引起对方的反感和抵触，不利于问题的解决，也不利于团结。

会议主持要议题突出，宗旨明确

会议主持人是会议的舵手，要随时把握、驾驭好会议之舟，启发引导大家，始终遵循会议既定的议题、日程，进行充分的研讨，才能如期达到预想的目的。这就要求主持人必须使与会者充分了解议题。开始就要讲明会议共有哪些议题，怎么个开法，有哪些要求，与会者要承担什么任务等。其中，哪一项应由与会者在会上做出决定；哪一项只需听一听与会者的意见，以便进一步补充；哪一项只是告知性地打打招呼，介绍一下情况，暂不讨论；哪一项与会者必须和上级保持一致，只研究怎么协调行动等。而要与会人员听得明白，那么，主持会议的企业领导就必须讲得清楚，把会议的目的、要求、内容等一一交代给大家，层次要清晰，逻辑要严密，表达要准确，中心要突出。切不可主次不分，轻重不分，内容庞杂，使听者不知所云、无所适从。

会议主持要实事求是

文有文风，会有会风。会议主持者主持会议要讲话，要做报告，要引导会议，既有个文风问题，也有个会风问题。

从文风上讲，某些会议主持者不敢或不愿坚持实事求是的思想路线，迫于某种压力或抱着某种私心杂念，不能坚持真理，修正错误，沾染上了说假话、套话、大话、空话的习惯，报喜不报忧，报功不报过，指远不指近，责人不责己，加之官腔、官气、官僚主义，使人对他们的报告、讲话、发言不愿听也听不进。

从会风上讲，不少地方开会成灾，人们早已对"文山会海"现象表示不满。当然，必须的会议还是要开的，问题是会议太多、太滥、太长，内容泛泛，目的不明，议而不决，决而不行，效果欠佳。

会议主持要开场精彩

会议的开场白要陈述的内容，包括会议的主题、目的、意义、议程和开法，其语言要简明扼要、条理清晰，语调与表情都要与会议气氛一致。

一个好的开场，有利于吸引与会者的注意力，增强他们对该会议的兴趣。所以，一般的主持人都非常注意开场。好的开场有三条：一是直入点题，提纲挈领、要言不烦地把会议的内容主题讲明白；二是借题发挥，调动全场情绪，使与会者亢奋起来，造成适宜会议开展的气氛；三是出口成章，富于启示性和诱导性，引导全场迅速进入境界。要尽力避免那种陈旧死板、千篇一律的格式。如："现在开会了，请×××同志作报告，大家欢迎……""××晚会现在开始，第一个节目……"；等等。而是要根据会议的实际，或说内容，或讲形式，或道特点，或提要求，或谈历史上的今天，或讲别处的此时此刻，总之因地制宜，灵活设计。另外还要尽量来点幽默话语，让听众露出会心的微笑。

会议主持要巧于连接

主持一个会议，一般都要在中间搭桥接榫，过渡照应，把整个会议连缀成一个有机的整体。这个连接过程也是主持人发挥其机智和口才的过程，它将显示主持人的组织能力和概括能力。

例如，有人主持《我是一名共产主义战士》的演讲，其中第一位讲了《人与共产党人》，第二位讲《要有艰苦奋斗的创业精神》。他在这两篇演讲之间说："共产党人是人，但又不等于一般的人，共产党人要无私无畏，要经得起风吹浪打，这就离不开艰苦奋斗。下面请听××同志演讲。"短短几句话，使两篇演讲连接无

◇如何让开场白精彩夺人◇

如何才能做好主持工作，让开场白精彩夺人呢？

这是我作为主持人要说的话，我要顺一下……

彻底准备好自己要说的话。收集自己要说的话的事实，然后反馈给听众，主持人的作用是突出别人、衬托别人，切忌一味突出、表现自己。

下面有请在上次比赛中获得第一名，业务能力非常强的××来说一下他的观点。

热诚且真心实意，态度尽量友善，可给演讲者或表演者以莫大的鼓舞和力量，增强信心。

我们这次会议还要批评一些人，这些人就是我们团队中的老鼠屎……

言之有度，把握分寸。说话的分量要适度，语言尖刻，态度粗暴等必然会造成听者的反感和抵触，不利于会议的顺利进行，影响会议效果。

精彩夺人的开场白给人的印象是深刻的，不仅能起到先入为主、吸引听众的作用，还可以增加会议效果、加深会议影响。

痕，毫无造作之感。

主持人所用连接语不外乎承上启下：肯定前面的，画龙点睛；呼出后面的，渲染蓄势。两者都很重要，应更重视后者。但在会议主持中，用还是不用，话长还是话短，应看具体情况。若需用连接语，即可顺带，也可反推；可以借言，也可直说；可以设疑，也可问答，总之，不要弄成"主持八股"，应以别开生面、恰到好处为原则。

消除会议中的难堪的技巧

主持会议中的难堪，一般来自两个方面：一是与会者发难造成的难堪；二是出场者或主持人的失误引起的难堪。出现第一种情况，要分析对方意图，如果是善意的，当坦诚相见，好言相劝，精诚所至，金石为开，因势利导，引入正题。如果是恶意的，则应针锋相对，或顺贬——接过对方的话，顺理成章地加以贬斥；或回敬——即"以其人之道，还治其人之身"；或釜底抽薪——抓住对方的弱点，揭露其想要达到的目的。总之，要有理有节，争取多数，使制造难堪者因难堪而退避。出现第二种情况，可以说明解释，含蓄自责；或巧寻借口，金蝉脱壳；或将错就错，化逆为顺。总之要巧妙化解，迅速纠正。

制止无谓争辩的技巧

在对某个问题进行讨论时，由于与会者的学识、素养、社会经验不同，看问题的角度也就不同，因而解决问题的方案也不同。

与会者往往会各持己见，据理力争。这是会议深入讨论的表现，是开始会议的好现象。但在观点已经趋向集中、明确时，主持人就应及时终止论辩。如果争辩双方都已偏离议题，主持人就应该伺机加以阻止，或说时间有限，暂不深入讨论或先谈到这里而加以间接地制止。在遇到较为激烈的争辩时，主持人要随时注意有的争辩者会感情用事，进行影射、讥讽、旧事重提，对这些现象会议主持者应及时正面加以提醒、规劝，以免矛盾激化，引起争吵、冲突。如果已经发生争吵，主持者应从会议的组织性、纪律性出发，直接加以制止；对恶语伤人者，必要时进行严肃的批评，以平衡与会者的公正心理。

另外，对会议中出现的与会者注意力不集中、"会中有会"、迟到早退的现象，主持人也不能睁只眼、闭只眼，而应有针对性地与其打招呼、进行适当的暗示，语气应平和而有分量。

在会议的开始，主持人不妨给与会者提出一定的要求，布置一定的任务，给他们施加一定的工作压力，免得他们产生无事可做、与己无关的心理。

◇ 会议总结的主要方法 ◇

　　精要的会议总结，既要符合会议的气氛，又要符合参加者的心理，还能升华会议的主题，总之，做好会议总结非常重要。那么，会议总结的常见方法有哪些呢？

1.归纳法

　　会议结束时，把会议的结果提纲等概括出来，加深与会者的印象。

2.升华法

　　将与会人员表述的不够完善和深刻的见解加以升华，使众人的认识水平上升到更高的层次。

3.启下法

　　对本次会议中提出来的并未得到解决的问题，作为下次会议的铺垫。

会议主持要有头有尾，善于总结

会议既然有开头，也就应该有结尾。会议在行将结束之前，一般说来，会议主持者应作简明扼要的总结、归纳，将有关信息、讨论情况、所达成的共识，进行概括性的说明。同时，对会后的具体要求、需要落实的工作，加以部署强调。总结应力求客观、符合实际，切不可言过其实，自欺欺人，以致形成不解决实际问题的会风。对会议的总结，在看到成绩的同时，也要及时、适度地指出存在的问题及今后需要努力的方面。会议的总结，往往能起到提醒、强化信息的积极作用。

引导会议讨论的技巧

主持人在引导会议讨论时应有较高的认识水平，良好的思维能力。在会议上，要善于提问，积极引导，能够从不同角度、不同层面上发现问题、提出问题，进行辩证式思维、逆向式思维、发散性思维，对问题的看法不仅从质上去认识，而且还能从量上进行分析、界定。引导会议讨论的方法较多是采用发问，另外，如有必要可以进行分组讨论，每组指定1名小组长，到时集中小组的意见，由代表们代表小组进行发言。

美国管理学家卡尔森认为，主持会议讨论的技巧有：

（1）为议事活动选择好恰当的题目，使与会者对要讨论的题目发生兴趣；有在众人面前表现自己的意见和观点的欲望。

（2）布置好开会的场所，使每一个前来参加会议的人感到自在，不致因环境和座位不舒服而分散精力或产生焦躁情绪。

（3）作为会议主持人的职责是推动会议的讨论，但要避免亲自解答与会者的问题，以便所有参加讨论的人都能积极思考并参与。

（4）使大家的注意力集中在有价值的议题上，并引导会议在尽可能短的时间内达到最终的一致意见，但又不使参加会议的人感到会议主持人是在强迫他们。

（5）掌握和安排好时间，限定每次发言的时间，掌握好会议讨论的范围，随时警惕有人随意说出的一两句话将议题拉出会议讨论的范围之外。

（6）为会议做出全面的总结、记录或报告，并贯彻执行，保证会议所确定的事项得以实现。

纠正离题的技巧

在会议活动中，常会出现一些发言者不着边际、没完没了的发言。对于这种情况，主持人出于对发言者的尊重，一般不应当面直说，而应寻找机会做出巧妙的暗示。如就他发言中提出的某个问题或某一句话，因势利导，并对他的发言作一定的肯定。对一些与议题关系不密切的问题，主持人可以通过表示留到以后有时间再作讨论而加以委婉地中止，并有意识地重新强调会议的议题。

有些会议，需要与会者事先经过一定的准备，查阅一定的材料，列出发言的大致纲要来。美国一家公司的经理曾采取这样的对策来防止出现偏题发言。这位经理

◇ 会议中出现冷场怎么办 ◇

当主持人讲完让大家发言的时候，往往会出现冷场，遇到这种情况，主持人可以怎么做呢？

好了，就让这名笑得最开心的女士来给我们讲一下她的看法吧……

用指名法或者激将法来指定一个发言人，有人带了头，下面就会有人讲。

主持人抓住关键，用引导点拨法来帮助参会者找到话源。

我认为我们可以尝试着从产品的质量来讨论营销方案……

出现冷场不可怕，关键是要看主持人的应对能力。主持人要勇敢面对、机智引导，说不定冷场会变成一场会议的高潮。

创造了一种他自己称为"打腹稿"的会议主持技巧：在会议提出一个重大问题或主要问题之后，随即他便要求与会者进行沉默思考，会议室处于安静之中，然后到一定时间大家才开始发言。

控制会议进程的技巧

（1）会议召开之前，主持人须认真研读有关文件材料，了解议题和议程，了解与会者的构成情况及基本意见倾向。

（2）主持人必须严格守时，明确会议开始和结束的时间，准时开会和散会。

（3）主持人在会议期间应避免同其他与会者发生争论，不能在决议形成之前发表倾向于某一方面的意见，更不能强迫他人接受自己的看法。不要炫耀自己，不要以与众不同的姿态和语调讲话，忌各种语病。批评要有建议性，应尽力避免同其他与会者产生直接冲突。

（4）在组织讨论时，应规定讨论与不讨论界限，给每位与会者以平等的发言机会和权利。应善于及时纠正脱离议题的发言倾向，并注意其方式，不能因此而挫伤发言积极性。

（5）应善于对各种发言进行比较、鉴别和综合分析，正确集中大家的意见。经常用简明语言说明讨论要点和有关发言人的发言要点。

（6）当时机成熟时，应适时终止讨论或辩论，及时确认结论形成决议，一个议题结束后应立即转换议题，以免延误时间或节外生枝。

（7）多议题会议的议题安排次序应科学合理，一般情况下，需要大家开动脑筋、集中献计献策的议题应放在会议前半部分时间进行。

（8）会议较长时，应安排暂短的休息并掌握好时机。休息不要安排在发言高潮，特别是某一问题或其中的一个方面的讨论尚未结束时。

（9）应以各种方法和措施，避免或减少与会者中途退席，特别是其中的主要人物应力争不出现中途退席现象。

（10）除非必要，一般不宜随意变更议程。

（11）主持者应声音洪亮，举止得体，有一定感染力，忌多余的动作（动眼睛、玩文具、搔头抖腿等），忌语无伦次、缺乏自信。

（12）当会场出现混乱时，应保持镇静，及时采取措施结束混乱状态。

（13）注意创造与会议性质相适应的会议气氛，科学安排会议中的高潮与低潮，及时分发会议文件材料，监督工作人员及时认真地做好会议记录。

减少会议中说空话、套话的技巧

要召开会议时，有时会出现发言人说空话、套话的现象。其发言的内容空洞乏力，陈词滥调，对会议不起什么积极作用。在碰到这种情况时，不妨采取以下几点措施：

（1）清楚明了地向与会者告知会议的目的、议题、要求、讨论方式、注意事项等。

（2）主持人自己首先不要带头讲空话、套话，说话要简明扼要，不能东拉西扯，给与会者树立坏榜样。

（3）一旦出现有人说空话、套话，主持人就要及时巧妙地加以制止，以免再出现类似的情况。

当然，这与主持人长期形成的会风、工作作风有着很大的关系，因此，会议主持者在平时就要养成严谨务实的会风和工作作风。

◎ 面对媒体时的口才常识 ◎

用优雅回答来应对刁难

优雅回答是一种站在高处，俯视对手，意味深长的回答，还可以说是大度回答。

周总理是一位杰出的外交家，具有非凡的口辩才能。是友也好，是敌也罢，或者亦友亦敌，不友不敌，他总是沉着应付，自由周旋，于优雅谦逊间纵横捭阖。

抗美援朝期间，一次，总理批阅完文件接受一美国记者采访。美国记者看到总理桌上放的是一支美国派克钢笔，就诘难："你们堂堂中国人为什么用我们美国生产的钢笔？"总理含蓄地答道："提起这支笔呀，那可说来话长了。这不是支普通的笔，是一个朝鲜朋友抗美的战利品，作为礼物送给我的。我觉得有意义，就收下了这支贵国的钢笔。"

这是机变，也是暗示，总理由他的派克钢笔而至"朝鲜朋友抗美的战利品，"而至"留作纪念"，能运用这种方法的人，不仅口才好、德育高，而且思想达到一定的境界，存在于万物之中又凌驾于万物之上。否则，答非所问，无的放矢，贻笑大方。

用接茬引申来应对刁难

所谓接茬引申法，就是当对方提出的问题使你实在无法回避又难以做出正面解答时，不妨顺水推舟接着他的话茬往另外方面引申，用引申之处的绝妙结果来回答

◇出现突发状况时，怎样应对媒体◇

面对媒体，巧妙地避开话题，固然是一个好办法。但，这种办法并不适用于所有情况，比如说出现突发状况。对待这种情况，应该怎样应对媒体呢？

不能拒绝媒体的采访，不说无可奉告。

把最真实的情况及时反馈给媒体，并及时更新，不说不确定的信息，不与媒体发生争执。

针对造成影响的片面不实、攻击诬蔑的信息及时予以澄清更正。

遇到突发情况，一味逃避隐藏真实情况，只会引起大众的恐慌，及时真实地反馈情况，才是真正有效的解决之道。

对方的提问。接茬引申需要具备丰富的想象力和联想力，使间接回答的话语出乎对方的意料。所以，接茬引申法是岔题作答空口道的一种行之有效之法。

请看丘吉尔是如何妙用接茬引申的：

20世纪30年代，一次，丘吉尔访问美国时，有一位反对他的美国女议员咬牙切齿地对他说："如果我是您的妻子，我会在您的咖啡里下毒药的。"

丘吉尔狡黠地一笑，不屑地答道："如果我是您的丈夫，我会喝下那杯咖啡的。"

在第二次世界大战期间，丘吉尔多次发表演说，极力主张与苏联联合共同抵抗德国纳粹的侵略。一位记者问他为什么替斯大林讲好话，他说："假如希特勒侵犯地狱，我也会在下议院为阎王讲话的。"

丘吉尔并不直接亮明自己的观点，而是用幽默含蓄的表达方式，把自己的观点寓于其中，让对方细细去品味。这种间接岔题作答，不但能恰到好处地制止刁难，回击对方不友好的态度，而且能使答话的语言充满情趣、魅力和耐人寻味的神秘色彩。

用模糊语言避开话题

在答记者问中往往会碰到一些不便直接回答但又不能不回答，一时无法回答但又必须回答的敏感话题。这时如果运用精确的语言往往表达不了我们的思想感情，此时模糊应对便派上了大用场。

阿根廷著名的足球运动员迪戈·马拉多纳在与英格兰球队相遇时，踢进的第一球，是"颇有争议"的"问题球"。据说墨西哥一位记者曾拍下了"用手拍人"的镜头。

当记者问马拉多纳，那个球是手球还是头球时，马拉多纳机敏地回答说："手球有一半是迪戈的，头球有一半是马拉多纳的。"

马拉多纳的回答颇具技巧，倘若他直言不讳地承认"确系如此"，那么对裁判的有效判决无疑是"恩将仇报"。但如果不承认，又有失"世界最佳球员"的风度。而这妙不可言的"一半"与"一半"，等于既承认了球是手臂撞人的，颇有"明人不做暗事"的大将气概，又在规则上肯定了裁判的权威，亦具有君子风度。

这种模糊应答，往往体现了说话者的机智，情急生智，应变自如，令人回味。这种应答方式以收缩性大、变通性强、语义不明确的词语，回答一些不能直接回答又必须回答的问题，从而化解矛盾，摆脱被动的局面。

◇ 如何巧妙地模糊问题 ◇

面对记者的追问，模糊的语言可以作为一种缓兵之计，可以为自己留一条后路，也可避免一些不必要的纠纷。

1 闪烁其词

闪烁其词含有贬义，在这里主要指的是避开真相，模糊重点。

2 答非所问

若是问题不能据实回答，就可以采取答非所问的方式，这是比较睿智的巧妙回答。

3 避重就轻

不回避记者提问的问题，而是在细枝末节上做文章。

用转移话题的方式避开话题

对对方的提问回避不答，转而谈论另外的话题，将在场者的注意力转移到其他方面。

提问者有意无意的提问时常会触到人们心中的忌讳和隐痛。对于自己不愿回答的这一类问题，我们可能采取明显的回避措施，故意把话题转移到另外的人或事物上，向对方表示无声的抗议，并使在场者的注意力从自己身上挪开。提问者见我方对其问题不予理睬，在尴尬的同时会很快意识到自己的鲁莽和无礼，从而引以为戒，不再犯类似的错误。

古月成功地扮演了毛泽东主席之后，经常遭遇到中外记者各种刁钻的提问。记者所提及的问题，有关于生活中的他，也有关于银幕上的"他"。遇到这种场合，他既遵循"狭路相逢勇者胜"，也信奉"狭路相逢智者赢。"在回答记者提问时，他总能沉着应战，对答如流，其话语有时直爽，有时委婉，有时诙谐幽默，对不善者也不乏犀利。

用顺水覆舟战术避开话题

顺水覆舟战术是借敌之误而取胜的技巧之一。当你的言辞由顺从对方的逻辑而突然出现逆转的瞬间，对方会从暗自欣喜到大惑不解，终至遭受当头一棒，晕头转向地陷入欲辩不能的尴尬境地之时，这就是你完成借人之误、顺水覆舟的全过程。

顺水覆舟战术巧在对对方攻势的利用，化对方之进攻力为我之力，大有"四两拨千斤"之功。运用顺水覆舟战术的关键在于处理好"顺"与"推"之间的转换关系，毕竟，推的极致，就是覆的结果。

用曲解本意法避开话题

抓住对方提问本身的弹性，曲解其提问的本意，做出表面上合乎要求的回答。

提问者的有些问题虽然针对性较强，但是问题的设置并不严密，往往只给出一个大致的范畴和限定，人们作答时完全可以在这个宽泛的范围中大做文章。对于这类问题，我们应该抓住其本身的灵活度，有意曲解对方的本意，只给出表面上的、听起来符合要求的回答。对方自己的漏洞被人钻了空子，自然无法埋怨我方答非所问。

在一次记者招待会上，外国记者别有用心地问王蒙："请问，20世纪50年代的你与80年代的你有何相同与不同？"这里，这位记者的用意是路人皆知的。王蒙当时也十分清楚。他不慌不忙地抬起头，从容不迫地回答道："50年代的我叫王蒙，80年代的我也叫王蒙，这是相同之处，不同的是，那时我20来岁。而现在我则有50多岁了。"

◇机智转移话题◇

遇到自己不愿公开，别人又偏偏要打听的情况，如何机智地转移话题呢？

针对您的婚姻状况，您有什么要说的吗？

今天天气真好啊……

方法一

借助外部条件，转移注意力，岔开话题。

你是谁人，你是唱戏的假扮的！

大胆府官，既知曹丞相到来，还不迎接。

方法二

以假乱真，真真假假、虚虚实实，巧妙地转换话题。

大人既然知道我是假扮的，又何必当真，治我罪呢？

学会机智地转移话题，不仅能轻松应对媒体，更能巧妙面对生活中的尴尬。这是一种生存的智慧。

这是一个抓住对方疏漏有意曲解对方用意的生动例子。记者的提问只给出了年代限定的范围，王蒙虽然知道对方是想借机让他谈一谈对中国国内形势改变的感受，但是却故意误解其本意，只是从自己年龄变化的角度作答。这个回答虽然也算是"合格"，但实际上没有真正给对方任何有用信息，令其大失所望。

用向对方发问的方式避开话题

在回答提问之前，针对问题本身的难度先向对方发问，把压力转移到提问者本人身上。反守为攻的战略经常能给对方一个措手不及。我们在回避自己不愿作答的问题时，也可以运用这一技巧，在接过别人的提问后，反而把问题甩向对方，或者向其提出一个更具难度的疑问。对方在毫无心理准备的情况下，只有功夫招架，并且也不好意思再把问题推向我方，我方因此非常顺利地扭转形势，占到主动权。

◎ 电话沟通中的口才常识 ◎

吸引客户的开场白

在电话沟通过程中，客户不喜欢浪费时间去听一些和自己无关的事情，除非这种电话让他们得到某种好处。因此，开场白一般要包括三个方面的内容：我是谁或我代表哪家公司、我打电话给客户的目的是什么、我公司的服务对客户有什么好处。

另外，吸引对方注意力的办法还有以下几种。

（1）陈述企业的与众不同之处，如"最大""唯一"等。

（2）谈及刚服务过的其他客户，如"最近我们刚刚为×××提供过销售培训服务，他们对服务很满意，所以，我觉得可能对您也有帮助"。

（3）谈他所熟悉的话题，如"最近我在报纸上看到一篇您写的文章"。

（4）赞美他，如"我听您同事说您在××领域很有研究，所以，也想同您交流一下"。

（5）引起他对某些事情的共鸣，如"很多人都认为电话营销是一种有效的销售方式，不知您如何看（假如知道他也认同这一点的话）"。

强调自己不会占用太多的时间

"没有时间"似乎成了现代人的口头禅，而且用来作为拒绝的理由也显得特别充足。其实"没有时间"是一个相对的概念。问题的关键在于：对自己很重要的事情，人们总会有时间；当觉得某件事不那么重要时，人们总会想办法推托。当电话销售人员打电话给客户，客户说"我现在很忙，没有时间，以后再说吧"时，这种情况只能说明一个道理，这位电话销售人员的电话对这位客户来说并不重要，客户手里边的任何一件事都比接听这位电话销售人员的电话重要。

其实解决这个问题很简单，就是电话销售人员务必要让自己的电话听起来是对对方有用的，而且非常重要。

过于平淡的话语不足以打动一个商业上忙碌的生意人，要从核心实质上打动客户。应对繁忙的客户首先要强调占用的时间是短暂的，其次要强调已经采取行动，从而获得邀约的成功。

主动说出自己的名字

由于打电话不能够看见对方，因此介绍的内容就显得格外重要。一接到电话，对方的脑海里就出现了两个问题：是谁打的电话？我是不是认识这个人？所以你必须在说其他的事情之前就主动地让对方得到这两个问题的答案，否则他不会认真地听你说其他问题。

如果客户徐先生接通电话后说"你好"，或者是其他的回答，但没有说出自己的名字，那你就要说："请问徐先生在吗？"切记这是一个陈述句，不是一个问句。如果他接电话以后就说出了自己的名字，或者是回应了你的第一个陈述句说"我就是"，那你就再重复一下他的名字，这次就把他的全名加上，要说得听起来像是一个问句。当他再次回答说"我就是"的时候，你就回应说"谢谢你"，再次重复他的名字，并且做一下自我介绍，同时介绍自己所在公司的情况。

最忌一开口就推销产品

在接通电话时，最忌讳的是一开口就推销产品，这样成功的机会少之又少。因为初次打交道，人们最直接的反应就是对销售人员的不信任。要消除这种不信任，销售人员可采用借"东风"的策略。

诸葛亮能在赤壁之战中，一把火烧掉曹操几十万大军，借用的就是东风。如果电话销售人员能够敏锐发现身边的"东风"，并将之借用，往往能起到"四两拨千斤"的效果。所谓借"东风"，就是指借用客户比较信任的企业，拉近与客户的距离，从而巧妙地把自己销售的产品与要借力的企业联系在一起，如此客户就很难拒绝。

在运用巧借"东风"这个方法时，以下几点要注意：

（1）借力对象必须是与本企业合作的、知名的企业，并且能够让客户信任的企业；

（2）借力对象必须与自己公司销售的产品有密切关系；

（3）以客户服务回访的方式进行"借力"一般比较有效。

取得信任才是关键

电话销售经常需要面对陌生人，让陌生人能够继续听销售人员讲话的诀窍不是推销产品的话多么流利，也不是口气多么甜美。对于一个接到陌生的推销电话的人来说，防范以及敌意是第一位的，因此对于销售人员来说关键就是赢得信任。电话行销人员如果一味地按照自己的思路讲话，就容易引起客户的反感，使其迅速挂断电话。电话行销人员如果能紧紧抓住潜在客户感兴趣的话题建立关联度，就使话题向对销售人员有利的方向过渡，从而赢得客户的理解和尊重。也只有这样，才可能成功推销。

有针对性的提问才是有效的提问

那些经验丰富的推销人员总是能够利用有针对性的提问来逐步实现自己的推销目的，并且还可以通过巧妙的提问来获得继续与客户保持友好关系的机会。

要想做到有效提问，需要注意以下几点。

（1）先了解客户的需求层次，然后询问具体要求。了解客户的需求层次以后，就可以把提出的问题缩小到某个范围之内，从而易于了解客户的具体需求。如客户的需求层次仅处于低级阶段，即生理需要阶段，那么他对产品的关心多集中于经济耐用上。

（2）提问应表述明确，避免使用含糊不清或模棱两可的问句，以免让客户误解。

（3）提出的问题应尽量具体，做到有的放矢，切不可漫无边际、泛泛而谈。针对不同的客户提出不同的问题。

（4）提出的问题应突出重点。必须设计适当的问题，诱使客户谈论既定的问题，从中获取有价值的信息，把客户的注意力集中于他所希望解决的问题上，缩短成交距离。

（5）提出问题应全面考虑，迂回出击，切不可直言不讳，避免出语伤人。

（6）洽谈时用肯定句提问。在开始洽谈时用肯定的语气提出一个令客户感到惊讶的问题，是引起客户注意和兴趣的可靠办法。

◇怎样让潜在客户信任你◇

在电话销售中，要想成功地推销出商品，前提条件就是潜在客户信任你，那么，怎样才能让潜在客户信任你呢？

您好，李小姐，我是××的朋友，我是××。

借助第三者能很容易获得客户青睐。说明客户熟悉的人介绍，会使客户放低戒心，无形中加深了客户的信任。

嗯……嗯……，您说的非常对，我们的产品在一定程度上可以满足您的需求……

注意倾听客户的话，了解客户的所思所想，并适当地做出回应，这样客户会感受到你的真诚，并感到受到了尊重。

王先生，您好，我浏览贵公司网页的时候，发现贵公司的网站做得非常专业……

寻找与客户切身相关的合适的切入点，让客户感觉受重视的同时，也能引起客户的兴趣和好奇心。

（7）询问客户时要从一般性的事情开始，然后慢慢深入下去。

向客户介绍独有销售特点

独有销售特点是公司与竞争对手不同的地方，也就是使公司与竞争对手区别开来的地方。独有销售特点可能是与公司相关的，也可能是与公司的产品相关的，也可能是与电话销售人员相关的，总之，一定要做到与众不同。与众不同将使公司更具有竞争优势。知道了自己的与众不同之处后，再与客户在电话中交流时，就尽可能地将客户认为重要的地方引导到自己的独有销售特点上，通过转变客户的需求来影响客户的决策。

当然，我们在电话中与客户谈独有销售特点时，重点应放在独有销售特点所带给客户的价值上。

总的来说，销售员在销售期间，仔细倾听客户的意见，把握客户的心理，这样才能保证向客户推荐能够满足他们需要的商品，才能很容易地向客户进一步传递商品信息，而不是简单地为增加销售量而推荐商品。转变客户的需求标准来实施销售就是要站在客户的立场上，想客户之所想，这样才能成功成交。

尽量争取下次拜访的机会

作为销售人员，必须弄清楚潜在客户是否有购买意愿。对于有购买意愿的客户要很高兴地继续谈下去，对于那些无意购买的客户应改变话题，以聊天为主，借以赢得下次拜访的机会。

一些不打算订货的客户有时对来访的销售人员下逐客令，并表示希望他今后不要再打电话来了。有的客户会直截了当地说："不管你打多少次也没用，我们不想订货，所以请以后不必再打来了！"有的客户会比较婉转地说："若要订货我会给你打电话的，在此之前请你不必麻烦了。"

对于满腔热情的销售人员来说，上述情况确实是一个沉重的打击。尽管如此，销售人员如果垂头丧气地放弃客户可就不算高明了，因为别的客户也可能如此。请别着急，还是有办法的。

譬如，"您的一席话对我启发很大。生意方面的事情就此作罢，但请允许我能经常来向您请教"，借以取得自己下次再拜访的机会。此外还可以说："我想不定期地向您汇报有关产业方面的情况，不知您意下如何？"

这样一来，对方是否可能把禁止你再来的话收回呢？只要继续访问，就有做成买卖的机会，因为情况是不断变化的。

如果对方告诉你："哎呀，不好意思，十月底我正好要出差，这事以后再说吧。"你就可以说："我知道你可能有重要的事情，不太方便，那我什么时候跟你谈比较方便？"记住，一定要做一个随访的要求。因为每一次打电话并不是要立即成交，赢得下次拜访更加重要。

正确处理客户的投诉

应该认真地对待客户打进的每一个投诉电话，要看到其所包含的积极意义。如能处理得当，即可化消极因素为积极因素，从而获得新的订单。假如你们的争论无碍大局，从商业的原则来看，即使客户的指责是不公平的，你也必须作出让

◇不要轻易评价竞争对手的产品◇

您说的那个产品没有我们的产品好，做工还粗糙……

既然质疑我的鉴赏能力，……

当客户说明购买过竞争对手的产品，电话推销员在评论其产品时就需格外小心，因为批评那种产品就等于是对客户的鉴赏力提出怀疑。

对待竞争对手的产品除了给其真诚的赞赏外，还要尽量掌握对手的情况，同时还要注意不要和你的客户进行产品的对比试验。

听着不错，可以尝试一下

您说的产品，功能也非常的不错，但是我们的产品在保证功效的同时，也确保了外形的美观……

步。为了获得更多的生意，作出这些牺牲还是值得的，因为你的目的就是要使客户满意。

借助第三者能很容易获得客户青睐

利用第三者介绍说出开场白，无疑是一种非常好的推销术，除非你有无数的潜在客户，否则不要忽视第三者的作用。通过第三者，是把自我介绍给潜在客户的一个好方法，但并不是唯一的好方法。如果在你的开场白中，只有一种方法是可以使用的，那么使用第三者的方法无疑是最明智的。

虽然借助第三者能很容易获得客户青睐，但是如果技巧使用不当，就会造成相反的后果。

电话行销人员："您好，是孙经理吗？"

客户："我是，什么事情？"

电话行销人员："您好，孙经理，我是××公司的，是您的朋友李悦介绍我打电话给您的。我们是一家专业的培训公司，所以他让我打电话给您，问您是否有这方面的需求？"

客户："对不起，我们暂时还没有这方面的计划。"（挂断）

以上对话中的错误在于急于推销产品。很多电话行销人员在平时的工作当中经常犯这种错误，结果不仅失去了客户，而且也丢掉了人情。所以在使用"第三者介绍法"展开话题时，务必要注意以下几点：

（1）首先说明与介绍人的关系；

（2）传达介绍人的赞美和问候；

（3）公司的产品得到了介绍人的肯定；

（4）巧妙引导客户到与产品有关的事上来；

（5）切忌在客户还没有了解自己与介绍人的关系之前就介绍产品。

第四章

不可不知的语言沟通常识

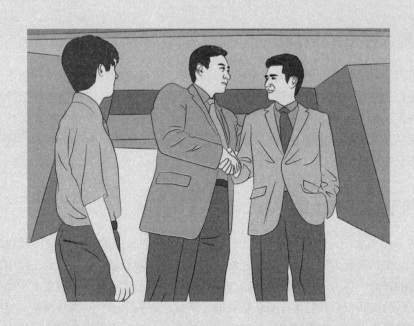

◎ 说服他人的常识 ◎

从对方最得意的事情说起

生活中每个人都有自己认为得意的事情，这事情的本身，究竟有多大价值，是另一问题，而在他本人看来，却认为是一件值得终身纪念的事。你如果能预先打听清楚，在有意无意之间，很自然地讲到他得意的事情，只要他对你没有厌恶的情绪，目前没有其他不如意的事情，在情绪正常的情况下，他一定会高兴地听你说的，此时说服他就容易多了。

当然，对方得意的事情要从哪里去探听，就需要另谋途径，你可以试着在你的朋友之中找一下有否与对方交往的人，如果有，向他探听当然是最容易的。如能留心报纸上的新闻或其他刊物，平日记牢关于对方的得意事情，到时便可以应用。此外，随时留心交际场中的谈话，像这些时候谈到对方得意的事情，也是很平常的。但是必须注意，对方得意的事情，是否曾遭到某种打击而消灭，如有这种情形，千万别再提起，以免引起对方不快，反而对你不利。因为对方在高兴的时候，他易于接受你的请求；在对方不高兴的时候，虽是极平常的请求，也会遭到拒绝。比如对方新近做成了一笔生意，你称赞他目光精准，手腕灵活，引得他眉飞色舞，乘机稍示来意，也是好机会。诸如此类的例子很多，全在于你随时留心，善于利用。

说服他人时忌官腔官调

官腔官调会给人一种高高在上、唯我独尊、主观武断的官僚作风和指手画脚、发号施令的作用，这对于说服是十分不利的。所以在说服时还必须注意坚持实事求是的态度，慎用套话，加强语言表达能力的培养。此外，说服别人时，如果条件不具备就急于求成，不前思后想，总想一劳永逸，其结果往往事倍功半，"成"效甚微，甚至把矛盾激化。

避开正面，迂回劝导

在人际关系中，当遇到难以正面说服的人或难以拒绝的人时，我们就要考虑改变一下策略，避开正面，绕绕远路迂回出击对付说服的对象，在他们的头脑中总会抱有一定的观点、立场，乃至成见；这些观点、立场乃至成见又不是随意产生的，而是经过生活的点滴积累和思考分析后形成的，所以它根基牢固，不容易改变。说服者如果只知道单刀直入、直截了当地针对对方的观点、立场、成见展开辩论，肯定难于奏效。倘若从旁门、侧面入手，通过一些迂回的劝导应能自然而然地创立一种和谐的环境和气氛。进而借机转入正题，展开说服，这就是迂回劝导的说服方法。

抓住最佳时机

要抓住最佳时机，就要善于在人的思想、情绪容易发生变化或可能出现问题的关口及时进行说服。一般来说，工作调动、毕业分配、入党入团、家庭事件、婚恋受挫、升职加薪、意外事故、住房分配、子女就业、战士报考军校、退伍回乡、请假探家、负伤患病，等等，人们在面临这些情况时，极容易产生思想波动，这也正是进行说服的好时机，在这种时刻要及时劝导提醒，防患于未然。

个别说服的时机是否恰当，可以通过观察对方的情绪表现进行判断。如果对方心平气和，或者表现出情绪超乎平静的迹象，这往往说明时机较为合适。如果发现对方表现出反感和对立情绪，我们除应检查谈话方式、方法或自己的观点、态度是否正确外，还应考虑谈话的时机是否成熟，及时中止谈话，以免造成不利的后果。这时，我们应积极观察，耐心等待；或者采取恰当措施，创造有利的时机，使说服一举奏效。

肯定性的问答，更易说服对方

我们在说服他人时，对方能不能被说服，关键是你能否牵着对方的思维跟着你的话题走。这种行为就是"诱导"。

诱导别人的一个绝妙方法就是从一开始你就要对方回答"是"，而千万不要让他说出"不"来。

心理学家说，当一个人对某件事说出了"不"字，无论在心理上还是生理上，比他往常说其他字要来得紧张，他全身组织——分泌腺、神经和肌肉——都聚集起来，形成一种抗拒的状态，整个神经组织都准备拒绝接受。反过来看，一个人说"是"的时候，没有收缩作用的产生，反而放开，准备接受，所以在开头我们获得"是"的反应越多，才能越容易得到对方对我们最终提议的认同。

而且，每个人都坚持他的人格尊严，他开头用了"不"字，即使后来他知道这"不"字是用错了，但为了自尊，他所说的每句话，他都会坚持到底，所以我们要绝对避免对方一开头就说"不"字。

可见，学会循序渐进，一点一点引别人接受，一点一点诱别人"上钩"，既是说服他人的小技巧，也是嫁接成功的大原则。

站在对方的立场进行说服

说服时，不考虑对方的立场，或是找些莫名其妙的解释来搪塞，都会使事情更难处理。如果你想改变人们的看法，说服别人，而不伤害感情或引起憎恨，最好的方法就是，试着诚实地从他人的角度来看事情。你想让他人接受你的建议，就应该设身处地地想一想他们的处境、他们的感受。唯有如此，你才能取得说服的成功。

卡耐基有一次租用某家饭店的大礼堂来讲课。有一天，他突然接到通知，租金要增加三倍。卡耐基去与经理交涉，他说："我接到通知，有点儿震惊，不过这不怪你。如果我是你，我也会那样做。因为你是饭店的经理，你的职责是尽可能使饭店获利。"

紧接着，卡耐基为他算了一笔账："将礼堂用于办舞会、晚会，当然会获大利。但你撵走了我，也等于撵走了成千上万有文化的中层管理人员，而他们光顾贵饭店，是你花5000元也买不到的活广告。那么哪样更有利呢？"经理被他说服了。

卡耐基之所以成功，在于当他说"如果我是你，我也会这样做"时，他已经完全站到了经理的角度。接着，他站在经理的角度上算了一笔账，抓住了经理的诉求——盈利，使经理心甘情愿地把天平砝码移到卡耐基这边。

试着去了解别人，从别人的观点来看待事情，就能赢得别人的信任，在说服别人的同时还能减少人际交往的摩擦，使你获得友谊。设身处地替别人着想，了解别人的态度和观点。不但能得到对方的谅解，而且能更清楚地了解对方的思想轨迹及其中的要害点，瞄准目标，击中要害，就能使你的说服力大大提高。

◇抬高一方时要注意◇

"抬高一方使其主动退出"，不失为一种调解纠纷的好办法。但是，运用这种方法时，要注意：

他这个人就这样，小肚鸡肠，自以为是……你不要跟他一般见识。

既然大家都认为他那样差，那以后就更可以不把他当回事了！

对另一方的自尊不能太过伤害，否则可能会导致对另一方的蔑视，不利于关系的长远发展。

不要打了，不要打了，他这人就这样，你别跟他一般见识。

你说清楚，我这人怎么样，不说清楚，跟你没完！

不要当着双方的面去"抬高"其中一方，否则可能会收到反效果，从而引起更大的矛盾与纷争。

说服他人时如何避免激化矛盾

大量的说服事例表明，因说服而使矛盾更加激化了的情况，主要有两类：

第一类是强化了对方本来就不该有的消极情绪，从而火上浇油，扩大了事态。

第二类是"惹火烧身"。因说服方法不当，激怒了对方，使对方把全部的不满和怨恨情绪都转移到你身上，你成了他的对立面和"出气筒"。

所以要想做说服者，就要有涵养，有博大的胸怀和宽厚仁义的气质。遇到上述情况，绝不可为了顾全自己的面子而反唇相讥、以牙还牙，使玉帛变干戈。

◎ 调解纠纷的常识 ◎

根据调解对象的心理特点加以调解

既然是调解，那么调解的双方均属于没有什么严重冲突的人民内部矛盾，应以和平解决为最佳途径，这就要求调解语言既符合法律规范，又要符合调解对象的特定心理。有时调解语言虽然合理、合法，却不合"情"。可见，调解语言不可生搬硬套，必须根据调解对象的不同的心理特点，选用不同的调解语言。

抬高一方使其主动退出

俗话说："一个巴掌拍不响。"在双方接受自己来进行调解之后，可以考虑主攻一方，让其主动退出争执，另一方没了冲突对象，纠纷自然化解了。

让当事人为顾全面子而退出争执。对一方当事人进行夸奖，讲述他曾经有过的可引以为自豪的事情，唤起他的荣誉感，使之为了保全荣誉感和面子，主动退出争执。这种方式对于绝大多数受过良好教育的人都非常有效，因为荣誉和颜面往往是他们很看重的，是他们约束自己的动力。

小王与小刘是学校新来的两位年轻教师，小王心细，考虑事情周到;小刘性情鲁莽，但业务能力强。两人因一件小事发生争执，小王说不过小刘，并且被小刘训了一顿，觉得非常委屈，就去向校长诉苦。校长说："小王啊，你脾气好，办事周到，大家都很欣赏。你是个细致的人，小刘是个急性子，脾气上来了连自己说了什么都不知道。你怎么能和他计较呢？你一向都非常注意团结同事、不感情用事的，怎么能为了这么点事情就觉得委屈呢？"一番话说得小王心里又甜又酸，从此再不与同事争执了。

事例中校长就是巧妙地运用了这一方法。他先夸奖小王，然后强调两人之间

◇调解纠纷的"三宝"◇

调解纠纷时，如何才能顺利达到目的呢？可以从以下几个方面来努力：

先表"赞同"，后斥歧义

找共鸣点，先赞同长处，后驳斥短处的调解语言，既使调解对象的委屈、愤怒心理得到了平衡，又使其顺其自然地接受了自己的意见，收到事半功倍之效。

合法合情

调解的语言既要符合法律规范，又要符合调解对象的特定心理，否则，容易空洞，达不到调解的效果。

言辞恳切，忠言不逆

要尊重调解对象的自尊，维护双方的名誉，否则，可能会激化矛盾，使纠纷加重。

的差距，让一方受到赞扬，从而轻易化解了两人之间的冲突。

不过这个调解办法在使用时必须注意不可伤害到另一方的自尊，你对一方的"抬高"最好不要当着另一方的面说，否则会事倍功半，收效不佳。

另外，跟当事人说一件很重要的事让他感觉到自己的地位及价值的存在，从而让他退出争执，也是一种不错的方法技巧。冲突之所以持续，往往是一种非理性情绪支配的结果。所以，如果在调解冲突时，提出一件足以唤起一方理性思考的事情，转移其注意力，往往也能达到让一方退出争执、化解冲突的目的。

劝架要一碗水端平

劝架最重要的是一碗水端平，要做到公平。

（1）了解情况

盲目劝架，讲不到点子上，非但无效，有时还会引起当事人的反感："不了解情况，瞎说什么？"而弄清情况再讲话，效果就较好。假如对邻居、同事间原因复杂的争吵，更要从正面、侧面尽可能详尽地把情况摸清，力求把话讲到当事人的心坎上。解绳结就要看清绳结的形状，解除心上的疙瘩，更要把疙瘩看透。

（2）分清主次

矛盾有主次方面，吵架的双方有主次之分。劝架不能平均使用力量，对措辞激烈、吵得过分的一方重点做工作，就比较容易平息纠纷。如果不分主次，平均使用力量，效果肯定不佳。

（3）客观公正

劝架要分清是非，客观公正，做到分析中肯，批评合理，劝说适当。不能无原则地和稀泥，不分是非各打五十大板；应该实事求是，既要弄清是非，又要团结双方。

冲突双方之所以争论不休，往往是对于某个问题看法不同，而非要争个对错出来，结果各执己见、互相褒贬，一发而不可收，甚至互伤对方尊严。作为调解人，面对争论的双方，不能轻易下结论说谁对谁错，不能对哪一方做道德的评价，这样只会加剧冲突。

调解人最好是把双方的争执点，把双方的差异性归结为一种客观原因，让双方都不承担对错责任。这等于给双方台阶下，让双方的心理都能感到平衡，所以双方往往能平静下来，逐渐消除冲突力。

其实做一个好的调解人，也并不是特别困难。只要秉着一颗公正无私的心，做到一碗水端平加一些语言的技巧就可以了。

将严肃的问题诙谐化

在双方僵持不下时，采用巧妙的方法将严肃的争执点转化为幽默诙谐的形式，以此来缓和气氛，制造转机。如果纠纷双方是为了一个严肃的问题而互相争执，那么这个问题的严重性带来的压力往往会加深他们之间的相互敌视，促使他们更加坚持己见、互不示弱，为了打破这种僵持不下的局面，调解方应该采取巧妙的方法将严肃的争执点转化为诙谐幽默的形式，使双方的心理压力得到缓解、气氛变得轻松，为问题的解决制造转机。

例如，1943年11月底，在德黑兰会议上，就如何处置德国纳粹分子一事，苏联元首斯大林跟英国首相丘吉尔发生争吵。斯大林毫不掩饰他对纳粹的仇恨，认为至少应处决5万名纳粹分子，一经俘获，立即处决。企图利用德国来制约苏联的丘吉尔一听，跳起来大声反对。斯大林紧盯着丘吉尔，斩钉截铁地说："一定要枪毙5万人！"丘吉尔毫不示弱，坚持己见。在场的美国总统罗斯福在这个问题上倾向于斯大林，但他不是简单地支持斯大林，而是用折中的方法笑着打圆场："我要来调解你们的争执了，那么减为49500人行不行？"斯大林一听，自然高兴，而丘吉尔则感到自尊心得到尊重，便不再坚持，于是会议顺利地进行下去。

在这个例子里，如何处置德国纳粹分子一事关系到苏联、英国的切身利益，是至关重要的问题，因此，斯大林和丘吉尔为了本国利益互不让步，争执不下。斯大林说的"5万"并不是一个确切的数字，罗斯福把它降为"49500"这个确定的数字，就好像用市场上的讨价还价来解决这个严肃的问题。这种有意的不合时宜的说法产生了幽默风趣的效果，缓和了会议上剑拔弩张的紧张气氛，使事态出现好转，会谈得以顺利进行。

只给出一个模糊的解决方案

不指明谁是谁非，只给出一个模糊的解决方案，让争执的双方都有台阶可下。

有些人因为一点小事而争执不下，以至于矛盾激化，主要原因倒不是因为争执的双方认为自己有多么正确，一定要捍卫"真理"，而是为了维护自己的面子，只好通过试图压倒对方来获得平衡，而这显然分外困难。那么，作为调解人，此时根本没有必要指明谁是谁非，以免进一步激化矛盾，只需给出一个模糊的解决方案，让争执的双方都有台阶下就可以了。

有两位中级主管近来行动反常，双方感情恶化，公司经理便把他们两人找来，动之以情："你们两人就如同车子的两只轮子，只要有一方脱离，整个车子就无法动弹了。希望你们同心协力发挥力量，把工作做得更好。"

两位中级主管缺乏作为总经理助手应该怎样做的自觉意识，缺少公司是一盘棋的观念。于是经理便又用比喻来加以说明：

"部门的职能就像一位家庭主妇，主妇如能尽心尽力地把家弄好，这位户主在公司才能安下心来去闯事业。"

经理没有判明谁是谁非，干脆给出了一个"各自分路而行"的解决方案，让两人都有了充分的理由掉转车头，找个台阶下。这样，两人的争执就解决了。

◎ 探望病人的常识 ◎

用积极的思维引导病人

人生病了，从哪个角度讲都没有积极意义。但是，为了让病人宽心，我们完全可以换个相反的角度，从人生的过程着眼，赋予生病一些价值与意义，使病人觉得自己尽管耗损了身体，耽误了工作，却一样能够收获一些特殊的体验或能力，从而在精神上有一种补偿感。当然，在此之前最好先强调一下病人病情好转，使其具备一个深入思考的心理基础。

某人去看望朋友，他一反惯例，既不问病情也不讲调治方法，而这样安慰道："看来，你的危险期已经过去，这就好了。今后，你就多了一种免疫功能，比起我们，也就增加了一重屏障，这种病，也许就再也不会打扰你了！"探病者对生病意义的另一面的看法颇为独到。他先指出病人的危险期已经过去，让病人稍感安慰，然后再强调生病虽然不是好事，但却使病人具备了别人没有的优势：对此病产生了免疫能力，今后不会再得此病了。病人听他这样一说，心理自然得到了某种安慰，心情也就好多了。

不要触及病人的痛苦

探望身患重病的不幸者，不必过多谈论病情，谈话不要触到病人最难受的症状，以免病人心烦。如果对方本来就背着病的精神包袱，你再过多地谈病情，势必包袱加重。当你看到病人脸色憔悴时，不能大吃一惊地问："您的脸色怎么这样难看？"而要说："这儿医疗条件好，您的病一定会很快好转的。"

探望时较好的谈话方式是：先简要问问病情，然后多谈一谈社会上生动有趣的新闻，以转移对方的注意力，减轻精神负担。久居病房，这种新消息正是他渴望知道的。如能尽量多谈点与对方有关的喜事、好消息，使他精神愉快，心宽体胖，更有利于早日康复。

◇用暗示性语言让他精神振作◇

　　在探望病人中，我们使用的更多的是安慰、鼓励、劝说性的话，那么在说这些话时，也可以运用让他精神振作的暗示性语言。

运用安慰性语言时，可以代表他人暗示病人。

运用鼓励性语言时，可用病人本身的优势进行暗示。

运用劝说性语言时，借助实际情况进行暗示。

　　探视者根据实际情况，适时予以积极的暗示，将会消除病人的悲观心理，使其鼓起希望的风帆，积极配合治疗。

怎样的安慰最有效

探视病人时，我们总免不了要安慰几句。可是，应当如何安慰呢？一个朋友生病了，你到医院或他家里看他。你也许会说："安心地休养一些时候吧，你不久一定会康复的。"你大概以为这是最妥善的安慰话了吧！但照谈话的艺术看来，这两句话不过是一种善意的祝愿，却不能算是安慰。"你不久一定会康复的"，除了医生，病人不会因从任何人口里听到这话而感到宽心。我们去看病人时，千万不要一副怜悯他的样子，因为你越怜悯他，越使他觉得自己的疾病是一种痛苦。所以，我们要用相反的方法。一个人生了病，卧在床上不能起来，他的朋友来探望，一见面就说了这样的话："你多么幸运啊，唯愿我也生点小病，好让我也能安静地躺在床上休息几天。"若你去看一个伤寒病者，临走的时候，你对病人说："你的危险期已过，好了之后你将再不会害伤寒病了，你比我们多了一重保障。"相信这话一定会在病人的心里闪出光亮的。

不要在交谈中以自我为中心

当你看望生病的朋友时，请牢牢记住，你是去提供帮助、表示关心的。因此要多多注意别人的感情，而不要以自我为中心。

不要借朋友的不幸，引述出你自己的类似经历。你可以说"我也碰到过这种事"或者说"我能理解你现在的心情"。对待磨难各人有各人的处理方式，所以，不要把你自己的处世态度强加给或许并非与你一样感情外露的朋友。

◎ 向人道歉的常识 ◎

道歉必须及时

道歉必须及时。即使不能马上道歉，也要日后找准时机表示歉意。认错、道歉还要真心实意，不必找客观原因做过多的辩解。即使确有非解释不可的客观原因，也最好在诚恳道歉之后略为解释，而不宜一开口就辩解不休。这样只会扩大双方思想感情的裂痕，加深彼此的隔阂。

道歉不要一味找客观原因

有时，没有错也需要道歉。例如，由于客观原因，如变幻无常的天气情况、出乎意料的交通事故，等等，你没有准时赴约或耽误了时机，造成了对方的许多麻烦和损失，为什么不道歉呢？如果一味找客观原因，虽然对方表面上不会责怪，但内心还是会有所抱怨的，那就不利于增进友谊。

直截了当，不推三阻四

向人道歉时，一定要注意不为自己找借口。强调客观原因，这只会冲淡你的诚意，对你的这种态度，即使对方表面上原谅你，但一定仍会心存芥蒂。无论你应该负全部或部分责任，都没关系，只要你心甘情愿地担负起责任，就会被对方看作是宽宏大量的人，就能使对方真心地原谅你。

不要怕碰钉子

一般而言，人在异性面前都特别爱惜自己的面子，深恐对方让自己下不了台而不敢去向对方道歉。其实，这种担心往往是不必要的，对方未必像你想象的那样不通情理。退一步说，即使对方在你面前发泄一下，因为你做了对不起他的事，也是可以理解的啊！而且让他发泄出来，总比埋在心里好得多吧！

适当赔偿更能表达歉意

如果你做了有损于对方的事，就应该对人家有所补偿。当然，弄坏了别人的东西赔偿是不用说的了，但你使对方蒙受其他方面的损失时，比如人格、形象等方面的伤害，应该在一个适当的场合予以挽回，来作为你真诚歉意的表达。

异性面前不要一再道歉

向异性道歉，要大方，不要忸忸怩怩，一再向对方表示歉意。如果你是男性，更应注意这些方面，否则，对方会对你啰唆的行为厌烦，认为你不像一个真正的男子汉。

把道歉作为一种美德

道歉绝不是一件丢脸的事，你做错了事，向人家道歉，这是诚实和成熟的表现，是一种可贵的美德，特别是主动向他人道歉，体现了你对他人的尊重，会博得对方的好感。

总之，向他人道歉，不要觉得丢脸，应该把它看成是自己风度和修养的外在表现。

先发制人，首先道歉

如果我们免不了会受责备，就要学会先认错道歉。因为自己谴责自己比挨别人的批评要好受得多。你要是知道某人准备责备你，你自己先把对方责备你的话说出来，他十有八九会以宽大、谅解的态度对待你。

对对方尽了力但没办成的事要表示谢意和歉意

如果你有求于人，对方尽了最大的努力，但由于受多方面条件的限制，事未办成，而他为此付出了艰辛的劳动；或事办成了，但对方因此遇到了超乎想象的麻烦。这时为什么不能表示自己发自肺腑的谢意和歉意呢？这体现了对他人劳动的尊重，而且以后有求于他时，也好再开口。

找准道歉的时机

小雨不小心伤害了同学文，文一连好多天都没理她。小雨感到十分内疚，可看到文那双蕴含怒气的眼睛，又觉得没有勇气开口道歉。过了几天，文的生日到了，小雨到学校广播台为文点了首歌，并说：

"文，对不起，我真的不是故意伤害你的，你能原谅上周惹你生气的朋友吗？今天是你的生日，真心祝福你生日快乐，前程似锦，每天都有好心情！"

文听到了广播很感动，立刻主动找到了小雨致谢，两人和好如初。

当你惹朋友生气时，需要真诚地道歉，但道歉也要讲究时机的选择。道歉最好选在对方心平气和、心情较好的时候，这时，你在道歉的同时，再加上对对方真诚的问候或祝福，对方一定更容易接受你的道歉，与你握手言欢，而不至于被人拒绝接受道歉，使你遭遇尴尬。

巧妙别致的道歉法

直接道歉，在某些情况下可能会使自己和对方都产生尴尬之情，造成不太好的局面，但如果能采用巧妙别致的方式来道歉，就可以使对方在惊讶感动之余，不计前嫌，欣然接受。

运用赞美式道歉法

在道歉的时候，还可以称赞对方，让对方获得一种自我满足感，知道自己是正确的，别人是错误的，这样能轻而易举地获得对方的谅解。例如，当你用言语伤害了同一单位一位平常挺关心你的同事之后，你向他道歉。话可以这样说："我早就

◇ 诚心诚意的道歉 ◇

诚心诚意的道歉需要做到以下三点：

实在是对不起，希望您能接受我的道歉……

1.态度温和，不羞羞答答

态度温和会让对方感受到道歉的诚意，羞羞答答会让对方感到尴尬。

对不起，希望你能原谅我昨天的鲁莽……

2.眼神友好，不躲躲闪闪

目光友好地凝视对方，能让对方感受到友善，躲闪的目光让人感觉不真诚。

对不起啊，这次确实是我不对。

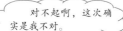

3.语言简洁，不啰嗦重复

语言简洁能够表明道歉的基本态度，啰嗦重复会让别人以为自己不大度。

想给你做检讨，当年咱俩一块到单位，你对我一直很关心，像个老大哥似的，后来只怪我不懂事，做了些不恰当的事……""当初说的一些话是我不对，知道你宽宏大量，一定能原谅我的过错。"一般说来，在道歉时责备自己大家能做到，但是却常常忘了称赞对方几句。其实，赞美法是道歉的一个好方法。

◎ 拒绝别人的常识 ◎

拒绝态度要真诚

拒绝总是令人不快的。委婉的目的也无非是为了减轻双方，特别是对方的心理负担，并非玩弄"技巧"来捉弄对方。特别是领导、师长拒绝下级、晚辈的要求，不能盛气凌人，要以同情的态度、关切的口吻讲述理由，使之心服。在结束交谈时，要热情握手，热情相送，表示歉意。一次成功的拒绝，也可能为将来的重新握手、更深层次的交际播下希望的种子呢！

选择适当的时间、地点和机会

拒绝的时间，一般是早拒比晚拒好，因为及早拒绝，可以让对方抓住时机争取别的出路。无目的地拖拉，是对人不负责的态度。至于地点，拒绝时一般把对方请到自己办公室来为好。如果在公共场所，宜小不宜大，宜暗淡不宜明亮。为了避免眼光的直接接触，两人的座位也以斜对面或并肩为宜。合适的时机也很重要，不宜在人多的场合拒绝。

拒绝他人时，尽量间接一点

拒绝他人时切忌过于直接。尽量使用间接拒绝的方法。直截了当地对他人说"不"当然是再好不过了，可是话到嘴边却很难开口，担心这样做会使对方感到难堪，甚至会伤害彼此的感情，从而失去了亲人、朋友，如果我们拒绝他人时，从对方的立场出发，阐明自己的观点，就会使对方自然而然地接受了。比如你的朋友约你去旅游，而你当时不想去，你可以对他说："你看你的感冒刚刚好，身体挺虚的，游泳对你身体不好，等以后再说吧！"他听了你的话，一定十分高兴，当然不会再提去游泳的事了。

拒绝他人时，要顾及对方尊严

拒绝别人时，要顾及对方的尊严。因为自尊之心，人皆有之。人们一旦投入社交，无论他的地位、职务多高，成就多大，他们无一例外地都关心外界对自己的评价。由于来自外界评价的性质、强度和方式不同，人们会相应地做出不同反应，并对交际过程及其结果产生积极或消极的影响。通常的规律是，尊之则悦，不尊则哀。也就是说，当得到肯定的评价时，人们的自尊心理得到满足，便会产生一种成功的情绪体验，表现出欢愉乐观和兴奋激动的心情，进而投桃报李，对满足自己自尊欲望的人产生好感和亲近力，采取积极的合作态度，交际随之向成功的方向发展。反之，当人们不受尊重，受到不公正的评价时，便会产生失落感、不满和愤怒情绪，进而出现对抗姿态，使交际陷入危机。

在社交场合上，无论是举止或是言语都应尊重他人，即使在拒绝别人的时候也要顾及对方的尊严。也只有这样，才能赢得别人的尊重。

拒绝他人时，要以礼相待

拒绝人时，也要有礼貌。任何人都不愿被拒绝，因为被别人拒绝，会使人感到失望和痛苦。当对方向自己提出不合理要求时，你感到气愤，甚至根本无法忍受时，也要沉住气，不可大发雷霆、出言不逊、恶语伤人，因此在拒绝对方时，要表现出你的歉意，多给对方以安慰，多说几个"对不起""请原谅""不好意思""您别生气"之类的话。由于你的态度十分有礼貌，即使对方是无理取闹，也说不出什么，一个懂得拒绝的人，对人都会以礼相待、以和待人。

给对方留退路

如果一个人满腔热情求助于你，结果被一棍子打回去，一点回旋余地也没有，往往会使他很伤心，甚至导致不堪设想的严重后果。比如对求职者，你可以告诉他，这次主要是外语水平低一点，如果努力一下，下一次也许能成功。或者说，你的外语水平对我们涉外宾馆来说，还欠缺一点，但你完全可以胜任别的饭店的工作。如果他能从你为他设想的退路中取得成功，一定会感谢你这个拒绝者的。

警惕对方的套近乎

给人以"敬而远之"的态度，比较容易把"不"说出来并说得较好，或者说，对方试图与你套近乎，你要保持头脑清醒，以免做了感情俘虏，给对方可乘之机。一般说来，见一次面就能记住别人名字的人，就容易与人接近。故此，在交谈中不

◇ 拒绝别人的艺术 ◇

　　拒绝别人而不会招人反感是一门艺术，学好它至关重要，有利于提高我们的工作效率和生活质量，究竟该怎样艺术地说出你的"不"呢？

1.委婉地拒绝

　　委婉说明拒绝的原因，以婉转的态度拒绝，别人会理解你的苦衷。

2.微笑着拒绝

　　拒绝时面带笑容，态度庄重，让别人感受你的礼貌，使别人欣然接受你的拒绝。

3.有帮助地拒绝

　　拒绝的同时提供另外一个方法，这样他还是会感激你。

断称呼别人名字，并冠之以"兄""先生"等常产生亲近感。那么，反过来你想说"不"时，便应杜绝这种亲密的表示，即对方的名字一概不提，这样加大对方心理距离，容易说"不"。还有，谈话时尽量距离对方远些，使其不容易行使拍、拉等触动性的亲密动作。据心理学家研究，触动是很容易产生共同感受的，故想说"不"时应注意避免。另外，也最好不要触摸对方递出来的东西。东西也和人一样，一经触摸也会产生亲密感，想要拒绝就不容易了。

◎ 赞美他人的常识 ◎

赞美要独树一帜

在称赞别人的时候，要明白无误地告诉他，是什么使你对他印象深刻的。你的赞赏越是与众不同，就会越清楚地让对方知道，你曾尽力深入地了解他并且清楚地知道自己现在有此表达的愿望。

称赞对方具备某种你所欣赏的个性时，你可以列举事例为证。比如，他提过的某个建议或采取过的某一行动："对您那次的果断决定，我还记忆犹新呢。这个决定使您的利润额上升了不少吧？"

应尽量点明你赞赏他的理由。不仅要赞赏，还要让对方知道为什么要赞赏他："当时您是唯一准确地预料到这一点的人。"

数据可使你的赞赏更加真实可信："有一回我算了一下，用您的方法可以节省不少时间，结果是……"

如果可能，不妨有选择地给你的一些客户或合作伙伴书面致函，表示你对他们的欣赏。只要你有充足的理由，完全可以把你的赞美之词诉诸笔墨。

书面赞赏的效果往往非常好。赞扬信不会被对方丢弃。如果你的文笔既有深度又与众不同，对方还会百读不厌。

赞美要集中精力，不要中途跑题

赞赏对方的机会几乎总是出现在偏重私人性的谈话中。大多数时候在谈话中你一定会谈及其他事情。但你对对方的称赞应始终成为一个相对独立的话题和段落。赞赏对方的这个时刻，你越是集中注意力，心无旁骛，赞赏的效果就会越好。所以，在这一刻你不要再扯其他事情，要让这一段谈话紧紧围绕你的赞赏之词，不要中途跑题。

让对方对你的赞美之词有一个余音绕梁的回味空间，不要话音刚落就硬生生地谈其他双方有分歧的事，弄得对方前一刻的喜悦心情顷刻化为乌有。

赞美要注意措辞

在表扬或称赞他人时也请谨慎小心。请注意你的措辞，尤其要掌握以下几条基本原则：

（1）你的赞扬不可暗含对对方缺点的影射。比如一句口无遮拦的话："太好了，在一次次半途而废、错误和失败之后，您终于大获成功了一回！"

（2）不能以你曾经不相信对方能取得今日的成绩为由来称赞他。比如："我从来没想到你能做成这件事"，或是"能取得这样的成绩，你恐怕自己都没想到吧"。

（3）列举对方身上的优点或成绩时，不要举出让听者觉得无足轻重的内容，比如向客户介绍自己的销售员时说他"很和气"或"纪律观念强"之类的和推销工作无甚干系的事。

另外，赞美之词不能是对待小孩或晚辈的口吻，比如："小伙子，你做得很棒啊，这可是个了不起的成绩，就这样好好干！"

赞赏要利用恰当的机会

不要突然没头没脑地就大放颂词。你对对方的赞赏应该与你们眼下所谈的话题有所联系。请留意你在何时以什么事为引子开始称赞对方。对方提及的一个话题，他讲述的一个经历，也可能是他列举的某个数字，或是他向你解释的一种结果，都可以用来作为引子。

要是他没有给你这样的机会，你就自己"谱"一段合适的"赞赏前奏"，使得对方不致感觉这赞扬来得太突然。不妨用一句谦恭有礼的话来开头："恕我冒昧，我想告诉您……""我常常在想，我是不是可以说说我对您的一些看法……"

这种前奏还有两大功用：一是唤起听话者的注意力；二是使你的称赞显得更加恳切诚挚。

赞美要注意因人而异

即使是因为相同的事由，你也不应以同样的方式来称赞所有的人。不要去找任何时间、场合下对任何人都适用的"赞赏万金油"，它不存在。避免给对方留下"这人对谁都讲那么一套"的坏印象。

在很多人的聚会中，你千万不要搬出前不久刚称赞过其中某一位的话，再次恭维其他人。要仔细想一想，每位顾客与他人相比，到底有何突出之处，这样就能因人制宜、恰到好处地赞扬别人。

赞美时看得远一点

赞美不仅要符合眼前的实际，而且要高瞻远瞩，具有一定的前瞻性和预见性。那样才能提升你赞美的高度，使你的赞美经得起推敲和时间的考验。

有些东西具有相对稳定性，比如人的容貌、性格、习惯等，这方面比较容易称赞。而有些东西则不稳定，如人的行为、成绩、思想、态度等，若从长远考虑，赞美时要谨慎。如有些人入党之前各方面表现都很积极，领导便开始称赞他："该同志一直……"有经验的人就会想，先别夸那个，慢慢儿看吧。果然，他入党之后，

◇ 对男人和女人用不同的赞美 ◇

人人都渴望被别人赞美，但男人和女人的需要是不同的。

对男人

像您这么成功英俊的男人应该不乏追求者吧。

对女人

小孔是做大事的人啊。

男人喜欢听别人的喜欢和赞美，恰到好处的赞美就像打在男人身上的强心剂。可以通过赞美他是成功的男人、赞美他是一位绅士、赞美他仪表堂堂等方面来表现。

女人同样需要赞美。被赞美的女人会从内向外散发着自信的光芒，非常耀眼。可以通过赞美其有个性、赞美她工作能力、生活能力强等方面来表现。

各方面就开始松懈了。人迫于某种压力或某种需求，做一件好事很容易，难的是一辈子都做好事。如果赞美人时仅限于就事论事，极易犯目光短浅的错误。

赞美对方引以为荣的事

有人认为，人不过是历史的符号，同时在每个人成长发展的历史过程中又满载着历史记录，其中不乏自己引以为荣的事情。对这些引以为荣的事情，每个人都渴望得到别人较高的评价，如果能够得到衷心地肯定和赞美，更是让人高兴和自豪的事。

了解一个人引以为荣的事情其实很简单。如果是经常接触的人，他的言谈之中常常会流露出一些线索，"兄弟在美国的时候……""我年轻的时候……""参加抗美援朝战争的那一年……"所以，一个人真正引以为荣的事情是常常挂在嘴边的。

赞美不可与实际利益联系在一起

别把你的称赞和关系实际利益的话题联系在一起。假若你的谈话旨在推销产品或获取信息，你称赞了对方之后要留出些时间，不能马上话锋一转切入主题。要避免给对方这样的印象：你前面的赞誉只是实现你推销目标的一块铺路石。

请不要用煞风景的陈词滥调来结束你们的谈话，记住，纯粹的赞赏效果最佳！

赞美不可言过其实

请注意，你的赞赏要恰如其分。不要借一件不足挂齿的小事赞不绝口，大肆发挥，也别抓住一个细枝末节便夸张地大唱颂歌，这样太过牵强和虚假。

你的用词不可过分渲染夸张，不要动辄言"最"。当对方用五升装的大瓶为你斟酒时，你可别故意讨好："这绝对是最好的葡萄酒。"

小心别让对方觉得你对他的称赞是例行公事。你当然应该比现在更经常地对你的伙伴表示赞赏，但不要在每次谈话时都重复一遍，特别是在对方与你经常见面的情况下更要牢记这一条。最重要的一点是，不要每次都用一模一样的话来称赞对方。

避开公认特长

每个人都有一技之长，大家往往都很容易发现这一点，赞美某专长的人也最多，时间长了，被赞美的人听腻了，对这方面的赞美也就不起作用了。

周女士是某大企业的法人。她把企业经营管理得非常优秀，业内人士都称赞周女士为"铁娘子"。一记者前去采访时对周女士说："董事长，大家都认为您管理精到，我倒是认为您身上更具有传统女性的魅力，善良、心细。"听到这番赞扬，周女士非常高兴，忙说："他们大家只看到我的表面，并不真正了解我。"

记者的这番话得到周女士的好感，是因为她听到对管理水平高的赞美太多了，而这位记者称赞她的为人让她感到新颖。

避开套词俗语

一些刚刚走入社会的青年没有社交经验，他们总是把从故事书中看来的诸如"久仰大名、如雷贯耳、百闻不如一见、生意兴隆、财源茂盛"等常见的恭维词作为赞美之词来赞美他人。这种公式化的套词，使人感觉对方缺乏诚意、玩世不恭，给人留下不值得深交的印象。

◇过度赞美惹人烦◇

一个气球吹得太小，会不好看；吹得太大，很可能会吹破。赞美同样适用此理：赞美要适度，过分的赞美会适得其反。

太假了吧。

您这工作精神绝对是全公司独一无二的。

慎用绝对性的词语，例如："绝对""最"等，一是缺乏可信度，二是给人肉麻、虚假之感，让人听起来不舒服。

既然我是神童了，以后就不用学习了。

我儿江郎是神童。

赞美要恰如其分、点到为止，切忌言过其实。言过其实的赞美是一剂慢性毒药，会使被赞美者失去自我，阻碍赞美者前进的脚步。

总之，赞美虽好，但要把握一个度，这样的赞美才能起到真正的赞美效果。

赞美他人的动机大多是良好的，但如果不把握好赞美的分寸、赞美的尺度，就会产生一些不良的后果，因此掌握赞美他人的艺术需要我们在生活中多观察、多总结，只有这样，才能够准确恰当地运用它来达到我们与他人沟通的目的。

赞美不可打折扣

许多人在称赞他人时都易犯一个严重的错误：他们把赞赏打了折扣再送出。对某一成绩他们不是给予百分之百的赞赏，而是画蛇添足地加上几句令人沮丧的评论或是一些能很大程度削弱赞赏的积极作用的话语。比如："您做的菜味道真好，哪一样都不错，就是汤里的黄油加多了点。"这种折扣不仅破坏了你的赞扬，还有可能成为引起激烈争论的导火索。

任何赞赏的折扣，哪怕再微小，也使赞赏有了瑕疵，从而产生不必要的负面影响。它破坏了赞赏的作用，使受称赞的一方原有的喜悦之情一扫而空，反而是那几句"额外搭配"的评论让人难以忘怀。

不要用沉默回应对方对赞赏的谦虚

或许有些人很少受表扬，所以听到别人称赞他时会不知所措。还有些人在受到称赞时想要表明，取得优秀成绩对他来说是家常便饭。这两种人面对赞赏的反应几乎一模一样："这不算什么特别的事，这是应该的，是我的分内事。"

听到对方这种回答时，你不要一声不响，此时的沉默表示你同意他的话，这就好像在对他说："是啊，你说得对，我为什么要表扬你呢，我收回刚才的话。"

相反，你应该再次称赞他，强调你认为是值得赞赏的事。请简短地重复一遍对他哪些方面的成绩特别看重，以及你为什么认为他表现出众。

不能忽视"小"处

很多人在赞美别人时习惯于泛泛而论，抓不住赞美的重点，其中一个突出表现就是过分忽视细节。其实，对方之所以在细节上投入那么多的时间和心血，一方面说明对方对此有特别的偏爱，另一方面也说明对方渴望这一部分努力能够得到应有的报偿与肯定。因此，我们在交际中应善于发现细微处的用意，以赞美和感谢来回报对方的良苦用心，这不但会带给对方巨大的心理满足，而且会加深彼此的心灵默契。

◇赞美有讲究◇

赞美的话，人人都会说，但要说好，不仅要掌握许多小窍门，而且还要有所讲究。

赞美要有依据，比如根据对方的为人或处事来赞美，有根有据、有板有眼。

不要假充内行。只有"懂行"，才能抓住赞美之事的特点和实质，如果不懂装懂，难免会出洋相，让别人看笑话，暴露了自己的浅薄无知。

赞美必须从性别、性格和知识等方面来考虑。根据不同人的个性差异，选择不同的赞美方式。

赞美应采取适宜的方式

重要的不仅是你说了些什么，还有你是怎样来表达的。你的用词，你的姿势和表情，以及你称赞他人时友善和认真的程度都至关重要。它们是显示你内心真实想法的指示器。

你应直视对方的眼睛，面带笑容，注意自己的语气，讲话要响亮清晰、干脆利落，不要细声慢语、吞吞吐吐，也别欲语还休。

小心不要用那种令人生厌的开头："顺便我还可以提一下，您还算不赖。"这让你的称赞听起来心不甘、情不愿，又像是应付差事。

如果条件合适，你甚至可以在称赞的同时握着对方的手，或轻轻拍拍他的胳膊，营造一点亲密无间的气氛。

如何赞美陌生人

对于陌生人，则可以从他的职业、所处环境及历史年代大体判断其引以为荣的事情的范围。一位将军引以为荣的往往是他曾经取得的赫赫战功。一位学识渊博的学者则必然对自己发表的论文和专著引以为豪，如果你想对一个陌生的学者，尽一点赞美之意，不妨对他说："先生，您的论文和专著在学术界颇具影响力，久仰大名。"律师则会以自己办理影响力较大的案子而得意，碰到一名律师可以说："做律师的人都不简单，您办的好多案子都相当出色。"纵使是一个农民，也会为今年只有他多种了地瓜，又碰上地瓜行情出奇的好，而有几分成功感。你买地瓜时不妨说："老兄，你真有眼力，今年这地瓜行情算是让你给瞅准了。"

◎ 批评他人的常识 ◎

批评他人时要指明问题所在

当批评他人时，要明确指出你有具体针对这一问题的有关记录。向当事人出示违规发生的时间、地点、参与者及其他任何环境因素。要用准确的语言来表述和界定过失，而不要仅仅引证组织的规章制度或劳动合同。你要表达的并不是违反规则这件事情本身，而是违规行为对整个组织绩效所造成的影响。要具体阐明违规行为对员工个人的工作绩效、对整个单位的工作绩效以及对周围其他同事所造成的不良影响，这样才能解释这一行为不应再发生的原因。

◇批评他人要注意◇

批评他人时，稍不注意，就会伤害别人，起到相反的作用，所以，在批评他人时，要注意：

批评他人是要注意场合，尽量选择一种比较委婉的方式，比如私底下批评，不要伤害被批评者的自尊心。

不做比较批评。拿别人的优秀来对比批评者的低劣，会引起批评者的敌意，不如拿被批评者的过去和现在做对比的激励效果好。

先赞扬，后忠告：有时适当的鼓励和表扬，大大胜过严厉地批评。靠强制让人心悦诚服地改变不好的习惯，不一定有用。从赞扬开始，以忠告结束批评，问题也解决了。

批评他人时，给人留条退路

当有些错误必须要当面指出的时候，有一件事是一定要做的，那就是在批评时给对方铺退路。

为了给对方留退路，你可以假定双方在一开始时没有掌握全部事实。例如，你可以这样说：

"当然，我完全理解你为什么会这样设想，因为你那时不知道那回事。"

"在这种情况下，任何人都会这样做的。"

"最初，我也是这样想的，但后来当我了解到全部情况时，我就知道自己错了。"

聪明的人在批评他人时都懂得不撕破脸，在对方没有退路时给对方铺退路。这样对方也会自知理亏，继而改正自己的错误。

批评他人时可采用软话服人法

现实生活中，人们普遍存在着吃软不吃硬的心态。特别是性格刚烈、很有主见的人，你如果说"硬"话，比如以命令的口吻，对方不但会不理睬，说不定比你更硬；你如果来"软"的，对方反倒产生同情心，纵使自己为难，也会顺从你的要求。

一位干部到广州出差，在街头小货摊上买了几件衣服，付款时发现刚刚还在身上的100多元外汇券不见了。货摊只有他和姑娘两人，明知与姑娘有关，但他没有抓住把柄。当他提及此事时，姑娘翻脸说他诬陷人。

在这种情况下，这位干部没有和她来"硬"的，而是压低声音，悄悄地说："姑娘，我一下子照顾了你五六十元的生意，你怎么能这样对待我呢？你在这个热闹街道摆摊，一个月收入几百上千，我想你绝对看不上那几张外汇券的。再说，你们做生意的，信誉要紧啊！"他见姑娘似有所动，又恳求道："人家托我买东西，好不容易换来百把块外汇券，丢了我真没法交代，你就替我仔细找找吧，或许忙乱中混到衣服里去了。我知道，你们个体户还是能体谅人的。"

姑娘终于被说动了，她就坡下驴，在衣服堆里找出了外汇券，不好意思地交给他。

说"软"话会让对方觉得自己是在吃糖，心里甜甜的。在上述事例中，这位干部的一番至情至理的说辞，不但指责了那位姑娘，而且使外汇券失而复得。

批评他人时切忌一棍子打死

批评应就事论事，一就是一，二就是二，哪儿疼就治哪儿的病，而不能夸大其词，借机整人。不能因一时一事的失误，就将人的过去全盘否定，或形成限定印象，觉得此人"朽木不可雕也"，更不能当面断定此人"不可救药"。

◇批评他人要就事论事◇

批评只能是针对一个人的某些行为、行动和表现，而不能这对这个人，这就是对事不对人。

迟到不是小事，不仅影响公司形象，还会带来不良风气。

批评要客观，要建立在事实的基础之上，不要借题发挥瞎批评。

你说一下，最近你到底犯了多少错：迟到、数据出错，业绩不行……

批评他人时，只适用于当前的错误，不要翻旧账。

按时上班这么基本的要求都做不到，你说你还能干成什么……

不要因为一个错误，就全盘否定被批评者的全部，否则，会引起被批评者的强烈反抗。

批评他人时切忌针对个人

批评时，一定要针对事情本身，不要针对人。谁都会做错事，做错了事，并不代表他这个人如何如何。错的只是行为本身，而不是某个人。一定要记住：永远不要批评"人"。

批评他人时切忌恶语相向

批评宜以理服人，摆事实，讲道理。一味地挖苦污蔑，或者以对方的缺陷为笑柄，过分地伤害他人的自尊，往往会适得其反。对方一旦产生抵触，就很可能以其人之道，还治其人之身。

批评他人时切忌转弯抹角

有个别上司，在批评员工时，不是直接地指出不是和缺点，而是转弯抹角地说出是"某人"和你过不去，一则推卸了责任，二则不利于团结。错就是错，是非要明确，身为上司就要敢作敢为，敢于负责，无论意见和反映是谁提出来的，只要实事求是，就要以自己的口气提出来。

◎ 给他人打圆场的常识 ◎

打圆场要善用吉言

"吉言顺耳"，爱听吉言几乎是人们共有的一种心理。巧妙地利用人们的这种心理，在对方抱怨时，有针对性地择用其易于接受的话语来博得对方的欢喜。这样，对方的抱怨消释了，先前不快的心理得到吉言的熨抚，心情愉悦也就是很自然的了。

打圆场应扬长避短

生活中的任何事情都包含着两重性，其中的对与错、利与弊是相对的。辩证地看待问题，得体地扬长避短，是打圆场的又一技巧。针对各种不同的情况，采取"扬长避短"策略，用巧妙的语言去作解释，通过"扬长"，引领对方换个视角，对先前不满意的事来一番换位思考，让对方从一个新的角度去体会佳妙之处，从而高高兴兴地接受自己的观点。

◇ 打圆场的学问 ◇

凡事都有诀窍，打圆场也有打圆场的学问。归纳起来，打圆场的学问主要有以下几点：

1.说明真相，引导自省

将事实真相客观地说清楚，不加任何评论，让双方消除误会，达到调解的目的。

2.岔开话题，转移注意

针对非原则性的争论，应转移双方注意力，使双方认识到没有争吵的必要。

3.拿出双方都接受的方案

整理双方意见的精华，同时将完整意见归纳出来，统一成都能接受的方案。

打圆场用语需幽默

幽默是化解尴尬的良方，幽默的话语常能令人转怨为喜，开怀大笑，并且能使人在笑声中有所悟，例如一位理发师傅使用"首脑"一词就颇为幽默。将头说成"首脑"，寓谐于庄，调侃中不失文雅，庄重中又含风趣，从某种意义上讲，还在一定程度上提升了顾客的身份。顾客能不开心地大笑吗。

转移话题，制造轻松气氛

在交际场合中，如果某个较为严肃、敏感的问题弄得交谈双方对立起来，甚至阻碍交谈正常顺利进行时，我们可以暂时让它回避一下，通过转移话题，用一些轻松、愉快的话题来活跃气氛，转移双方的注意力，或者通过幽默的话语将严肃的话题淡化，使原来僵持的场面重新活跃起来，从而缓和尴尬的局面。如朋友之间为了某个问题争得面红耳赤，僵持不下时，可以适时说一句"要把这个问题争得明白，比国家足球队赢球还难"；或者说一个笑话，让双方的情绪平缓下来，在轻松的气氛中让尴尬消失殆尽，使交际活动得以顺利进行。

第五章

不可不知的社交心理学常识

◎ 社交障碍的自我心理调节常识 ◎

如何克服人际交往障碍

要克服人际交往障碍，必须给自己制订一个交朋友的计划。起始阶段的要求比较低，任务比较简单，以后逐步加深难度。例如：

第一周，每天与同事（或邻居、亲戚、室友等）聊天10分钟。

第二周，每天与他人聊天20分钟，同时与其中某一位多聊10分钟。

第三周，保持上周的交友时间量，找一位朋友做不计时的随意谈心。

第四周，保持上周的交友时间量，找几位朋友在周末小聚一次，随意聊天，或家宴，或郊游。

第五周，保持上周的交友时间量，积极参加各种思想交流、学术交流、技术交流等。

第六周，保持上周的交友时间量，在公共场所尝试与陌生人或不太熟悉的人交往。

一般说来，上述梯级任务看似轻松，但认真做起来并不是一件轻松的事。最好找一个监督员，让他来评定执行情况，并督促坚持下去。其实，第六周的任务已超出常人的生活习惯，但作为治疗手段，以在强度上超出常规生活是适宜的。在开始进行梯级任务时，你可能会觉得很困难，也可能觉得毫无趣味，这些都要尽量设法克服，以取得良好的治疗效果。

如何消除社交恐惧症

有些人内心渴望同他人交往，以获得精神上的满足，但在实际生活中与别人打交道时却充满了恐惧，这就是社交恐惧症。社交恐惧症通常起病于青少年期，男女都可能出现。青少年渴望友谊，希望广交朋友，但有些青少年一到具体交往时，如找人交谈，或者别人与自己打交道，就出现恐惧反应。表现在不敢见人，遇生人面红耳赤，神经处于一种非常紧张的状态。它往往会泛化，严重者拒绝与任何人发生社交关系，把自己孤立起来，对日常工作学习造成极大妨碍。

社交恐惧症是一种因心理因素造成的心因性疾病，只要积极治疗，是可以消除的。

（1）改善自己的性格：害怕社交的人多半比较内向，应注意锻炼自己的性格。多参加体育、文艺等集体活动，尝试主动与同伴和陌生人交往，在交往的实际过程中，逐渐去掉羞怯、恐惧感，使自己成为开朗、乐观、豁达的人。

（2）消除自卑，树立自信：对自己应有正确的认识，过于自尊和盲目自卑都没有必要，事事处处得体、求全责备也是没有必要的。可以暗示自己：我只不过是集体中的一分子，谁也不会专门盯住我、注意我一个人的，摆脱那种过多考虑别人评价的思维方式。要记住，你并不比别人差，别人也不过如此，以此来增强自信。

（3）转移刺激：转移刺激即暂时转移引起社交恐惧症的外界刺激。由于外界刺激在一段时间内消失，其条件反射在头脑中的痕迹就会逐渐淡漠，有时还可消除。

◇社交恐惧症的危害◇

社交恐惧症会对我们的工作、生活有很大的负面影响，它的危害包括以下几点：

我……我是××，我……我来……（说不出来）。

找工作难。社交恐惧症患者很难在有限的时间内将自己展示给面试官，即使自己再优秀，也只能眼睁睁将机会送与他人。

他是不是有社交恐惧呀，都融不进来。

难以沟通，性格孤僻。社交恐惧症的患者在现实沟通的弊端非常影响其在团队的表现，久而久之，会让自己性格孤僻。最后被团队淘汰。

（4）掌握知识：尽管都懂得开展社交的主要意义，但是有关社交的知识、技巧和艺术，以及相关的社会学、心理学和传播学知识却掌握得不够。所以应全面地掌握有关知识，真正明白道理，这对消除心病是大有裨益的。

（5）系统脱敏疗法：其一般做法是，先用轻微的较弱的刺激，然后逐渐增强刺激的强度，使行为失常的患者没有焦虑不安反应、逐渐适应，最后达到矫正失常行为的目的。引导青少年患者先与家人接触，再与亲朋好友接触，然后再与一般熟人接触，最后与陌生人接触，一步步地引导脱敏，并通过奖励、表扬使其巩固。

如何克服自傲心理

在人际交往中，有人处处唯我独尊，"老子天下第一"，趾高气扬，轻视别人，甚至贬低别人、嘲笑别人，听不进别人的意见。这种心理对于交际危害很大，这些人也很难与别人相处。

自傲的人喜欢过高地估计自己，只关心自己的需要，强调自己的感受。他们在交往中通常表现为妄自尊大、自吹自擂、盛气凌人，高兴时手舞足蹈、滔滔不绝，不高兴时会不分场合地乱发脾气，丝毫不考虑他人的感受，而且不愿和自认为不如自己的人交往。他们还容易过高估计了和他人的亲密程度，有时候对人过于亲昵，说些不该说的话，会引起他人的反感。另外，有意思的是，自傲的人一旦遭受挫折，往往会变成自卑者。

自傲的根源是错误的自我评价。当然，与其成长环境也密切相关。

克服自傲心理，首先要学会尊重别人、善于发现别人的优点，以利于对自己做出客观评价。另外，还要学会严于律己、宽以待人。

如何克服虚荣心理

在社交中有的人为了满足一时心理上的需要，就弄虚作假、文过饰非，企图以各种伪装的方式来获得其他人的重视。这种表现就是虚荣心理在作怪。其实，带有这种心理去社交是很不对的，它不但不会有助你社交上的成功，反而会让你得到适得其反的效果。从某种意义上而言，虚荣是一种不成熟的心态，也是一种不自然的表现，看似能满足自己一时，但其有害的影响却很深远。

（1）树立正确的荣辱观

对荣誉、地位、得失、面子要持一种正确的认识和态度。每个人都需要有一定的荣誉与地位，这是心理的需要，因此人们都应十分珍惜和爱护自己及他人的荣誉与地位，但是这种追求必须与个人的社会角色及才能一致。面子不可没有，也不能强求，如果打肿脸充胖子，过分追求荣誉、显示自己，就会使自己的人格受到

◇虚荣心理的表现◇

心理学认为：虚荣心理是自尊心的过分表现，是一种追求虚表的性格缺陷。其表现是多方面的：

这是我刚买的最新款的手机，可好用了，你们都没有吧。

物质生活中的虚荣心理。主要表现为你有我也有；你没有我也要有；没有时也只好要打肿脸充胖子，以求得周围人的赞赏与羡慕。

社会生活中的虚荣心理。主要表现为一种病态的自夸炫耀行为，通过吹牛、隐匿等欺骗手段来过分表现自己。

我爸是××，他可厉害了……

你听说了吗？小张离婚了！

精神生活中的虚荣心理。他们否定自己短处，排斥、挖苦、打击、疏远、为难比自己强的人，在评职、评级、评优中弄虚作假。

歪曲。同时也应正确看待失败与挫折，"失败乃成功之母"，必须从失败中总结经验，从挫折中悟出真谛，才能建立自信、自爱、自立、自强，从而消除虚荣心。

（2）在社会生活中把握好比较的尺度

比较是人们常有的社会心理，但在社会生活中要把握好攀比的尺度、方向、范围与程度。从方向上讲，要多立足于社会价值而不是个人价值的比较，如比一比个人在学校和班上的地位、作用与贡献，而不是只看到个人工资收入、待遇的高低；从范围上讲，要立足于健康的而不是病态的比较，如比实绩、比干劲、比投入，而不是贪图虚名，嫉妒他人表现自己；从程度上讲，要从个人的实力上把握好比较的分寸，能力一般的就不能与能力强的相比。

（3）自我心理调适

如果你已经出现了自夸、说谎、嫉妒等行为，可以采用心理训练的方法进行自我纠偏。即当病态行为即将出现或已出现时，自己给自己施以一定的自我惩罚，如用套在手腕上的皮筋反弹自己，以求警示与干预作用。久而久之，虚荣行为就会逐渐消退，但这种方法需要本人超人的毅力与坚定的信念才能收效。

如何克服孤僻心理

孤僻心理是因缺乏与人交流而产生的孤单、寂寞的情绪体验。有这种心理的人，社交对他们来讲没有任何意义，而且乏味至极，他们从不愿与人交往，喜欢孤独。

有这种心理障碍的人，往往缺乏自我解剖的精神，不敢正视自己的弱点，相反，对别人要求却极其严格，缺少宽容精神，别人稍有自己不喜欢的地方就从心里拒之千里，这在现代社交中是十分不利的。在现代社会中欲成就一番事业，与人合作交往是必不可少的。因此，这种心理应加以克服。

要克服孤僻心理，关键要在思想上解决问题。首先，不要过多地看到自己的优点和长处，而要更多地看到自己的缺点和不足，更多地看到别人的优点和长处，以此产生交往的强烈愿望，形成交往的动力。其次，择友标准不能太严，即使你自己确实在许多方面比你所要交往的对象强，但"三人行，必有我师"，你总有不如别人的地方，总有需要别人帮助的地方，再退一步说，就算你没有需要别人帮助提高和解决的地方，那你总需要进行情感的交流吧，总需要获得情感的输入吧。因此，对别人不能过于苛求。在以上两个方面做好了，孤僻心理就会得到克服。

如何克服自卑心理

（1）要正确认识自己，提高自我评价

形成自卑感的最主要原因是不能正确认识和对待自己，因此要消除自卑心理，须从改变认识入手。要善于发现自己的长处，肯定自己的成绩，不要把别人看得完

◇自卑心理的表现◇

1. 敏感。过分看重别人对自己的评价，任何负面的评价都会导致内心激烈的冲突，甚至扭曲别人的评价。

2. 失衡。别人欺负他，即使内心不服气，也自认为是正常的，非常认同自己的弱势身份。容易导致自杀。

3. 情绪化。表面上好象逆来顺受，当受到不公正的待遇时，认为别人瞧不起自己，难以忍受，往往产生过激言行。

美无缺，把自己贬得一无是处，"金无足赤，人无完人"。要知道，他人也会有不足之处，自己身上也有优点。只有提高自我评价，才能提高自信心、克服自卑感。

（2）要正确认识自卑感的利与弊，提高克服自卑感的自信心

有的人把自卑心理看作是一种有弊无利的不治之症，因而感到悲观绝望，这是一种不正确的认识，它不仅不利于自卑心理的消除，反而会加重。心理学家认为，自卑的人不仅要正确认识自己各方面的优点，而且要正确看待自己的自卑心理。自卑的人往往都很谦虚，善于体谅人，不会与人争名夺利，安分随和，善于思考，做事谨慎，一般人都较信任他们，并乐于与他们相处。指出自卑者的这些优点，不是要他们保持自卑，而是要使他们明白，自卑感也有其有利的一面，不要因自卑感而绝望，认识这些优点可以增强生活的信心，为消除自卑感奠定心理基础。

（3）要进行积极的自我暗示、自我鼓励，相信事在人为

当面临某种情况感到自信心不足时，不妨自己鼓励自己："我一定会成功，一定会的！"或者不妨自问："人人都能干，我为什么不能干？我不也是人吗？"如果怀着"豁出去了"的心理去从事自己的活动，事先不过多地体验失败后的情绪，就会慢慢地培养起自信心。

如何克服自私心理

（1）内省法：这是构造心理学派主张的方法，是指通过内省，即用自我观察的陈述方法来研究自身的心理现象。自私常常是一种下意识的心理倾向，要克服自私心理就要经常对自己的心态与行为进行自我观察。观察时要有一定的客观标准，这些标准有社会公德与社会规范和榜样等。加强学习，更新观念，强化社会价值取向，对照榜样与规范找差距。并从自己自私行为的不良后果中看危害找问题，总结改正错误的方式方法。

（2）多做利他行为：一个想要改正自私心态的人，不妨多做些利他行为。例如关心和帮助他人，给希望工程捐款，为他人排忧解难等。私心很重的人，可以从让座、借东西给他人这些小事情做起，多做好事，可在行为中纠正过去那些不正常的心态，从他人的赞许中得到利他的乐趣，使自己的灵魂得到净化。

（3）厌恶疗法：这是心理学上以操作性反射原理为基础，以负强化作为手段的一种治疗方式。具体做法是：在自己手腕上系一根橡皮筋，一旦头脑中有自私的念头或行为时，就用橡皮筋弹击自己，从痛觉中意识到自私是不好的，然后使自己逐渐纠正。

如何克服依赖心理

依赖型人格的依赖行为已成为一种习惯，克服首先必须破除这种不良习惯。清查一下自己的行为中哪些是习惯性的依赖别人去做，哪些是自主决定的。你可以每天做记录，记满一个星期，然后将这些事件按自主意识强、中等、较差分为三等，每周一小结。

对自主意识强的事件，以后遇到同类情况应坚持自己做。例如，某一天按自己的意愿穿鲜艳衣服上班，那么以后就坚持穿鲜艳衣服上班，而不要因为别人的闲话而放弃，直到自己不再喜欢穿这类衣服为止。这些事情虽然很小，但正是你改正不

◇依赖的分类◇

依赖应该分为两类，分别为主观依赖和客观依赖。

主观依赖

老板夸我了，那我应该是挺好的。

小李，你的工作能力非常强，表现很好。

心里需要依赖外界人与物来帮助证实自己的价值，没有自信。

客观依赖

没有钱是万万不能的，就没有钱解决不了的事！

比如各种物质，包括食物、毒品、金钱等。

主观和客观依赖也是同时存在，主观依赖的同时客观上也依赖，客观依赖的同时主观上也有依赖。当主观上不再依赖时，客观依赖就不存在了。

良习惯的突破口。

对自主意识中等的事件，你应提出改进的方法，并在以后的行动中逐步实施。例如，在制订工作计划时，你听从了朋友的意见，但你并不欣赏这些意见，便应把自己不欣赏的理由说出来，说给你的朋友听。这样，在工作计划中便渗入了你自己的意见，随着自己意见的增多，你便能从听从别人的意见逐步转为完全自主决定。

对自主意识较差的事件，你可以采取诡控制技术逐步强化、提高自主意识。诡控制法是指在别人要求的行为之下增加自我创造的色彩。例如，你从爱人的暗示中得知她喜欢玫瑰花，你为她买一枝花，似乎有完成任务之嫌。但这类事情的次数逐渐增多以后，你会觉得这样做也会给自己带来快乐。你如果主动提议带爱人去植物园度周末，或带爱人去参观插花表演，就证明你的自主意识已大为强化了。

依赖行为并不是轻易可以消除的，一旦形成习惯，你会发现要自己决定每件事毕竟很难，可能会不知不觉地回到老路上去。为防止这种现象的发生，简单的方法是找一个监督者，最好是找自己最依赖的那个人。

如何克服自负心理

（1）提高自我认识：要全面认识自我，既要看到自己的优点和长处，又要看到自己的缺点和不足，不可一叶障目，不见泰山，抓住一点不放，未免失之偏颇。认识自我不能孤立地去评价，应该放在社会中去考察，每个人生活在世上都有自己的独到之处，都有他人所不及的地方，同时又有不如人的地方，与人比较不能总拿自己的长处去比别人的不足，把别人看得一无是处。

（2）学会接受批评：自负者的致命弱点是不愿意改变自己的态度或接受别人的观点，接受批评即是针对这一特点提出的方法。它并不是让自负者完全服从于他人，只是要求他们能够接受别人的正确观点，通过接受别人的批评，改变过去固执己见、唯我独尊的形象。

（3）要以发展的眼光看待自负：既要看到自己的过去，又要看到自己的现在和将来。"好汉不提当年勇"，辉煌的过去可能标志着一个人过去是个英雄，但它并不代表着现在，更不预示着将来。

（4）懂得谦虚：没有一个人能够有永远骄傲的资本，因为任何一个人，即使他在某一方面的造诣很深，也不能够说他已经彻底精通，彻底研究全了。所以，谁也不能够认为自己已经达到了最高境界而止步不前、趾高气扬。如果是那样的话，则必将很快被同行赶上，很快被后人超过。

（5）平等待人：自负者视自己为上帝，无论在观念上还是行动上都无理地要求别人服从自己。平等相处就是要求自负者以一个普通社会成员的身份与别人平等交往。一个人想让别人怎样来对待自己，就要怎样去对待别人。

如何克服完美主义

（1）接受瑕疵：没有瑕疵的事物是不存在的，盲目地追求一个虚幻的境界只能是劳而无功。生活绝不可能一帆风顺，遇到挫折和处于低谷时，自信和乐观尤为重要，切不可自暴自弃。学会换个角度看问题，正因为生活中有让你感到沮丧、绝望的

◇完美主义者的类型◇

要求自我型。他们竭尽全力达到自己设定的高标准，当无法达到这些标准时，往往会过度自责、变得抑郁。

要求他人型。他们总希望别人把事情做得尽善尽美，常把人际关系搞得很糟。

被人要求型。他们深信其他人对他们寄予厚望，如果达不到这种期望，容易产生挫败感而萌发极端念头。

问题，你才会付出更多努力，才更懂得珍惜所得到的。即便是事情不尽如人意，即便失败，可那和成功一样构成你丰富的人生体验，那才不枉活一世。人只有经受住失败的悲哀才能达到成功的巅峰。不要为了一件事未做到尽善尽美的程度而自怨自艾。

（2）正确认识自我：既不要把自己的能力估计得太高，更不必过于自卑。如果事事要求完美，将成为你做事的障碍。要在自己的长处上培养起自尊、自豪和工作兴趣，不要在自己的短处上去与人竞争。

不要对自己太苛刻，不要为了让周围每一个人都对你满意而处处谨小慎微，要有点"我行我素"的气魄，做事只要对得起自己的努力和良心，不要太在意他人对自己的评价。否则，遇到挫折就可能导致身心疲惫。

（3）设定短期合理目标：实际上，当你不追求完美，而只是希望表现良好时，往往会出乎意料地取得最佳成绩。寻找一件自己完全有能力做好的事，然后去把它做好。这样你的心情就会轻松自然，行事也会较有信心，感到自己更有创造力和更有成效。你的生活也会因此而丰富起来，变得富有色彩。

（4）宽以待人：完美主义者是仔细周到的人，但是，要小心，不要总是指出别人的错误，让别人反感或紧张。也不要因为别人做事不合你的要求而大包大揽，尤其是对你的孩子。你喜欢干净整洁，但小心不要让家人和朋友在你的家里感到待在哪儿都不合适。

如何克服偏执心理

偏执的人喜欢走极端，是因为其头脑中有着非理性的观念，因此，要改变偏执行为，首先必须分析自己的非理性观念。如：

（1）我不能容忍别人一丝一毫的不忠。

（2）世上没有好人，我只相信自己。

（3）对别人的进攻，我必须立马予以强烈反击，要让他知道我比他更强。

（4）我不能表现出温柔，这会给人一种不强健的感觉。

现在对这些观念加以改造，以除去其中极端偏激的成分。

（1）我不是说一不二的君王，别人偶尔的不忠应该原谅。

（2）世上好人和坏人都存在，我应该相信那些好人。

（3）对别人的进攻，马上反击未必是上策，而且我必须首先辨清是否真的受到了攻击。

（4）我不敢表示真实的情感，这本身就是虚弱的表现。

每当故态复萌时，就应该把改造过的合理化观念默念一遍，以此来阻止自己的偏激行为，有时自己不知不觉表现出了偏激行为、事后应重新分析当时的想法，找出当时的非理性观念，然后加以改造，以防下次再犯。

如何克服狭隘心理

（1）拓展心胸：陶铸同志曾经写过这样两句诗："往事如烟俱忘却，心底无私天地宽。"要想改掉自己心胸狭窄的毛病，首先要加强个人的思想品德修养，破私立公，遇到有关个人得失、荣辱之事时，经常想到国家、集体和他人，经常想到自

◇狭隘心理的表现◇

心胸狭窄的人通常有如下表现：

缺乏大局观，凡事只顾自己，不顾他人。

攀比心理重，只能比他人强，不能比他人差。

成绩和功劳总是自己的，而失误和错误总是别人的。

自己有什么缺点可以忽略不计，整天拿着放大镜挑别人的毛病。

己的目标和事业，就会感到犯不着计较闲言碎语，也没有什么想不开的事情了。

（2）充实知识：人的气量与人的知识修养有密切的关系。有句古诗说："曾经沧海难为水，除却巫山不是云。"一个人知识多了，立足点就会提高，视野也会相应开阔，此时，就会对一些身外之物拎得起、放得下、丢得开，就会"大肚能容，容天下能容之物"。当然，满腹经纶、气量狭隘的人也有的是，但这并不意味着知识有害于修养，而只能说明我们应当言行一致。培根说："读书使人明智。"经常读一些心理健康方面的书籍，对于开阔自己的胸怀，收益当不在小。

（3）缩小"自我"：你一定要不断提醒自己，在生活中不要期望过高，可以来点阿Q精神降低你的期望。如果你坚持抱着一成不变的期望，不愿做任何改变，以缩减期望和现实之间的差距，那么你就会很快被激怒，让事情变得更糟。根据莫菲定律："只要事情有可能出错，就一定会出错。"这正好说明了降低期望、明智看待事情的想法，它也说明了该如何调整期望才不会留下满腹的失望和挫折感。

（4）走向自然：人们在学习工作之余，在庭院花卉、草坪旁休息，在绿树成荫的大道上散步，在风景秀丽的幽静的公园里游玩，往往心旷神怡，精神振奋，忘却烦恼，消除疲劳。当你情绪低落时，不要一个人闷在屋子里，要走到大自然中去，到绿色的世界中去，到自然中欣赏美好的风光来摆脱苦恼是一种心理调节的方法。令人心旷神怡的风景将冲洗掉心中的苦闷，惆怅的情绪将溶化在大自然的壮丽之中。

如何消除吝啬心理

（1）自我醒悟法：吝啬心理改正的方法是自我反省、自我思考，从内心深处领悟吝啬的危害，客观、理智、正确地看待一切事物，逐渐纠正这种不正常、不健康的心理状态。

（2）阅读浏览一些佛教书籍：几乎所有的佛教书籍都提倡扬善除恶，告诫人们要普度众生，慈悲为怀，多做好事，多做善事，强调善有善报。通过阅读此类书籍，潜移默化地逐渐消除吝啬心理。

（3）小量施舍法：消除吝啬心理不妨从小事做起，如给乞丐以小数量金钱、衣物、食物的施舍，参加一些社会公益活动，为公益事业、鳏寡孤独者募捐。通过这些活动对钱财有一个正确的认识，积小善为大善。

如何克服暴躁心理

（1）容忍克制：俗话说："壶小易热，量小易怒。"动辄发脾气、动肝火是胸襟狭窄、气量小的表现。有一位心理学家忠告："气量大一点吧，如果我们每件事情都要计较，就无法在这个大千世界上生活下去。"要保持克制，就必须有很高的

◇脾气暴躁的危害◇

在工作中，脾气暴躁，会让同事难以接受，领导也不看好你，就算你以后再努力，估计也很难能得到提升。

在日常的交往中，脾气暴躁会令交朋友变得非常艰难，朋友们会怕你，甚至不想与你交往。

在家庭生活中，脾气暴躁会使家庭氛围非常的严峻，不利于家庭生活的和谐。

对个人来说，脾气暴躁的人不仅容易长色斑，还会使血压升高，心脏也会受到影响。

修养，有修养的人才是有克制力的人。一个襟怀坦荡的人，是绝不会为了区区小事而随意发火的。即使遇有不顺心的事或受到不公正的待遇时，也能做到心平气和地讲道理，和风细雨地解决矛盾和问题。

（2）保持沉默：著名散文家朱自清说过："沉默是最安全的防御战略。"当意识到自己要发火时，最好的办法是约束自己的舌头，强迫自己不要讲话，采取沉默的方式，这样有助于缓和激情、冷静头脑，让沉默成为一种保持身心平衡、抑制精神亢奋的灵丹妙药，不借外力而能化解怒气。

（3）及时回避：生活中遇到能使自己动气的刺激时，只要情况许可，不妨采取"三十六计，走为上策"。这样，眼不见，心不烦，火气就消了一半。

（4）自我提醒：当要发火时，只要自己还能自我控制，就要试着用意识驾驭自己的情感，警告自己："我这时一定不能发火，否则会影响团结，把事情搞砸。"心中默念："不要发火，息怒、息怒。"这样坚持下去，就会收到一定的效果。

（5）转移注意：心理学研究表明，在受到令人发火的刺激时，大脑会产生强烈的兴奋灶，这时如果有意识地在大脑皮质里建立另外一个兴奋灶，用它去取代、抵消或削弱引起发火的兴奋灶，就会使火气逐渐缓解和平息。例如，转移话题、寻些开心快乐的事情干，听令自己愉快的音乐、戏曲，阅读引人入胜的小说、诗歌，或出去走走，等等。

如何克服逃避心理

（1）要承担自己行为的后果：一个人如果对自己都没有责任感，就更不会对其他人有责任感了。可以让他先从小事做起，比如在家里应该买菜、做饭、洗衣服；应该出去挣钱，不能等着家里人来养；要有人生目标，应该自食其力，应该肯定自己。

（2）不在厄运面前低头：人性有一个弱点，就是把厄运当作难以逾越的障碍。人的一生中都会遇到困难，甚至是大的灾难。问题是，当有的人面临困难时，他们无所畏惧、百折不挠，将困难视为一种考验，并使之转化为一种积极有利的因素；而有些人遇到困难，首先会畏惧退缩，并且抱怨，他们把困难当作是一种无法逾越的障碍，甚至是人生的一种不幸。一个不成熟的人随时可以把自己与众不同的地方看成是缺陷、是障碍，然后期望自己能受到特别的待遇。成熟的人则不然，他们会先认清自己的不同处，然后看是要接受它们，或是加以改进。

（3）拥有自己的信仰并付诸行动：一个没有信仰的人就如一艘没有航标的生命之舟，你不知道自己将驶入何方。当然，只有信仰并不足以让我们变得成熟。信仰的好处是能增加勇气，使我们在接受考验的时候，不致临阵脱逃。除非我们以信仰做基础，然后付诸行动，否则任何道理原则都没有用处。

（4）学会摆脱生活中的不幸：人的幸福结局，并非是平淡安稳的喜乐，而是轰轰烈烈地与不幸斗争。接受不可避免的事实，让时间去治疗伤痛；采取行动以抵制困境；集中精神帮助他人；在有生之年，充分利用自己的生命；计算我们所拥有的幸福。

◎ 人际交往中的心理效应常识 ◎

近因效应的应用

人际交往中，人们初次见面时所留下的印象往往是深刻的，它对以后的交往有很大的影响，这是首因效应在起作用，而近因效应则是指近期所接受的刺激改变了以往的印象。主要是对熟人的感知，如果熟人的行为出现某些新奇表现，那么近因效应就会起很大作用，这时你往往认为某人变了。当然有变好和变坏之分了。"士别三日，当刮目相看"指的就是近因效应。

在人际交往中，在与陌生人接触过程中，第一印象起重要作用，而熟悉的人在行为上表现出某种新异的动作，常常会影响或改变别人对这个人的根本看法。"此人原来很好，怎么他现在会这样无情无义了？"或者是听了一次报告，对报告人生动有力的结束词感到很新颖，或有新鲜感，就会对这个人有一种肃然起敬的感觉，逢人便会介绍"某某的报告真有感染力"，下次有他的报告还想去听。这表现了近因效应有莫大的魅力。所以在人际交往中，不论是首因效应还是近因效应，都会产生很重要的作用，它能使人们之间增进了解，互相加深认识，可以获得愉快的合作。我们要充分利用这种心理效应的作用。当然也要注意到它们的副作用，在人们相处中常常会看别人的缺点，对别人的某些品质或某种新异性，用固定不变的眼光去看、去评价，就会不利于人际的和睦相处，不利于调动人们的积极性、主动性和创造性。

马太效应的应用

《圣经》中有这样几句话："凡有的，还要加给他，叫他有余；没有的，连他所有的也要夺过来。"

这几句话是来自其中一章"马太福音"中的一个故事：

主人要到外国去，把三位仆人叫来，按其才干分银子给他们。第一个得了五千，第二个得了二千，第三个得了一千。

主人走后，第一个仆人用五千两银子做买卖，又赚了五千；第二个仆人赚了二千；第三个仆人则把一千两银子埋在了地下。

过了好久，主人回来了，与仆人算账。

第一个仆人汇报赚了五千两银子，主人说："好，我要把许多事派你管理，可以让你享受主人的快乐。"

第二个仆人汇报赚了两千两银子，主人说："好，我要派你管理很多的事，让你享受主人的快乐。"

第三个仆人汇报说："我把你分给的银子埋在地下，一个也没少。"主人骂了这个仆人一顿，决定夺回他这一千两银子，分给拥有一万两银子的人。

美国著名科学家、哲学家默顿，最早用这句话来概括一种社会心理效应——"对已有相当声誉的科学家作出的贡献给予的荣誉越来越多，而对于那些还没有出名的科学家则不肯承认他们的成绩。"这便是"马太效应"一词的由来。

在我们生活的许多方面，如贫富不均，管理中的用人，青少年教育以及日常的社会交往等方面，都有"马太效应"的影子。

在社会交往中，"马太效应"的表现是，朋友多的人会借助频繁的交往得到更多的朋友；缺少朋友的人则会一直孤独下去。

如果"马太效应"发生在我们身上，我们该怎样对待呢？当我们处于负面的"马太效应"中时，不要自怨自艾地顺着"马太效应"发展下去，而是要逆转这个效应，要不信邪，把逆境当成磨炼自己的机会，无论怎样艰难的环境和条件，都要奋发图强，争取改变自己的环境，从而进入正面的"马太效应"。同时，利用正面的"马太效应"，使自己越来越向成功靠近。在人际交往中，正面的"马太效应"告诉我们，如果你懂得交友之道，朋友会越来越多的。而这正是我们走向成功的必备条件之一。

首因效应的应用

"首因"也可以说是第一印象，一般指人们初次交往接触时各自对交往对象的直觉观察和归因判断。人际交往中，首因效应对人们交往印象的形成起着决定性作用。

初次见面时，对方的表情、体态、仪表、服装、谈吐、礼节等形成了我们对对方的第一印象。现实生活中，首因效应作用下形成的第一印象常常左右着我们对他人日后的看法。因为第一印象一旦形成，就不容易改变。初次印象是长期交往的基础，是取信于人的出发点。因此，我们在人际交往中应该注意留给他人好的第一印象。

◇ 如何利用首因效应 ◇

　　首因效应在心理学中的意思是：无论第一印象是正确的还是错误的，大部分人都依赖于第一印象的信息，而且会影响日后的决定。

1.面带微笑

　　微笑是无国界的肢体语言，不仅便于理解，还能给交谈者留下热情、善良、友好的印象。

2.穿着整洁

　　无论面对的是何人，都要使自己显得整洁，这有助于我们留下严谨自爱有修养的印象。

选这个吧，我记得她当时说了一个笑话，令人印象深刻。

3.加深印象

　　人的第一印象很短暂，所以尽量发挥聪明才智，争取在别人心中留下深刻印象，便于以后交往。

邻里效应的应用

"邻里效应"，说的是一个人的性格、品性与其周围的环境有很大关系。

社会感染对处于邻近空间中的人群起到一定的整合作用，人们相互之间靠感染达到情绪上的传递交流，使之逐渐一致起来，进而引起比较一致的行为。

但这不是说，在邻近的人群中就一定能发生正常的社会感染，产生良好的"邻里效应"。个体的理智水平高低，是决定是否受消极"社会感染"的重要因素。不过，我们也必须承认，即使在人类文明高度发展的今天，任何人仍然不能完全摆脱情不自禁受感染的现象。对一个头脑冷静、自制力强的人来说，即使在自我控制的注意有所分散、自我控制的意志有所放松时，也可能会发生感染。

所以，对蕴藏于"邻里效应"背后的社会感染机制，我们应当采取分析态度，既要善于强化良性"邻里效应"，为自己与邻里双方扮演社会角色服务，也要注意防止恶性"邻里效应"对自己和他人的影响。

定式效应的应用

定式效应也称心理定式效应。心理定式，是指人们在认知活动中用"老眼光"——已有的知识经验来看待当前事物的一种心理倾向。或许你听过这样一个故事：有一个农夫丢失了一把斧头，怀疑是邻居的儿子偷的。于是他观察邻居的儿子的言谈举止，没有一点不像偷斧头的贼。后来农夫在深山里找到了丢失的斧头，再看邻居的儿子，怎么也不像一个贼了。这个农夫就是受了心理定式效应的左右。

在人际交往中，定式效应常使人们对他人的认知固定化。比如，与老年人交往，我们往往会认为他们思想僵化、墨守成规、过时落伍；与年轻人交往，又会认为他们"嘴上无毛，办事不牢"；与男性交往，往往会觉得他们粗手粗脚、大大咧咧；与女性交往，则会觉得她们优柔寡断、没有魄力；与一向诚实的人交往，我们会觉得他始终不会说谎；碰到了曾经圆滑的人，我们定会倍加小心。知道了定式效应的负面影响，我们就应该注意克服，看待别人要与时俱进，要有"士别三日，当刮目相看"的精神。

互惠效应的应用

互惠原理认为，我们应该尽量以相同的方式报答他人为我们所做的一切。简单地说，就是对他人的某种行为，我们要以一种类似的行为去回报。如果人家给了我们某种好处，我们就应该以另一种好处来报答他人的恩惠，而不能对此无动于衷，更不能以怨报德。于是，我们身边这一最有效的影响力的武器，就被某些人利用来谋取利益了。

◇ 互惠效应的应用原理 ◇

互惠效应认为，一种行为应该用一种类似的行为来回报。通常在求人办事过程中，我们可以利用这一效应来解决问题。

1.施恩者主动给予恩惠

2.受恩者被动承受恩惠

施恩者通常在受恩者不知情的情况下主动施予恩惠。恩惠的内容、方式、时间的主动权均掌握在施恩者手里。

受恩者在得到恩惠之初通常会不知所措，因为这份恩惠并不一定是主动要求的，从而削弱了自己的选择能力。

3.受恩者尽快还恩于人

在受恩于人的心理重压下，受恩者想尽快摆脱负债感，通常就会在施恩者需要回报之时施以援手。

同样，如果我们接受了别人的恩惠却不打算回报，这样在社会群体中是极不受欢迎的，即使是能力不足也会招致反感。如果是蓄意破坏这一效应，更会引起厌恶。

任何人都不希望背后被同事或者朋友说成是小气鬼，一旦被朋友请了一次客，就要牢牢地记住对方请客用了多少钱，并努力争取尽快回请这个朋友，并计划支出相应的金额。这其实就是回报的心理作用。

权威效应的应用

所谓"权威效应"，是指如果一个人地位高，有威信、受人尊敬，那么他所说的话，所做的事容易引起别人的重视，并相信其正确性。这就是说，人们对权威的信任要远远超过对常人的信任。

不可否认，"权威效应"有它积极的一面，在日常生活中，积极、上进的"权威效应"是值得提倡的。如果权威人士给群众做出好的榜样，会有助于形成良好的社会风尚。而消极、颓废的"权威效应"则应该杜绝和制止。

作为普通人，我们应该明白，其实"权威"也是凡人，他们或多或少都会受到时代和自身条件的局限。如果我们不能认识到这一点，而总是跪倒在"权威"的面前，那么我们的社会就永远不会进步。

其实，如果用辩证法的观点来看，权威是相对的，只要我们足够努力、勤奋，我们也可以从非权威变成权威。所以，我们不能盲目地迷信权威。

◎ 让自己受欢迎的心理应对常识 ◎

做一个高情商的人

丹尼尔·戈尔曼说："成功是一个自我实现的过程，如果你控制了情绪，便控制了人生；认识了自我，就成功了一半。"

一个具有高情商的人，他受欢迎的程度往往更高，从而取得更大的成功。在今天这个凡事都离不开分工合作的时代，情商直接决定了一个人受欢迎的程度，情商高的人能够游刃有余地影响自己的下级、同事、上级、周围的人，成就自我。

西西里娅博士毕业于世界名校伦敦商学院，曾在巴林银行担任风险管理全球总管，她的成功与她的专业技术关系很小。她的顶头上司最欣赏的是她的情绪自控能力，"她很理智，有着极高的自我控制能力，她知道如何处理与各部门的人际关系。每当冲突出现时，她能客观地看待问题，把个人的情绪抛在事外。她积极乐观的态度，使我相信交给她的任何任务，我都可以放心地等待答案"。

像西西里娅这样的人，就是依靠高度的情商走向成功的。

利用语言影响他人

对于个人来讲，语言是影响他人的一个关键因素，每个人都可以利用语言去说服他人接受自己的意愿，这本身就是影响人的一个过程。

话说得体、有分量的人，处处受人欢迎，因为他们能够和许多不相识的人成为朋友，亦能使许多本来彼此毫不相干的人互相了解，建立深厚的感情。而且还能使一些悲观厌世的人摆脱那些不良心理，使他们更聪明、更快乐。

增加接触的频率

一般来说，人与人之间的熟识程度，是与交往次数直接相关的。交往次数越多，心理上的距离越近，越容易产生共同的经验，取得彼此了解和建立友谊，由此形成良好的人际关系。例如教师和学生、领导和秘书等，由于工作的需要，交往的次数多，所以较容易建立亲近的人际关系。相反，如果两个人没有一定的交往，"老死不相往来"，那么情感、友谊就无法建立。

其实，人与人之间的感情发展，就像银行业务中的存钱，平时一点儿一点儿地储蓄，到了几年之后就有一笔钱了。朋友、同事、亲人之间的关系同样需要维护和经营，平时互不来往，相当于不存钱；有事才想到找他们帮忙，相当于从存折中取钱，只取不存，存折迟早会空的。

所以，在人际交往中，我们要想得到别人的喜欢，让别人熟悉你，就要多走动，多联系。

当然，任何事物都是辩证的，不是绝对的，我们应该承认交往的次数和频率对吸引的作用，但是不能过分夸大其对交往的作用。俗话说：距离产生美，任何事情都存在一个度的问题。有些心理学家孤立地把研究重点放在交往的次数上，过分注重交往的形式，而忽略了人们之间交往的内容、交往的性质，这是不恰当的。实际上，交往次数和频率并不能给我们带来预想的结果，有时，反而会适得其反。

打造非凡的亲和力

有时候，我们初见到一个人，他身上散发出一种独特的力量，迫使我们不得不去喜欢他，那神秘的力量便是亲和力，我们就是被这种力量给影响了。

有些人却不了解这一点。对他们来说，说一声"你好"来跟别人打招呼，都显得是那么多此一举。

他们只会点头，或低哼一声，表示知道你在那里了。他们就是跟你打招呼，也是一副勉强的样子。这样要不了多少时间，别人也会以同样的态度来回应他的招呼。

◇如何打造亲和力◇

拥有亲和力，会对生活、工作产生积极的影响。那么，应该如何打造亲和力呢？

4S瞬间亲和力

四个S按照顺序分别是 see（看）、smile（微笑）、shake（握手）、say（说话）。

你好。　你好。

五步亲和力情绪同步法

第一步是身体语言同步，第二步是情绪同步，第三步是语调速度同步，第四步是语言文字同步，第五步是价值观信念同步。

李先生，我非常理解您的心情，但是，请您冷静下来，我们慢慢说，好吗？

背后不揭他人短

逢人不说他人过，谈话不揭他人短。揭人短遭人恨，补人台受人敬。背后揭人短，更让人咒骂。人无完人，金无足赤，看人还应多看对方的长处。刻意揭人之短，是一种恶劣的品行。无意之中揭人之短，也会造成不良的后果。善意补人之台，是一种优良的品行，是君子之举。每个人都喜欢炫耀自己的长处，都小心翼翼地掩盖自己的短处，决不喜欢别人张扬自己的短处。对于别人揭己之短的举动，哪怕是无意的，或者是善意的，往往也会采取断然地反击，而且这种反击是全力的、致命的。

在矛盾中能礼让

在人际交往中，发生矛盾是在所难免的，面对矛盾，如果一意孤行，不去想方设法解决矛盾，非要以自己的意见为准，必然会使矛盾激化。那些善于在交际中调节自己交际策略的人，必会千方百计使矛盾弱化。要弱化矛盾，办法并不难，其根本原则是礼让。我国是一个十分讲究礼让的国家，有与人交往礼让三分的优秀传统。一旦交际中发生了意见分歧或者矛盾冲突，只要一方能礼让，问题大多数能得到解决。能在矛盾冲突时及时做到礼让，不是一种畏缩退让，而是在特殊的交际环境中策略的调整。礼让，实际上是在矛盾冲突中寻找交叉点；有了这个交叉点，矛盾双方会因为都能接受使矛盾有所缓和。中国古代所谓的"中庸"之道，并不单是封建遗毒，实际是在教导人们在人际交往中要学会自我调节。如能中庸一些，必会以礼让为先。能礼让，即使有矛盾，也会因让步而化解。可见，礼让作为一种交际调节行为，在交际活动中的作用不可忽视。

诚恳待人，不虚伪做作

诚恳待人基本上可以归结为两个方面：诚恳地对待别人的优点和成绩，善意地对待别人的缺点和过失。

对别人的优点、长处和成绩，应该由衷地感到高兴并表示赞美。"良言一句三冬暖"，真诚的赞美是一种鼓励，是关心的具体表现，不仅可以使人的尊重需要得到满足，而且还可以进一步激发他的成就需要。赞美应该中肯，鼓励应该真诚，而不是言不由衷的阿谀奉承，也不是虚伪的应酬话。阿谀奉承和虚伪的应酬话都会损伤正常的人际关系。诚然，社会上有一些人喜欢别人的阿谀奉承，但大多数人都能辨别出别人话中的诚意，只有中肯的赞美和真心的鼓励，才能加深双方的感情。

善意地指出别人的不足之处，是诚恳待人的另一方面。

常言道"忠言逆耳"，批评本来是逆耳，如果不善意不真诚，那就会变成恶语伤人，使人难于接受。在批评别人的时候，要把握两条：一要实事求是，二要注意方式方法。要做到实事求是，就要了解当事人的处境和造成错误的原因，否则，就会使当事者感到委屈，而难于接受。人非圣贤，孰能无过。犯错误是难免的，多数人犯的错误，是由于不得已而酿成，或者由于客观原因而不得不这样做。因此，在批评时，首先应了解当事人的态度和造成错误的原因。等到整个情况都弄得一清二楚的时候，我们也许就会发现，当事者的全部行动过程中，并不是一无是处。其中有许多具体的做法，可能是对的。如果单根据其表面现象指责一通，就会伤害被批评者的自尊心，助长其防卫倾向。那么，即使我们的话是对的，他也会充耳不闻。

◇待人诚恳才能收获真诚◇

你待人以善意，别人以善意相报；你待人以诚恳，别人以真情回馈，这一点体现在社会生活的方方面面，究竟怎样才能做到待人诚恳呢？

保持和善的态度，认真聆听对方的话

认真聆听，不仅是对自己，更是对对方的尊重。认真聆听，并及时回应，对方感受到你的诚意，从而将你当成真心的朋友。

大度包容力

设身处地地为对方考虑，不斤斤计较，谅解对方的小过错，对方自然能体会到来自于你的关心。

及时地指出对方的缺点

在人际交往中，及时指出对方缺点并督促改正，促进对方的自我完善，也是一种表达自身真诚的方式。

助人为乐，但要坚持原则

"一个篱笆三个桩，一个好汉三个帮。"人是需要帮助的，特别是在困难的时候更需要帮助。患难之中见真情，如果在朋友困难的时候袖手旁观，那还有什么友情？

帮助别人，有时要牺牲一些自己的利益，请不要吝啬，那是友谊的代价。我们的朋友对我们的帮助，应当铭记在心。投之以桃，报之以李，历来如此。当然，我们给别人的帮助，绝不应该以期望他的回报为前提。我们应该记住别人给我们的恩惠，而要遗忘自己给予别人的帮助。

也许，我们的朋友会提出一些使我们进退维谷的难题，这时你应当先将事情弄清楚，如果他的要求是合理的、正当的，那就应尽力而为。如果实在无法可想，帮助他又会违背原则，有损于他人，则可以婉言相劝，以取得他的谅解。在不得已时，"恕难从命"也是需要的。拒绝别人的要求，有一点应该注意，这就是千万不要强调自己的道德或行为标准，标榜自己公正无私、清高、坚持原则的品质，这会使对方感到难堪，甚至会觉得下不了台。要说明不能满足他的愿望即可。必要时，可以用诚恳的态度指出无益于对方或只有损于他人的情况。

保持本身人格的完整

每个人都有其独特的个性，有其特有的行为模式，这是健全的人格特征之一。与人相处，固然要尊重别人、谅解别人，要比较随和，但尊重、谅解不等于无原则的迁就。无原则的迁就，不会得到别人的信任和尊敬，当然也无法让人欢迎你。

一个人要获得别人的尊重，必须首先要自己尊重自己。自尊和尊重别人是统一的，尊重他人，是尊重他崇高的美德，尊重他对社会的贡献，是为了向他学习，而不是向他叩首礼拜。因此尊重别人不能降低自己的人格。

维持自己人格的独立和完整，是自尊的表现。一个人如果没有独立的人格，那无异于行尸走肉。

保持人格的独立，就不能人云亦云，遇事要独立思考，要有主见。独立思考既是人的权利，又是个性的优良品质。善于独立思考的人，对别人的意见既不盲从，也不一概排斥，而是择善者而从之。迷信、盲从是自己不要权利，自己降低自己的人格。不考虑别人的意见是盲目自信。周恩来总理有一段话，很值得我们参考："我建议改革戏曲的同志们，你们对旁人提的意见，听一半，不听一半。好像我们年纪大的对医生的意见，就是听一半，不听一半。如果你要全听的话，这也危险，那也危险，紧张得不得了。这样，没有病也会有病的。"

◇讲究沟通禁忌◇

跟别人沟通时，想要把话讲好，讲贴切，讲得入境而达到一定的目的，就必须注意一些事项：

多和别人沟通

让别人喜欢你依赖于相互了解。意见沟通，是达到相互了解的途径。我们应该利用工作、学习之余，多和别人沟通（当然，有关工作问题，还可在工作时间进行讨论），以求得彼此的了解。工作之余的交谈，不一定要局限于学习、工作问题。可以海阔天空无所不谈。一般谈论，也是各人表达其态度的机会。"闲谈不超过三分钟"的见解未必正确，因为"闲谈"不仅能使我们获得各方面的社会信息，增长我们的社会知识，而且是了解他人增进人际吸引的途径。像俞伯牙、钟子期那样，一次交谈就成知音，古代不多，今天也是罕见的。 良好的人际关系，不仅可以增进个人的幸福和进步，而且有利于集体的团结和目标的实现。因此，我们应该努力去建立良好的人际关系，种瓜得瓜，种豆得豆。爱人者人恒爱之。只要我们用善意和诚挚去浇灌，必将会获得鲜艳娇美的人际吸引之花。

得意不忘形

常言道："人狂没好事，狗狂挨砖头。"生活中的得志者，最易得意忘形，或口出狂言，或行为倨傲，或目中无人，或自以为是。人在得意之时，也正是人们目光集中之日。这集中的，多是挑剔的目光。这时，要想改善人际关系，便应当多些自控，少些得意忘形。得意忘形，也许自我感觉良好，但你的自我陶醉会使众人心理不平衡；多些自控，多认同大家的挑剔，用以平衡人们的心理，容易降低人们的失落感。如果没有这种自我省悟和自觉，得意忘形之日，便是失去群众之时。

有人被单位提拔，大家本来就心里不平衡，他却沉浸在喜悦之中不能自拔，且又有几分轻狂。本来他在单位人缘不错，但由于他得意忘形，失去了自控，自提拔后反倒成了孤家寡人。分析原因，是他在得意之时，没有通过自我反省来平衡人际关系，故而好事反而成了坏事。

不要强迫别人接受你的意见

很多人都是一副"天下第一聪明人"的样子，自己什么都是对的，别人都得听你的。其实有时候，我们很难用简单的是非曲直来衡量某一件事情。看问题的角度不一样，结果也就不一样。有人总是试图把自己的观点强加到别人身上，强迫别人接受自己的意见，结果却往往引起他人的不满。

所以，在与别人交往的过程中，我们一定要顾及对方的感受，以宽容为怀，即使他人的观点真的不正确，应该坚持与对方共同探讨下去，而不是自以为是地强迫别人接受你的意见。

◎ 建立良好人际关系的心理学常识 ◎

自爱自重是取得他人信赖的基础

人高贵在于自重，人卑贱在于自轻。一个人若能自重，才会赢得他人的尊重和信任。自己珍重自己的人，别人也会看重自己、信赖自己。自己作践自己的人，别人也会看轻自己，更谈不上信赖了。一个人连自己都不能珍重，却希望别人来尊重自己，这是不可能的。一个总是作践自己的人，并且又埋怨别人轻视自己，这只会是自作自受。不自重最严重的一种表现是贪求，一个人心里贪婪则必然缺少做人的骨气，谁会看重一个贪得无厌的人呢？廉洁的人，因为懂得自爱、自重，虽然生活清贫，但却能完全获得别人的尊敬和信赖，建立良好的人际关系。

不要做不懂装懂的人

在众人面前，我们要有低调的心态，要有谦卑的口气，要有踏实的作风，还要有诚实的品行，而不是无知地去显示和卖弄自己。对于确实不知道的东西，我们就要谦虚地、脸带微笑地表示不知道；对于只知一二的东西，最好的办法是沉默并倾听、学习。

如果什么都说知道，那么结果往往是什么都不知道而且很容易失去别人对你的信赖。

珍视别人的秘密

"我告诉你某某的秘密，但你千万别告诉别人。"生活中我们经常听到这种表述。总喜欢图嘴巴一时之快，到处宣扬别人秘密的人，结果是既惹恼了别人，又败坏了自己的名誉。不能严守秘密的人谈不上诚信，也谈不上事业的成功。别人出于信任，把其心中的秘密和盘托出，自己就应珍惜这种信任。

复述一下对方的意见

不论是打电话还是当面交谈，认真倾听至关重要。如果你不仅仅是随声附和，而是适时把对方说的内容归纳一下复述出来，交流的效果会更明显。这样既可以避免双方交流中出现的理解上的差异，又能使对方加深对你的印象，增强其对你的好感。

不要做语言的巨人，行动的矮子

爱说大话的人总是一事无成，越是豪言满怀，越是无法获得别人的信赖。肯踏踏实实做小事的人，才能做成大事。从小事开始，以大事结束，从大处着想，从小处做起，这是成功的必要步骤。一个不会做小事的人，也绝对做不出大事来。喜欢说大话而不行动的人，总是自己把别人对自己的信任一点点给破坏了，更别说取得什么大成就了。

善于解决冲突

尽管人人都期望朋友之间能够和睦相处，但有时往往事与愿违，朋友之间会发生一些令人不愉快的冲突。善于解决这些冲突会有效地防止人际关系的破裂。心理学家提出了能够有效地帮助人们控制和消除冲突的步骤：

（1）相信一切冲突都可以解决。

（2）客观地了解冲突的原因。

（3）具体地描述冲突。

（4）向别人请教自己的观念是否客观。

（5）提出可能的解决冲突的办法。

（6）评价这些办法，筛选出对双方都有益的最佳办法。

（7）尝试使用选择出的最佳方法。

（8）评估方法的执行效果，并适当加以修正。

有了矛盾不把话说绝

在与人发生矛盾时不说绝话，能体现一个人宽容大度的高尚品格。在正常情况下，人的度量大小是很难表现出来的。而当与别人发生了矛盾，使你难以容忍的时候，能否容人，就表现得一清二楚了。这时只有保持头脑清醒，坚持宽容的姿态，不把话说绝，才能避免两颗本已受伤的心再受到进一步的伤害。

在发生矛盾后，双方肯定谁心里都不痛快，很容易失态，口出恶言，把话说绝了。这样的痛快只能是一时的，受伤害的是双方长远的关系和自己的声誉。所以，即使有了再大的矛盾，我们也应该把握住一点，就是不把话说绝，给对方，也给自己一个台阶下。

有的人会说："发生矛盾，我就打算和他绝交了，把话说绝了又怎么样？"真是这样吗？要知道，暂时分手并不等于绝交。

友好分手还会为日后可能出现的和好埋下伏笔。有时朋友间分手绝交并非是彼此感情的彻底决裂，而是因一时误会造成的。如果大家采取友好分手的方式，不把

◇自我袒露要注意◇

自我袒露绝不等于毫无顾忌，这中间分寸感很重要。以下几点，有必要引起注意：

要随着交往的进行逐渐增加坦率的程度。

如果初次见面，便滔滔不绝地掏出自己的心里话，非但不能起到以心换心的作用，反而会使对方产生这么一种印象：没心没肺，有欠稳重，口无遮拦，不能信任。

要区别场合、对象。

在得奖发言时大谈心得体会，即便全是真实感受，也会使人觉得有自我炫耀之嫌，容易引起别人的反感。

不能以己之心强求他人。

因为自己快言快语就能强求他人也像你一样将心里话和盘托出，这是不公平的，这样做轻则导致困窘难堪，重则出现关系破裂，于己于人都不利。

　　在交往中，只有你恰到好处地捧出一个真实的"我"，才能换回许许多多的真实的"他"。恰到好处，是应该时刻铭记的四个字。

话说绝，那么，有朝一日误会解除了，很可能重归于好，使友谊的种子重新绽放出绚丽的花朵。

袒露自己要适当

一个从不自我暴露的人，很难与他人建立起密切的关系，而一个总是向别人谈论自己的人，也不会赢得友谊，甚至会招人厌烦，就像鲁迅小说中的祥林嫂那样总是喋喋不休地谈论自己的事情的人，刚开始可能会得到别人的认可，但时间长了就会遭到人们的厌烦。所以，在向别人袒露自己时要恰到好处，不可过多，也不能过少。

心理学家认为，理想的自我暴露是对少数亲密的朋友做较多的自我暴露，而对一般朋友和其他人做中等程度的暴露。而且，你也不一定要说你的秘密，在不太了解的人面前，我们可以交流一些生活中的并不私密的情感，既给人亲近之感，又不会让自己处于不安全的境地。

给别人一些特殊的对待

人都希望别人重视自己，待自己与众不同。因此，当你给别人一些异于常人的对待，稍多一点的好处，让他感觉到特殊的话语和行为时，都会引起对方的好感。比如情人眼里的一丝特殊的闪亮，话语中渗透的特别语调，都会令对方心旷神怡。

赢得别人好感的一个重要方法就是给人一些特殊的对待。这种特殊不在于实质的多少，只在于对方感觉你待他与众不同。

表现浓厚的人情味

多年前，王松只身一人去广州一家公司打工。元旦那天，王松独处一室，心中泛起阵阵酸楚。正在此时，他的BP机响了。回电话后，原来是公司的赵总，请王松到他家去过元旦。王松当时就非常感动，一个打工仔能受到经理如此的关心，他怎能不努力工作呢？事情虽小，却是充满了浓厚的人情味。人人都喜爱有人情味的人。人情味还表现在做人的灵活性上。规则是死的，但人是活的，大家都讨厌那些像铁板一块，过分拘泥于条条框框，而不知适当通融的领导。优秀的领导应善于将规则和人情恰当调和，很多问题当你从人情味的角度去考虑，就会得出不同的结论。

记住对方的生日

记住别人的生日，在他生日的那天，给他寄去一张生日贺卡，或送上一束鲜花，或是为他举办一次小型的生日宴会，其效果必定非常好。这种在别人情感上引起的震颤，是金钱所无法比拟的。

很多时候，情感是大多数人的软肋，是人最容易攻破的地方。只要感情投资运用得当，就会收到意想不到的效果。

拿捏好个人距离的范围

个人距离是人际间隔上稍有分寸感的距离，较少有直接的身体接触。个人距离的近范围为1.5～2.5英尺（46～76厘米）之间，正好能相互亲切握手，友好交谈。这是与熟人交往的空间。陌生人进入这个距离会构成对别人的侵犯。个人距离的远范围是2.5～4英尺（76～122厘米），任何朋友和熟人都可以自由地进入这个空间。不过，在通常情况下，较为融洽的熟人之间交往时保持的距离更靠近远范围的近距离（76厘米）一端，而陌生人之间谈话则更靠近远范围的远距离（122厘米）端。

人际交往中，亲密距离与个人距离通常都是在非正式社交情境中使用，在正式社交场合则使用社交距离。

以最快的速度消除彼此之间的误会

一个猎人在山林里打猎时拣到一只小狼，他把小狼抱回家，像养自己的孩子一样把小狼养大。猎人对小狼很满意，夜里就让它睡在自己的床边。有一天夜里，猎人睡得正香，却觉得被什么东西咬了一下，他睁开眼，正看见小狼眼露凶光，撕扯着自己的袖子，他大吃一惊，心想真是本性难移呀！他迅速地挣出袖子，从床边抽出斧头把小狼砍死了。这时，他突然闻到一股焦味，冲到门口一看，他呆住了，原来厨房着了火，小狼扯他的衣服，只是为了叫醒他，猎人的斧子一下子掉在了地上。

误会是一堵冰冷的墙，它隔开了彼此的感情交流；误会是一颗不定时炸弹，说不定什么时候就会把大家炸得人仰马翻。

一个小小的误会也常会制造出严重的后果，所以人与人之间产生误会时一定要以最快的速度想办法消除，不要等到无法挽回时再痛悔自责。

给人足够的私人空间

在生活中，不知你是否注意到这样一种现象：

在车站、公园供人休息的长凳上，通常坐两端的人多，一旦两端位置都有人占据，几乎很少有人会主动去坐中间的位置。

一个能坐4个人的一排长凳，先来的人会坐在凳子的正中，后来的人会坐在长凳的一边，而正中的人则会挪到长凳的另一端。于是，原本可以坐4人的长凳，2个人就"客满"。

　　坐公交车时，如果只有最后一排还有空位，走在前面的人坐在了中间，旁边还有两个座位时，后面的人多半会坐在两边靠窗户的座位上，而不会紧挨着前面的人坐下。

　　无论在拥挤的车厢还是电梯内，你都会在意他人与自己的距离。当别人过于接近你时，你会通过调整自己的位置来逃避这种接近的不快感；但是挤满了人无法改变时，你又会以对其他乘客漠不关心的态度来忍受心中的不快，看上去也会神态木然。

　　……

◇第一时间消除误会◇

误会一旦发生而没有及时消除，会给我们带来沉重的精神负担和无法摆脱的苦恼，甚至于造成无法估量的后果。因此，误会一旦发生必须及时消除，那应该怎样消除误会呢？

事情到底是怎么发生的？是不是哪里出错了……对了，一定是那里，她误会了。

1、查找误会发生的原因根源。

亲爱的，我回去以后前前后后仔细想了一遍，发现那是个误会呀……

原来是这样，好吧，原谅你了，吃吧。

2、以诚相待，寻找当事人主动委婉地说明情况。

所有的这种现象，都说明人与人之间需要保持一定的空间距离。任何一个人，都需要在自己的周围有一个自己把握的自我空间，它就像一个无形的气泡一样为自己"割据"了一定的领域。而当这个自我空间被人触犯，就会感到不舒服、不安全，甚至恼怒起来。所以，我们在与人交往时，一定要注意这点，不管是在空间上，还是在心理上，都要给人一定的空间距离，这样才能更好地与人相处。

常用"我们"这两个字

我们在听演讲时，对方说"我认为……"带给我们的感受，将远不如他采用"我们……"的说法，因为采用"我们"这种说法，可以让人产生团结意识。

每次见面都找对方的一个优点赞美

有一家商店生意非常兴隆，原因就在于他们店里的每一位店员，都不断地与购物的人聊天。他们除了会向客人打招呼之外，还不断地找客人的优点来夸赞。例如，他们会向一位太太表示"您这件洋装很漂亮"，然后向另一位太太表示"您的发型很好看"。

他们虽然不断地赞美别人，却是按每一位客人不同的个性，选择适当的赞美词。因此很自然地，在这些客人的潜意识中，就会产生到这家商店购物就可以受到赞美的心理，因而越来越喜欢到这家商店。

如果我们每次见面都被人夸赞，自然而然地会想再见到这位赞美我们的人，这是任何人都会有的心理。因此每次见面都找出对方的一个优点来赞美，可以很快地拉近彼此间的距离。

恪守信用才能使他人信服

在人与人的相处中，讲信用是非常重要的一个交往原则。在与他人交往中，如果一个人说真话不说假话、遵守诺言、实践诺言、言行一致、表里如一，周围的人就愿意与之进行正常的交往。

一个恪守承诺的人，才能赢得别人的信服，受到别人的欢迎赞颂，《中国青年报》曾连续报道过某大学思想政治工作的经验，其中讲了这样一个故事：

一天深夜，一位校党委副书记接到同学的电话，学生问："我们宿舍楼的厕所坏了，你们当领导的管不管？""管！"于是，他连夜找到校总务长，带领后勤人员赶到现场，疏通了厕所。第二天清晨，当同学们发现厕所畅通、楼道干干净净时，连连称赞校领导言而有信。

在人与人的交往中，讲究信用是非常重要的。如果不能做到这点，则会失去民心，受到别人的斥责和唾骂。

恪守信用是人际交往中，赢得别人信服的条件。然而处于复杂的社会中，有时守信并不一定会助我们成功，有时说谎反而会对自己有利，如果没有什么波折，甚至会被视为有能耐的人。由此看来，背信弃义在社会交往中似乎有它一定的价值，但这只不过是一种短期的社会行为。老舍先生曾说过："守信的人所以失败并非因守信而失败，而狡诈弃信的人所以成功，也并非因狡诈弃信而成功。"这是一句值得大家深思的话。孔子说过："久而不忘平生言。"的确，恪守承诺是我们立于这个社会的上上之策，是人与人相互交往中最高贵的情操，也是使他人能够信服于你的重要条件。

◇许诺要注意◇

许下诺言，然后遵守，才能赢得别人的尊重。恪守承诺固然重要，但许下诺言时更要注意：

做出承诺就要做到，即使他是个孩子，也不能哄骗！

我就是哄孩子，你还真杀呀！

不轻易许诺。轻易许诺的人，一定很少有守信的时候，这样不仅不会让自己赚取信誉，反而会让自己成为言而无信的人。

李总，想求您一件事……

小王呀，这件事不是我不帮你，而是它超出了我的能力范围呀。

许诺要根据自己的实际情况，不超出自己的实力、能力范围。因高估自己导致许诺无法兑现，同样招人反感。

逐步提高要求，更能达到预期的目的

曾有心理学家做过这样一个实验：

派两个大学生去访问加州郊区的家庭主妇。先派一个大学生先登门拜访了一组家庭主妇，请求她们帮一个小忙：在一个呼吁安全驾驶的请愿书上签名。这是一个社会公益事件，每年死在车轮底下的人不知道有多少！不就是签个字吗，太容易了。于是绝大部分家庭主妇都很合作地在请愿书上签了名，只有少数人以"我很忙"为借口拒绝了这个要求。

在两周之后，再派另一个大学生再次挨家挨户地去访问那些家庭主妇。不过，这次他除了拜访第一个大学生拜访过的家庭主妇之外，还要去拜访另外一组家庭主妇。与上一次的任务不同，这个大学生访问时还背着一个呼吁安全驾驶的大招牌，请求家庭主妇们把它竖立在她们各自的院子的草坪上。可是，这是个又大又笨的招牌，与周围的环境很不协调。按照一般的经验，这个有点过分的要求很可能被这些家庭主妇拒绝。毕竟，这个大学生与她们素昧平生，要求她们帮这么大的忙，真的有些难为她们。

实验结果是：第二组家庭主妇中，只有17%的人接受了该项要求，但是，第一组家庭主妇中，则有55%的人接受了这项要求，远远超过第二组。

对此，心理学家的解释是，人们都希望给别人留下前后一致的好印象。为了保证这种印象的一致性，人们有时会做一些理智上难以解释的事情。在上面的实验中，答应了第一个请求的家庭主妇表现出了乐于合作的特点。当她们面对第二个更大的请求时，为了保持自己在他人眼中乐于助人的形象，她们只能同意在自家院子里竖一块粗笨难看的招牌。

这个实验告诉我们，一个人一旦接受了他人的一个小要求之后，如果他人在此基础上再提出一个更高一点的要求，那么，这个人就倾向于接受更高的要求。这样逐步提高要求，就可以有效地达到预期的目的。这在心理学上，就是我们前面讲到的"进门槛效应"。

所以，在人际交往中，要想改变他人的行为，达到自己的目的，你就可以先提出一个较小的要求，一旦对方答应，再提出那个较大的要求，这样会很容易得到满足。

第六章

不可不知的与人相处的常识

◎ 与陌生人相处的常识 ◎

微笑是最好的沟通桥梁

微笑是没有国界的。不论在哪个场合，也不论那个场合有多少陌生人，只要你能发自内心地微笑，就能与他人架起一座沟通的桥梁。也许今天的陌生人就是明天的好朋友。

用幽默打破僵局

有了好的开端就是成功的一半。在与陌生人相处的过程中，一句恰到好处的话语能及时化解尴尬气氛，让双方不知不觉地撤除心防。比如说当碰上比你更羞怯，更不善言辞的人时，你可以开开玩笑，缓和一下气氛："我长得像大灰狼吗？奇怪，我天天照镜子，怎么从来没发现这一点？"只要你能用幽默打破僵局，对方就不会轻易拒绝你向他（她）伸出的友善之手。

找不到话题时，不妨坦白说明你的感受

例如你可能在晚餐会上对自己嘀咕："我太害羞，与这种聚会格格不入。"或是刚好相反，"你认为许多人讨厌这种聚会，但是我很喜欢"。

不管你怎么想，你要把你的感受向第一个似乎愿意洗耳恭听的人说出来。这个人可能就是你的知音。无论如何，坦白说出"我很害羞"或"我在这里一个人也不认识"，总比让自己显得拘谨、冷漠好得多。

最健谈的人就是勇于坦白的人。这还有一个好处，如果你能坦诚相见，对方也会无拘束地向你吐露心声。

不妨先做个倾听者

如果你确实觉得自己拙于言辞，在和人相处时，不妨先做一个友好的倾听者，让他们多说一点，而后可以适当地提出自己的疑问，一般对方都会很乐意为你解答的，然后，你就可以顺利地加入他们的话题了。

注意自己的谈吐与风度

与人相处要摆正自己的姿态，调整自己的策略，既不能狂傲放肆，也不能卑微拘谨。要把自己视为一个平常人，不偏不倚、不高不低，这样才能收到彼此共融的效果。

不可故作惊人，搬弄是非，到处讲别人的隐私。

运用语言技巧，规避隐私话题

与人相处，如被对方问及收入、年龄、职业、住址等你不想透露的隐私时，你可以运用某些语言技巧，来规避这些话题。例如，你可以避重就轻："我的收入是我们这个行业的一般水平，你所在的行业怎么样？"也可以避而不答："女士的年龄可是个秘密啊！"还可以反问对方："你看我像干哪一行的？"

但在有些时候，纯粹地规避问题是不太可行的，你必须既要表现出诚实的一面，又要有技巧地回答某些尖锐的问题。例如，在面试的过程中，对面试官的提问就要有针对性地进行回答。比如说，当面试官要你谈谈自己的弱点时，面对自己以前的失败，你可以将回答问题的重点放在自己发现问题、解决问题的方面，同时对于自己的失败要坦诚，但切忌过度渲染。这样可以给面试官留下一个诚恳、有能力，并且有自我完善能力的好印象。

与陌生人攀谈时要善于寻找话题

与陌生人攀谈时，要善于寻找话题。有人说："交谈中要学会没话找话的本领。"所谓"找话"就是"找话题"。写文章，有了个好题目，往往会文思泉涌，一挥而就；交谈，有了个好话题，就能使谈话融洽自如。

与陌生人相处时应避免的误区

在与陌生人交谈中，切忌提出一些只能让人回答"是"或"不是"的问题来。如果这样，就意味着你已经开始扼杀你们的谈话了。要给人能够展开话题的余地。而且，切忌说出太随便的话，否则很有可能会冒犯到你新认识的朋友，使得你之前所做的努力化为乌有。在交流的过程中，要对对方的话做出及时的反应，切忌总是说一些令自己"死机"的话，这样才可提升对方对你的好感。

◇如何与陌生人建立共同话题◇

素昧平生，初次见面，何来共同感兴趣的话题？寻找共同话题，主要有以下几种方式。

（1）观察环境。可以通过观察对方住处的装修和装饰品等推断主人的兴趣所在。

（2）利用媒介物来表露自我的心情，以此找出共同语言，缩短双方距离，交谈就会顺利进行。

（3）察言观色，了解对方关心的问题特别留神对方的眼神和小动作，了解对方近期内最关心的问题，掌握其心理。

与陌生人交谈时，尽量避免争论性话题

和陌生人谈话的开场白结束之后，特别要注意话题的选择。那些容易引起争论的话题，要尽量避免，为此当你选择某种话题时，要特别留心对方的眼神和小动作，一发现对方厌倦、冷淡的情绪时，应立即转换话题。

如遇到那种比你更羞怯的人，你更应该跟他先谈些无关紧要的事，让他心情放松，以激起他谈话的兴趣。

敷衍性的话，也可用在与陌生人的交往中

有人认为见面谈谈天气是无聊的事。其实，这要具体问题具体分析。如果一个人说："这几天的雨下得真好，否则田里的稻苗就旱死了。"而另一个则说："这几天的雨下得真糟，我们的旅行计划全给泡汤了。"你不是也可以从这两句话中分析两人的兴趣、性格吗？退一步说，光是敷衍性的话，在熟人中意义不大，但对与陌生人的交往还是有作用的。

◎ 与爱人相处的常识 ◎

信任：不给猜疑半点机会

夫妻之间最难得的是信任，而最要不得的是猜疑。建立一个幸福家庭需要两个人的共同努力，而毁了一个家庭却只需要一个人的猜疑。

电视剧《不要和陌生人说话》里面的男主角总对女主角疑神疑鬼，他把女主角看成了私人财产，严厉地干涉对方的社交活动和个人自由，最后使得原本很爱他的女主角装病逃跑，一个家庭破裂了。这个例子虽然比较极端，但也说明了一个问题：你的多疑会让对方产生逆反心理，进而厌倦你。当你自以为是地猜疑对方时，其实是在谋杀自己的婚姻。

生活中难免会遇到一些引人误解的事，这时两人应该相互信任，心平气和地把话说开，不要胡乱指责。被误解的一方也不要觉得受了委屈就不依不饶，你要理解爱人对你的感情——爱之深，责之切。用行动用语言向他（她）证明自己的清白，没有什么误会是解不开的。

关心：没有人能够拒绝

爱起源于关心，婚姻的保养更离不开关心。关心在婚姻生活中像阳光与水一样不可缺少，可以说，没有了关心，婚姻就会变得一片荒芜。

夫妻之间彼此都希望自己能在对方的心中占据最为重要的地位，关心的程度正好表现你对对方的重视程度。经常找时间打个电话给对方，关心地问候一句："工作辛苦吗？"又或者发短信给他："天气凉了，请加衣。"这些关心未必有实际用途，但起码能令对方暖在心头。

关心体现了你对另一半的牵挂，对另一半的关注重视。关心，有时仅仅是细微的一句话，就可以增进夫妻之间的感情。

包容：消除婚姻"斑点"的灵丹妙药

两个人能够结成夫妻是一种缘分，夫妻双方都应该珍惜，当初你接纳对方成为你的另一半时，就意味着接纳了她（他）的全部，包括优点和缺点。因为你接受了婚姻，也必须接纳对方的一切。在现实生活中，要想婚姻美满，你就必须强迫自己尽量忽略对方的缺点，发现对方的优点，用一颗包容的心对待对方，这样可以消除婚姻的"斑点"。柴米夫妻，食的是人间烟火，谁也不可能完美无缺，只要不是原则性的大问题，就不要求全责备。对方无意间带给你的小小伤害或不悦，打个哈哈就过去了。

分工：明确分工，切断矛盾的源头

在你家里，谁来付账？谁倒垃圾？谁洗碗？谁做财务决策？谁做饭？谁安排度假？谁给孩子换尿布？谁洗衣服？谁参加家长会？如果你们不商量这些事情，并且做出明确、一致的分工，它们可能会成为你家里制造不满，甚至矛盾的源头。

在夫妻之间，未经讨论的职责通常会落到我们所谓的"传统"角色上。但是，传统是什么？如果你生长在一个父亲管账的家庭，而你的配偶却生长在一个母亲管账的家庭，问题就可能变得非常棘手。如果夫妻双方都忙于工作，没有时间谈，而有些传统的角色却不再明确时，事情就会更加复杂。因此，你们必须交流，必须阐明你们的预期。你们有必要对谁做什么、什么时候做达成一个明确的共识。

掌握好争吵这门学问

夫妻在家庭生活中不论怎样进行心理调试，也难免有矛盾，如果处理得不好，矛盾就会激化，双方就会争吵。

在正常情况下，人和人的关系处于平衡的状态中，人的心理也处于平衡的状态

◇夫妻恩爱到老的秘诀◇

　　白头偕老是所有夫妻的初衷，也是婚姻生活最完美的结果。想要白头偕老，就必须掌握婚姻中的相处秘诀。

用尊重赢得信任

老实交代，刚才去哪了，跟谁在一块，有谁可以作证。

……一点都不信任我。

　　对爱人像贼一样严防死守，不仅不利于夫妻之间的和谐，反而使生活变得紧张有余而轻松不足。只有用尊重换取信任，夫妻才能和谐相处。

用坦诚换取理解

我弟弟装修房子呢，想让我们帮他一下，你说借给他5000块钱怎么样。

是不是有点少，至少10000元吧。那可是你弟弟啊，再说他也帮过我们不少。

　　只要夫妻坦诚相见，把自己的想法及时告诉对方，除非碰上不讲道理的爱人，对方一般都会给予理解和支持，把自己想做的事情做得更好。

用沟通化解分歧

老公，咱要在这房子里待下半辈子，你不会为了省20000块钱让我别扭下半辈子吧？

　　有的夫妻发生矛盾后要么打冷战，要么用拳头解决问题，夫妻不但吵没了感情，还打出了悲剧。夫妻之间应当通过沟通去化解矛盾，或者把可控的小打小闹变成夫妻感情的推进剂，这样，夫妻相伴才能偕老。

199

中。如果夫妻发生了争吵，这时，人的心理就处于一种失衡的状态。

卡耐基指出，推心置腹的争吵能使友情进一步巩固，从不争吵的伙伴心里最清楚，他们之间的关系是容易破裂的。只是为了维持关系，他们才会避免发生争吵。

但是，夫妻间应该怎样对待争吵呢？

首先，夫妻之间最好不要吵架，当一方发火的时候，另一方不要针尖对麦芒，以牙还牙。在没有吵起来的时候，恢复友好气氛也容易。如果吵起来，就可能弄得不可收拾。

但是，如果不幸吵架爆发了，吵过以后，要若无其事，在家里该怎么讲话就怎么讲、该干什么还是干什么。这时，千万不要互不理睬。如果吵架以后仍若无其事，那么心理平衡就会很快恢复。如果互不理睬，那么丧失心理平衡的时间会延续得比较长。

其次，要把"善意"争吵与"恶意"争吵区别开来。恶意的争吵就像在泥潭中的格斗，引起争吵的问题往往被搁置在一旁，争吵的人只是为了争吵而争吵；善意的争吵是围绕着问题的焦点，遵循着一定的规则把话讲出来。下面是几条提示，它们被证明在争吵过程中是很值得遵循的：

（1）不要给对方造成心灵上的创伤。每一个人心理上都有一条防线，对别人的攻击是不能超越这一防线的，否则就会使矛盾激化。

（2）应该把自己的缺点找出来，同时尊重别人。

（3）每一次争吵都应有一个目标，也就是说要解决特定的问题。一切都应围绕着这一目标进行。在争吵中即使达不到统一，也一定要阐明各自的观点。

（4）为陈年老账争吵是没有丝毫意义的。善意争吵的起因永远是现实问题，是此时、此地发生的问题。

倾听比说更重要

在沟通时，许多人往往着急表达自己的意见，而忽视了别人，使沟通效果大打折扣。倾听是指站在对方的立场上，用心去了解对方所表达的意思。不只包含听到对方说什么，还要体会到对方话语里蕴含的意义，注意其手势、表情、声调、身体语言，然后对于所听到、观察到的，给予适当而简短的反应，例如"原来如此……""是……"以及点头，让对方知道你在听，也会让对方感受到被尊重。

倾听有以下几种态度：

（1）专注、不批评。未经对方请求所给予的建议都有可能被视为批评。

（2）不管是他或她在说话都要全神贯注。常常另一半跟我们说话时，我们不是想着下面要说些什么，就是把注意力放在别的事上，比如准备晚餐或是看电视。

（3）用感情聆听，而不要论断。伴侣所说的话只不过是很单纯说出心中的感受，这些感受对你来说都是很宝贵的信息。不要说："你不能这么想！"相反地，反问他："这不是你的感受，我说对了吗？"

（4）不要打断对方说话，早晚会轮到你发言。嘴巴闭上时，话语听得最明白。

不要强迫对方接受你的想法

如果有人总是强迫你接受他的看法，企图说服你跟他想法一致，这样的谈话，很少不让人感到讨厌。这个人显然不尊重你做决定的权利。如果你要另一半了解你的感受，自然得设法向对方表达，但是在诉说自己感受的同时，并不表示另一半必须放弃他对事物的看法或价值观。

千万不要强迫对方接受你的想法，如果无法找到彼此都同意的论点，不妨学着去尊重对方的看法，并尝试对他产生这种观点的背景做一番整体性的了解。这样相互尊重的结果，你反而更有机会表达你的立场。

坦然面对婚后感情淡化问题

步入婚姻这座"围城"之后，夫妻之间往往不如恋人之间那样相互亲热和富有吸引力了，双方都感到彼此的感悟比婚前淡化了许多。有人说婚姻是爱情的坟墓，就是对这种现象的夸大。

所以，在感情出现淡化的情况下，夫妻双方要积极调整心态，坦然接受这一现实，然后寻求其他的方式发展感情。

夫妻相互的容忍，是保持心理平衡不可缺少的因素。夫妻间最忌讳的是两个人都大声说话，只要多顾忌对方的想法，就不会闹得不可开交。就好像"情侣"的"侣"，这个字有两个口，但两个口是不一样大的，也就是一个"大口"，一个"小口"，这告诉我们，夫妻或情侣间当有一方大声讲话时，另一方就要小声一点儿。如果两个人都一样大声，恶语相向，最后演变成"言语暴力"，很容易就会出现大问题，到了后来，很可能一发不可收拾。

因此，夫妻双方就像坐在跷跷板的两端一样，各自都必须不断调整自己的位置，否则就无法达到稳定的关系。婚姻破裂的最主要因素，不是夫妻间的差异，而是无法适当地处理这些差异。所以，唯有相互的容忍和适应，才能让夫妻双方的心理保持平衡，从而拥有一份幸福美满的婚姻。

温柔地回报他（她）的爱

研究证实，夫妻之间存在着一种"镜子效应"：丈夫对妻子笑，他便会从妻子脸上看到满足和幸福；反之，妻子对丈夫也是一样的。要知道，男性和女性在心理上都有很脆弱的一面，婚姻像个细瓷碗，要轻拿轻放；婚姻是棵缓慢生长的珍贵植物，需要耐心地浇灌施肥，不要让它经历太多的酷暑严寒。

◇爱情保鲜——让婚后感情升温◇

很多婚姻生活易被各种各样的琐事压垮，夫妻感情也随之越来越淡，那么，怎么给变淡的感情升温呢？

给爱人留些空间，双方各有自己的朋友和嗜好，才能有更多的话题。适当的小别，也能增加夫妻间的新鲜感。

为己容，为悦己者容。结婚之后，更要注意修饰，决不能把对家庭的奉献与牺牲，视为自己唯一的人生意义和义务，忽略了更丰富的生活追求。

多一些幽默感，家庭中的幽默，可以减轻心理上的压力，尤其是夫妻生活中的幽默语言，常常能激起感情上的浪花。

小王体谅到妻子做家事的繁杂与无聊，对妻子说，每个星期六下午放妻子四小时假，由小王来看小孩，而妻子可以在这四小时当中逛街、美容、看书、探望同学朋友，做任何她高兴做的事情。

小王的做法无疑是聪明的，他不仅不认为女人必须做永远做不完的家务事，他更体会到让妻子高兴也就是使自己快乐的最好方法。妻子有了每周四小时的自由时间来调剂，平时家事做得更顺心与尽力，对丈夫的体贴更是满怀感激与爱意。家庭并没有因放假而大乱，反而更有效率、更有气氛。更重要的是，夫妻之间的一个主动关怀，才是彼此为对方着想的绝佳状况，这种婚姻才能长久。

付出了真切的爱，却没有相应的回报，是最令婚姻中夫妻感到心理不平衡的事情。无论丈夫还是妻子，在付出时都渴望"镜子效应"的实现，当你的另一半对你表现出爱意时，切记一定要在尽可能短的时间内，也去温柔地回报他（她），哪怕只是一句暖人心肺的话。

◎ 与家庭成员相处的常识 ◎

父母应给予孩子尊重与理解

父母与孩子，作为不同的个体，最基本的就是平等，这样才能沟通。所以父母应放下自己的架子，把孩子当成一个大人，当成一个朋友，而不是把他们当成永远长不大、永远不懂事的小不点儿。父母应做到和孩子平等地讨论问题，让孩子有发言的机会，尊重孩子的想法，营造比较民主的家庭气氛，以缓和大人与孩子的紧张关系。

在日常生活中，父母可试着抽时间与孩子聊聊天，耐心地倾听孩子的讲述，听取他的意见和建议，理解他的情绪，给他自主决策的机会。这样，孩子也就容易敞开自己的心扉，对父母讲自己的心里话。渐渐地，那条横在父母与子女之间的代沟便会日益缩小。

对孩子的"爱"需要讲究方法

每个做父母的都希望自己的"儿子成龙，女儿成凤"，他们给孩子倾注了全身心的爱，事无巨细都替孩子着想，恨不得一切包办代替，就像有的母亲所说："我一颗心都扑在孩子身上，可以说现在所做的一切都是为了孩子；只要孩子将来有出息，再苦再累我都愿意。"可是，做父母的不知道，有时太多的爱，对子女来说是一种负担，它会压得孩子透不过气来。而孩子为了甩掉这份爱，就可能对父母无缘无故地发脾气，或尽量躲避父母所给予的爱。而且，这种毫无节制的爱，也是对孩子成长空间的一种限制，将明显地扼杀孩子独立个性的发展。一句话，爱也会使孩子窒息。

因此，"爱"是需要讲究方法的。要做到理智地爱，最关键的是要尊重孩子，给孩子独立的空间，在关爱中引导孩子成长。这样也有助于缩小与孩子之间的距离。

有位母亲表现了一种现代父母对孩子的新认识与更博大的爱，她这样说："非常高兴今天我们能有这样一个交流的好机会。其实，孩子，妈妈很愿意成为你的朋友，你可以去闯自己的世界，妈妈不反对，困了、累了到家里歇歇，受伤的时候随时都可以回来，请相信无论你犯了什么错误，妈妈都一如既往地爱你，家永远是你的避风港，妈妈永远是最爱你的人。"

如果每一位父母都能以这样的胸怀来对待孩子、来爱孩子，孩子的逆反心理以及两代人之间的代沟冲突还会存在吗？

在婆婆面前演点"肉麻戏"

这并不是说要你和丈夫在婆婆面前表现得过分亲昵，而恰恰相反，这可是为人媳妇最应忌讳的一点！这里所说的"肉麻戏"，乃是指在婆婆面前你要表现出你对丈夫的疼爱与照顾。比如，如果你们没和婆婆住在一起，你就可以与丈夫在婆婆面前合演一些戏，让你的婆婆知道，你对她的宝贝儿子可是呕心沥血的，什么好吃的、好用的，你都不跟他抢；什么家里家外的事，你都抢着做。此时，肉麻一点、夸张一点儿都不要紧。重要的是，要让婆婆的心理得到满足，要知道，当妈妈的都偏心眼，就是看你怎么歪打正着啦！

一旦婆婆满意了你的这一点，她就会马上心疼你的营养不良、辛苦劳累，巧克力会成打地给你买，家务会大力地帮你做。终有一天，婆婆会把你拉到一旁说："你啊，不要把他宠坏了，让他自己动动手吧！"她嘴上虽然如此说，心里却是甜丝丝的，肯定是对你满意至极。

永远与婆婆同一战壕作战

一般来讲，婆婆很容易把媳妇看成"编外人员"，而心生隔膜，所以为了使婆婆早日接纳你，你必须要"更高、更快、更强"地灌输给婆婆一些"迷魂汤"，全方位地使她感受到你甚至比她亲儿子还要向着她。这是婆媳相处的重要一招，百试不爽！

◇婆媳相处之忌◇

婆媳相处不好，除了婆婆可能存在的问题之外，媳妇对婆婆的态度也是关键因素。作为媳妇，对待婆婆不要：

不要跟婆婆争老公，不要在婆婆面前逞强，更不要在婆婆面前使唤老公。

与老公有关的事情，要经常跟婆婆商量，让她感受到你对她儿子的关爱。

不要忽视孩子的作用，不要在婆婆面前说"我儿子／女儿……"，而应说成"您孙子／孙女……"。

做媳妇的不妨大度一点

在旧社会，"多年的媳妇熬成婆"，媳妇受尽了婆婆的欺负，可现在不同了，你又年轻又独立，她那宝贝儿子好不容易把你追到手，在他心目中你的地位可是如日中天。相比起来，婆婆却正好相反，所以她才会把你视作"竞争者"，潜意识里会对抗你的"入侵"。而这些，正是她心虚、敏感的表现，由此，她才会和你斤斤计较，不肯示弱。

此时，你不妨照顾一下婆婆的不良情绪，遇到一些明明是婆婆做得不好的事情时，你尽可以大度一下，低下你高昂的头颅，表现出你已经服输，等到婆婆心气顺了，想必她也不会真的和你没完没了。

妯娌相处，重在彼此尊重和理解

也许有人会想，既然都是一家人了，觉得没有必要像在人前那样，装出一副彬彬有礼的样子，其实这种想法是不对的。人，不管什么时候都应该讲礼貌，讲礼貌并不是装出来给别人看的。那种都是一家人，有没有礼貌都无所谓的想法无疑会让人与人之间的关系恶化，尤其对于妯娌来说，是更应该讲礼貌的。大家生活在一个礼貌谦让的家庭中，如果能够站在自己丈夫的立场上，多替他们兄弟们想一想，彼此给予理解和尊重，注意彼此间感情的交流，好的家庭关系是很容易建立起来的。

妯娌相处，要多交流多沟通

由于妯娌是从各个不同的家庭走到一起的，双方都没有什么了解，因而，彼此间经常的感情交流、心灵沟通，对于增进了解和加深感情是很必要的。发生了什么事情，大家坐在一起，互相商量解决办法，这样才是最好的相处方式。切记不可自作主张、自以为是，那样会让人觉得你目中无人，反而会更加深彼此间的矛盾。凡事和她商量，会让对方觉得你很重视她，无形中，你们的距离就拉近了许多。

妯娌相处，要彼此真诚相待

由于妯娌是来自各个不同的家庭，生活的环境和生活习惯，所受过的教育、爱好、情趣等都会有很多的不同，这些都是产生矛盾的原因。完全不同的人，突然间生活在一起，发生一点儿小摩擦、小矛盾都是在所难免的。矛盾一旦发生，最好的办法就是双方都能敞开胸怀，谅解对方，以求和解。

◇妯娌相处要知道◇

妯娌，相处好了是妯娌，不好那就是仇人，所以学习妯娌如何相处大有裨益。

> 这回咱妈的医药费应该你出！

> 我得回去跟我媳妇商量一下。

遇见家庭事务最好让丈夫出面处理，他们毕竟是亲兄弟，或多或少都不会那么较真，即使有什么难以处理的事，还可以回去同妻子商量商量，不至于当面闹个大红脸。

对于妯娌要摆正认识，毕竟两个人毫无血缘关系，想当然的想像亲姐妹一样，结果往往只会适得其反。

> 我把嫂子当作亲姐姐，她逛超市却老是让我结帐，妯娌之间果然是……

> 你在婆婆面前说我什么了，我告诉你，有什么你可以直接跟我说……

妯娌之间千万不要对外人说对方的坏话，尤其是对婆婆更不要讲，要知道没有不透风的墙，万一传到对方耳朵里，就会引起对方对你的不满，破坏妯娌关系，但可以给丈夫说说。

姒娌间的相处，应该胜过亲姐妹，不要计较别人的闲言碎语，更不能要求在什么方面都一律平等，相互间要真诚相待，不能为了一点儿小事，就到处搬弄是非，挑起矛盾，或是去找来自己的亲人朋友帮忙，为了自己的一点儿私利就挑起事端，来破坏整个家庭的生活。

对嫂嫂宽容大度，以礼相待

小姑子自幼生长在这个家庭，对家庭的生活模式是适应的，她的性格和习惯一般都能为家庭的其他成员所理解和谅解。因此，相对于嫂嫂来说，小姑子是生活在一个熟悉、友善的家庭中；而嫂嫂却不同，她是家庭中的新人，其他成员同她既没有血缘联系，又对她的性格和思想没有深入的了解，她自己也对婆家的生活模式在短时期内无法适应，因此，相对于小姑子来说，嫂嫂是生活在一个陌生的家庭。正因为如此，做小姑子的就应该理解嫂嫂的处境和心境，不仅要以礼相待，而且要对嫂嫂的缺点和过失采取宽容的态度，并热心帮助嫂嫂熟悉适应婆家的生活，并尽力让家中的其他成员了解嫂嫂，也让嫂嫂了解家庭中的其他成员。

第七章
不可不知的宴请常识

◎ 宴请规则常识 ◎

宴请重在满足客人的需求

大多数情况下，正式宴请的具体时间遵从民俗惯例。比如在国内外举办正式宴会，通常都要安排在晚上进行。因工作交往而安排工作餐，大都选择在午间进行。而在广东、海南、港澳地区，亲朋好友聚餐，则多爱选择饮早茶。

宴请时主人不仅要从自己的客观条件出发，更要讲究主随客便，要优先考虑被邀请者，特别是主宾的实际情况，不要对这一点不闻不问。如果可能，应该先和主宾协商一下，力求双方方便。至少，也要尽可能提供几种时间上的选择，以显示自己的诚意。

宴请是针对所请之人进行的，因此要千方百计地满足客人的需求，宴请的地点和时机应尽可能让客人感到方便。主人可在宴请前征求客人的意见，以便充分准备。

参加宴会有哪些礼仪

赴宴礼仪是现代人交际过程中需要经常面对的问题。参加一个宴会，最重要的不是吃，而是体现你修养与内涵。

（1）适度修饰：外出赴宴或聚餐时，应适度地进行个人修饰。总的要求是：整洁、优雅、个性化。一般而言，男士可穿套装，并剃须。女士则应穿时装或旗袍，并化淡妆。倘若不加任何修饰，甚至仪容不洁、着装不雅，则会被视为不尊重主人，不重视此次聚餐或宴请。

（2）准时到场：应邀赴宴，或参加聚餐时，一定要准点抵达现场。抵达过早或过晚，均为失礼。早到的话，主人往往还未做好准备，因而措手不及。晚到的话，则会令他人望眼欲穿，甚至打乱整个原定的计划。

（3）各就各位：在一些正式的用餐活动中，一定要按照指定的桌次、位次就座。倘无明确排定，亦应遵从主人安排，或与其他人彼此谦让。

（4）认真交际：大凡宴请或聚餐，其主要目的是交际，而不仅仅是为了大饱口福。所以在用餐前后，尤其是用餐前稍事等候时，不要忘记尽可能地进行适当的交际活动。假若一言不发，就会显得与其他人完全格格不入。

（5）开始宴会前，主人与主宾大都要先后致辞：当他们致辞时，务必要洗耳恭听、专心致志。如果此刻开吃、闭目养神、与人交谈，或是打打闹闹，都是不对的。

根据被宴请的对象和事由，选择宴请地点

根据主人意愿、邀请的对象、活动性质、规模大小及形式、商谈的内容等因素，选择宴请的地点。一场宴会，你所宴请的对象可能不止一两个，因此要在尽量满足大多数赴宴者的客观要求的同时，侧重迎合其中少数特殊人物的心理要求。当主宾的地位、身份、影响高于主人时，以主宾为主；当主宾的身份、地位低于主人时，则要以主人为主。

◇宴请地点巧选择◇

宴请是一个系统工程，更是一门行为艺术，每个环节都马虎不得。硬件齐了，"软件"——具体的流程操作也要一丝不苟。

看来，是不能去海鲜店了，可以去……

我不能吃海鲜。

询问你的客人是否有某些饮食方面的偏好，确保你选择的饭店符合客人的口味。

选第一个吧，这个大家都去过，很满意。

选择大家都喜欢的地点就餐，让聚会中的每个人都有宾至如归的感觉是很重要的。

亲爱的，这家店咱们还没有吃过，这回尝试一下。"

对熟人（包括家人、朋友等），可以请去以前没去过的饭店尝尝鲜、探探路等；而请不熟悉的和重要的客人则要求对整个点菜服务质量等了然于胸，最好去熟悉的饭店。

宴请异性朋友，以礼为先

宴请异性朋友，尤其是男士宴请女士时，要特别注意礼仪，这样不仅表现了你对对方的尊重，还体现了你的涵养。

与女性约会共餐时，要注意遵守约定的时间。如果让女性在公共场合等5～10分钟还勉强可以接受。超过这个时间的话，就是没有礼貌。这时候应打电话事先告知，以免影响对方的情绪。

男性在女性来到餐桌边时要站立，即使在混杂的餐厅，也要稍稍提起上身，直到女士入席或者邀请她坐下为止。在女性离开桌子时，男性也要站起来。

与异性朋友进餐还要注意以下几点：

（1）不要拿女人的事当话题，也不要在他人面前表现出怀疑其道德。

（2）应避免接触女性的身体。

（3）不要谈让女性尴尬的话题。

（4）要用比平常音量稍大的音量和女士说话，不要过于亲昵地说话，也不要越过大厅，大声呼叫女士的名字。

（5）在洽谈业务的场合中，可由女性付款；而邀请女性参加社交餐会时，全部费用应由男性负担。

（6）如果女性邀请男同事去酒吧喝酒，或者去餐厅吃饭，则应该由女方付账。即使这位女性是位刚从学校毕业、初出茅庐的年轻人，而她邀请的同事很有钱，也不应改变这条规则：谁邀请对方，谁就该付账。

（7）第一次约会如果是由女方提出邀请的话，谨记一切支出费用都应由女方支付，包括晚餐、门票、停车费、交通费等，至于以后的约会费用该如何分担，就由自己去斟酌了。

对待未来客户要讲究舒适

如果是对待未来客户，那么一定要讲究舒适。未来客户是生意场上的潜在客户，他们可能今天还不是你的财富来源，但是明天很有可能让你赚到钱。对于潜在客户来说，接触、交往和交流显得更为重要。比如通过商务宴请，让双方放下戒备，敞开心扉。所以，定期宴请未来客户可能是最好的选择。

对于未来客户，尤其是不了解他对你将会有多大价值时，你可能不大愿意为宴请而抛重金，如对待重要客户一样讲究档次和排场。但是，在宴请的安排上也要真诚相待，档次不能过低，或者为了节约而选择环境差、卫生标准低、交通不便的场所。所选餐厅的位置最好有利于客户出行，不太好找的地点最好就不要去了。对于菜品，可以不太贵，但应力求做到新鲜和独特，比如尝试一下新开的风味餐馆，品尝新推出的菜品，都是经济实惠的选择。

◇宴请应酬，因客而异◇

宴请客人时，因对方的身份、地位不同，你做事的方法也应有异。

宴请领导，以敬为先。宴请领导不同于宴请一般朋友，不得马虎丝毫；否则，宴请不当，往往会适得其反，给领导留下不好的印象，甚至还会导致自己日后升职无望。

宴请同事，以便利为先。一般邀请同事进餐比较随便，不必过于正式，开开玩笑，聊聊家常，哪怕是打打闹闹，都是可以的。

宴请下级，以情为先。请下级吃饭要以情动之，不断积累人脉，以备后用。

对待老客户要讲究情绪的渲染

一般来讲，跟老客户吃饭没有那么多的讲究，选择中档餐厅就可以了，但务必要口味地道、环境卫生。同时，毕竟是生意上的合作伙伴，所以，在宴请上仍然要让对方感受到你的诚意。如果双方关系足够亲密，不妨邀请他到自己家中吃"家宴"，经济实惠，环境也肯定比餐厅要自由放松得多。对于双方来说，"家宴"更能加深了解和友谊，是简单却绝好的选择。

女人应在适当的时候为自己买单

女士不要认为男人买单是天经地义，不要在吃完饭后心安理得地等男人付账。处于情感世界中的男女双方，买单时更需要一种默契。有时候是男士付账，体现出一种大度、一种关心；有时候是女士解囊，巾帼不让须眉，表达了一种体贴、一种追求男女平等的自信。当女人为自己买单的时候，这种感觉一定会好过让任何一位男士为你买单。

如今的女人已经愈来愈有能力为自己买单，并且能够为男人买单。但是女人在与男人的相处当中，仍然还是会很在乎买单时男人的表现，并非是每个女人都想花男人的钱，只是让人觉得，这当口比较容易看出这个男人是不是有实力、是不是有风度、是不是善解人意。虽然金钱不是爱情的杠杆，但男人肯不肯在你身上花钱，绝对可以掂量出他爱你究竟有多少。反过来，在买单时，男人也很可以打量一下女人，看看她有多善良厚道、有多少分寸尺度、有多善解人意。

总之，不管怎样，女人都应该将心比心，在适当的时候为自己买单，因为没有哪一个男人永远愿意心甘情愿为你买单，因为这样你才会赢得更多的尊重，获取更多的机会。

遵循谁请谁付费原则

很多人请客吃饭是爽快不已，就是到买单的时候不愿付钱，总想着推给别人。其实，请客吃饭，从感情上说，是你自愿的，所以由你买单也是天经地义的。

一般情况下，请客吃饭应遵循谁请谁付费原则，但如果主人方有上下级不同的人参加，应由下属完成结账工作（下属只是负责现场付费，实际上买单的还是领导）。而主人又分"当然主人"和"临时东道主"两种。"当然主人"指进餐厅之前就已决定了的，比如大家预先公推的，或某人召集和表示请客的。"临时东道主"指临到结账之际，争着做东的人。对于前者，主人早已确定，付账问题比较简单，后者比较麻烦。如果你有意要做东，应先选好一个靠近外边的有利位置，也可付账前悄悄交给服务员或收银台，反正以诚相见，既然有心请客，就要学会避免结账时的一番争执。

◎ 点菜的常识 ◎

点菜时，征求一下客人的意见

宴请之际，主人一定要了解客人的口味。国内客人的口味特征大致为东辣、西酸、南甜、北咸。宴请时要根据客人的具体情况点菜。

点菜时，我们一般都会有礼貌地征求一下客人的意见，但怎么问大有讲究。有经验的人有两种问法：一种是封闭式问题。比如，"来条草鱼还是鲤鱼？"如此在两者之间进行选择，大大缩小了选择的余地。又如，"喝茶还是喝咖啡？"就是告诉对方，你不要喝酒。而另外一种问法是问开放式的问题。比如，"您想喝什么酒？"由被问者自由选择。此外，需要注意的是，一定要了解客人不吃什么，尤其注意不要犯宗教禁忌或民族禁忌。

侧面帮助客人点菜

入席后，主人往往把优先点菜的权力让给客人，这是出于礼貌考虑的。一般来说，客人不好意思点价格较贵的菜品。如果你看出客人有些为难，可以从侧面来提醒和帮助他。例如，可用以下述问题来打破僵局："这里的咖喱牛肉比较有特色，你可以试试看"，或者"咱们共同点道海鲜浓汤吧，这里的海鲜比较新鲜，值得一尝"等。用轻松的语气向客人提出建议，意思是这样的价位你可以接受，客人尽管依此类推来点菜，不必感到拘束。

点菜前要对价格了解清楚

点菜前要对价格了解清楚，点菜时不应该再问服务员菜肴的价格，或是讨价还价，这样会让你在对方面前显得有点小家子气，而且被请者也会觉得不自在。

依宴请对象来确定点菜的分量

若是普通的商务宴请，可以节俭些。如果这次宴请的对象是比较关键的人物，则要点上几个够分量、拿得出手的菜。

优先让领导点菜

　　和领导一起吃饭时，往往是领导一个人说了算，决定大家吃什么菜，而部下通常异口同声说"都行都行""什么都行"，将选择权拱手让出。当然，也有领导让大家群策群力，想吃什么就说，或者索性放手让手下人去点菜，毕竟吃饭不是什么原则问题，轻松一点才好。不过，和领导一起吃饭还是应该优先考虑让领导点菜，这是职场中的一门艺术。

◇点菜切勿丢了西瓜捡芝麻◇

当你请客吃饭点菜时，要注意以下两点：

他怎么还没决定要点什么菜，也太慢了！

就是！

　　当主人点菜时要快，不要点了很久都没有定。点菜慢会让客人觉得不受重视，宴请人没有提前做好功课；同时也会让客人觉得宴请人本身优柔寡断，没有主见，不宜交往。

　　不要点特价菜。这种用情况，往往会造成同来客人的反感，客人会认为在请主人的心中，自己只配吃特价菜，会让客人感到受到了侮辱；同样，客人还可能觉得主人原本就是个贪图小便宜、目光短浅、又毫无生活质量的人，不宜结交。

你们这儿有什么特价菜吗？

　　点菜时要讲究技巧，不要丢了西瓜捡芝麻。

"女士优先"同样适用于点菜上

在当今世界，除了少数地方外，在一些较正式的场合，"女士优先"这句话可以说是放之四海而皆准的，女宾点菜亦成为当今的一种时尚。男女在餐馆、饭店约会，点菜时应让女士先点，尊重女士的意见。在西餐厅，如果女士对吃西餐已经轻车熟路，那就大大方方点好了。当然，要不时征询一下对方的意见。但如果不熟悉西餐的点法，菜单又全是英文，女士可以坦率而诚恳地说："你来点吧，你熟悉，我相信你点的菜很美味。"

亲朋好友吃饭，轮流点菜最佳

亲朋好友一起吃饭，大多是一人点一个菜。不过，如果大家都不爱吃你点的那道菜的话，你就有责任吃掉三分之二。点菜吃饭是个人行为，和工作不一样，每个人都有自己的机会和选择权，不必有太多的顾虑。

点菜要以人为本，看人下菜

点菜要以人为本，看人下菜。俗话说，知己知彼方可百战不殆，所以掌握同席之人的口味乃点菜之先。选菜不以主人的爱好为准，主要考虑宾客的喜好与禁忌。作为宴请的你要记住：你是请别人，你自己的口味是无所谓的，对方喜欢就好。

点菜要巧妙搭配

点菜时要注意巧妙搭配菜的搭配。以中国菜而言，并不要求每个菜都出色精彩，但讲究一桌菜的五味俱全，且要搭配合理，咸淡互补，鲜辣不克，让每种味、每道菜都发挥到极致。菜肴应强调荤素、浓淡、干湿、多种烹调方法搭配，原料尽量不重复。如果有人让你点一桌菜，要求一道鲁菜，一道淮扬菜，一道湖南菜，一道徽菜。你应该这样搭配：鲁菜点炒豆腐脑，取个鲁菜的鲜嫩，吃个清淡开胃；湖南菜点一道东安干鸡，又麻又辣又烫，实为下酒好菜；徽菜点一道蟹粉狮子头，此物亦可下酒，亦可当主食，还可解辣，妙极！淮扬菜点个汤菜鸡汁煮千丝收尾，亦汤亦菜，也好解酒。

点菜时要注重高、中、低不同档次菜肴的搭配。根据经验来看，10个人聚餐，高档的菜肴只要2~3个就可以了，而且其中最好有一个是其他饭店不常做的菜。在低档菜中选取该饭店的一些特色菜，这样能给予宴者留下深刻印象，主人也可不失体面，从而达到宾主尽欢的目的。

讲究酒水之间的搭配

酒与酒的搭配也是有一定讲究的：低度酒在先，高度酒在后；新酒在先，陈酒在后；普通酒在先，名贵酒在后；软性酒在先，硬性酒在后；有汽酒在先，无汽酒在后；干洌酒在先，甘甜酒在后；淡雅风格的酒在先，浓郁风格的酒在后；白葡萄酒在先，红葡萄酒在后。从科学饮食的角度来看，最好不要将多种酒混杂饮用，否则人很容易醉。至于不含酒精的软饮料，一般是不含糖分的在先，含糖分的在后；无汽的在先，有汽的在后。宴席不可无酒，纯粹的中餐应该避免啤酒、欧洲葡萄酒。当然，中亚的如波斯葡萄酒是可以的。

◎ 喝酒、劝酒和拒酒常识 ◎

需要注意的酒仪

饮酒时应正确举杯，不必矫揉造作地在举杯时翘起小手指，以显示自己的优雅举止。会喝酒的人，在饮酒前应有礼貌地品一下酒。可以先欣赏一下酒的色彩，闻一闻酒香，继而轻啜一口，慢慢品味。千万不要为显示自己的酒量，看也不看杯里的酒便一饮而尽，也不可喝得太急，使酒顺着嘴角往下流。这都是有失风度的行为，在国际场合则有失国格。

正确的倒酒方式

在正式场合倒酒的时候，啤酒和葡萄酒都是不能手持酒杯的。但在轻松的场合，啤酒是可以手持着倒的，但要注意右手拿瓶，左手拿杯，并且右手要倾斜着倒才美观。另外，注意啤酒泡沫要与杯口齐平，不能有溢出。

倒酒时注意将商标向着客人，不要把瓶口对着客人，如果倒含汽的酒可用右手持杯略斜，将酒沿杯壁缓缓倒入，以免酒中的二氧化碳迅速散逸。倒完一杯酒后，应将瓶口迅速转半圈，并向上倾斜，以免瓶口的酒滴至杯外。

接受斟酒时，不要把酒杯拿在手里。

倒酒有何次序讲究

第一次上酒时，做主人的你可以亲自为所有客人倒酒，不过记住，依逆时针方向进行，从坐在左侧的客人开始，最后才轮到主人自己。客人喝完一杯后，可以请坐在你对面的人帮忙为他附近的人添酒。如果你同时准备了红酒和白酒，请把两种酒瓶分放在桌子两端。如果有领导在场，最好从领导位置开始倒酒，然后按照逆时针方向一一倒酒。如果领导较多，坐的位置都不统一，你如果没有把握怎么倒酒，就别自己逞能，如果是你请客，就喊酒店的服务小姐倒酒，这样做既不失礼仪，又能显示出你自己的身份。

别人向你祝酒时，一定要站起来

祝酒者并不一定要把酒杯里的酒喝干，每次喝一小口足矣。你可能根本不碰包括葡萄酒在内的各种酒精饮料，但是当别人向你祝酒时，无论怎样你都应该站起来，加入到这项活动之中，至少不应该极端失礼地坐在座位上。

对别人的祝酒表示谢意

当别人向你祝酒时一定要说 "谢谢"，同时要向对方祝酒。在宴会活动中，女性可以非常自由地面对别人的敬酒，而且回应敬酒者只要笑一笑，或向祝酒者点头示意就足够了。在祝酒结束后，还可以朝祝酒者举起杯子，作出姿势表示"谢谢你，也祝你"！

饮酒适度，保持文雅的酒态

现实生活中，不少人虽然非常注意自己的打扮和言谈举止，唯恐给别人留下不良印象，但在觥筹交错的宴席上，常常忘记保持一份文雅的酒态，往往是酒过三巡后摇头晃脑、吆五喝六、词不达意，不但脸被酒精刺激得变了形，而且走起路来也是手舞足蹈，非常不雅观。酒德即人品，很多人往往通过饮酒来考察一个人的自制力和素质高低。我们有"君子饮酒，三杯为度"的古训，即饮第一杯，表情要严肃恭敬；饮第二杯，要显得温文尔雅；饮第三杯，要神情自然，而知道进退。酒过三巡仍无节制，就叫失态。现代人虽然并非一定要做到酒饮三杯而止，但适可而止是非常重要的。我们不能把饮酒作为目的，而应当把它作为调节气氛、增进感情交流的一种手段。

你来我往五大敬酒方式

中国人敬酒时，往往都希望对方多喝点酒，以表示自己尽到了主人之谊。一般而言，敬酒有以下方式：

（1）文敬：即有礼有节地劝客人饮酒。酒席开始，主人在讲完祝酒词后，便开始了第一次敬酒。这时，主客都要站起来，主人先将杯中的酒一饮而尽，并将空酒杯口朝下，说明自己已经喝完，以示对客人的尊重。客人一般也要喝完。在席间，主人往往还分别到各桌去敬酒。

（2）回敬：这是客人向主人敬酒。即主人亲自向你敬酒干杯后，要回敬主人，和他再干一杯。回敬的时候，要右手拿着杯子，左手托底，和对方同时喝。干杯时，可以象征性地和对方轻碰一下酒杯，不要用力过猛，非听到响声不可。出于敬重，可以使自己的酒杯较低于对方酒杯。如果和双方相距较远，可以以酒杯杯底轻碰桌面，表示碰杯。

（3）互敬：这是客人与客人之间的"敬酒"，为了使对方多饮酒，敬酒者会找出种种必须喝酒的理由，若被敬酒者无法找出反驳的理由，就得喝酒。在这种双方寻找论据的同时，人与人的感情交流得到升华。

（4）代饮：这是一种既不失风度，又不使宾主扫兴的躲避敬酒的方式。如果你不会饮酒，或饮酒太多，但是主人或客人又非得敬上以表达敬意，这时，就可请人代饮。代饮酒的人一般与他有特殊的关系。在婚礼上，男方和女方的伴郎和伴娘往往是代饮的首选人物，故他们的酒量必须大。

（5）罚酒：这是中国人"敬酒"的一种独特方式。"罚酒"的理由也是五花八门。最为常见的可能是对酒席迟到者的"罚酒三杯"，有时也不免带点开玩笑的性质。

回应祝酒时可风趣幽默

幽默是快乐的分子，在回应祝酒时幽默一些往往能营造出轻松愉悦的气氛，令人开怀大笑。

1930年2月9日，蔡元培70岁生日，上海各界人士在国际饭店为他设宴祝寿，他在答谢时风趣洒脱地说："诸位来为我祝寿，总不外要我多做几年事。我活到了70岁，就觉得过去69年都做错了。要我再活几年，无非要我再做几年错事喽。"宾客一听，哄堂大笑，整个宴会充满了欢声笑语。

试想，如果他摆出一副严肃相，一本正经地致答谢辞，那整个宴会就不会产生如此活跃快乐的效果了。

酒桌上的规矩

我们的生活离不开酒场，了解一些酒桌上的规矩，必定事半功倍，一路绿灯。

（1）主人在为客人斟酒时，常说"满上满上"，这个"满"不是指满到杯口几乎溢出来，而是指斟满八成就行了。

（2）主人斟酒时，客人可行"叩指礼"，表示感谢主人斟酒。行"叩指礼"

◇劝酒要恰到好处◇

在宴会时，不可避免地要劝酒，劝酒时一定要把握好尺度，使劝酒恰到好处。一般来说，可以采取以下方法进行劝说：

真诚地赞美对方。人对于赞美的抵抗力往往是微弱的，特别是在酒桌上，赞美会使对方虚荣心膨胀，做出豪壮之举。

用反语激将对方。恰到好处的反语激将，会让对方认识到不喝酒有损自己尊严，那么对方往往会"喝"出去，逞一回英雄。

采用以退为进的方法。对于酒量不好的人，采用这种方法，退一步，你一杯，对方半杯等，以此来说服对方。

时，客人把拇指、中指捏在一块，轻轻在桌上叩几下。

（3）祝酒时要表示祝愿、祝福等。

（4）席上喝酒讲究碰杯，要碰杯就必须把杯中的酒喝干，一口气喝下去，还要把杯子倒过来让旁人看看杯子是空的。在酒席上还常常有"无三不成礼"的说法，意思是喝酒一次高潮必须是三杯以上。所谓"酒过三巡"也是这个意思。

（5）如果你准备喝酒或者很能喝酒的话，就不要把"我不会喝酒"挂在嘴上，免得让别人觉得你虚伪。能不能喝酒，明眼人一看就知道。

（6）酒桌上虽然"感情深，一口闷；感情浅，舔一舔"，但喝酒的时候决不能把这句话挂在嘴上。

（7）自己敬别人，如果碰杯，说一句"我喝完，你随意"，方显大度。

（8）自己敬别人，如果不碰杯，自己喝多少可视情况而定，可以看对方的酒量和喝酒态度来决定自己的酒量，但是切不可比对方喝得少，因为这是你在敬别人。

（9）如果没有特殊人物在场，碰酒最好按逆时针顺序，不要厚此薄彼。

（10）要韬光养晦，厚积薄发，切不可一上酒桌就充大。

（11）掌握节奏，不要一下子喝得太猛。

（12）桌面上不谈生意。喝好了，生意也就做得差不多了，大家心里面了然，不然人家也不会敞开了跟你喝酒。

（13）如果说错话、办错事的话，不要申辩，自觉罚酒才是硬道理。

（14）假如遇到酒不够的情况下，把酒瓶放在桌子中间，让别人自己添，不要老实地去一个一个倒酒，要不然后面的人没酒怎么办？

（15）最后一定还有一个闷杯酒，所以，不要让自己的酒杯空着。

精彩拒酒六招

（1）理性喝酒：他劝你："喝！感情铁，喝出血！宁伤身体，不伤感情；宁把肠胃喝个洞，也不让感情裂个缝！"对于这些不理性的表现，你可以这样回答："我们要理性消费，理性喝酒。'留一半清醒，留一半醉，至少梦里有你追随。'我是身体和感情都不想伤害的人，没有身体，就不能体现感情，就是行尸走肉！为了不伤感情，我喝；为了不伤身体，我喝一点。"

（2）不要水分：在拒酒时你可以展开说："只要感情好，能喝多少喝多少。我不希望我们的感情中有那么多'水分'。我虽然喝多了一点，但是这一点是一滴浓浓的情。点点滴滴都是情嘛！"

（3）感情到位即可：你试试这样说："跟不喜欢的人在一起喝酒，是一种苦痛；跟喜欢的人在一起喝酒，是一种感动。我们走到一块，说明我们感情到了位。只要感情到位了，不喝也会陶醉。"

◇拒酒时要避开的误区◇

在酒席上，总会有一些特殊情况，让你不能喝酒，要拒酒，但在拒酒时，有些话不能说。

不要生硬拒绝。切忌说："我偏不喝，你能把我怎么样？"这样没准就会和劝酒者发生争吵，而趁着酒疯，一旦争吵起来，很可能就会丧失理性，使喜庆的宴会变成充满火药味的战场。

不要说挑衅的话。切忌说："你逼我喝？好，我今天豁出去了，谁怕谁？"这样拉开架势的话本来是想拒绝，经这么一说，反倒成了挑战，实在是事与愿违。

不要说有漏洞的话。切忌说："不用了吧，咱俩谁跟谁？"这样没准对方会说："就是，咱俩谁跟谁？我的酒你能不喝吗！"

（4）理解万岁：你如果确实不能沾酒，就不妨说服对方，以饮料或茶水代酒。你问他："我们俩有没有感情？"他会答："有！"你顺势说："只要感情有，喝什么都是酒。感情是什么？感情就是理解。理解万岁！"然后，你以茶代酒，表示一下。

（5）请君入瓮：他要你干杯，你可以巧设"二难"，请君入瓮。你问他："你是愿意当君子，还是愿意当小人？请你回答这个问题。"他如果说愿意当君子，你就说"君子之交淡如水"，以茶代酒；他如果说愿意当小人，你便说"我不跟小人喝酒"，然后笑着坐下，他也无可奈何。

（6）做选择题：他要借酒表达对你的情意，你便说："开心一刻是可以做选择题的。表达情和意，可以：A.拥抱，B.拉手，C.喝酒，任选一项。我敬你，就让你选；你敬我，就应该让我选。现在，我选择A，好吗？"

第八章

不可不知的职场生存常识

◎ 顺利进入职场的常识 ◎

警惕求职中的误区

在寻找工作的时候，一定要多听别人的建议，避免以下误区：

（1）只注重物质收入

有些人出于经济方面的考虑，去从事那些低贱的，甚至其正当性还值得怀疑的职业。这样，他们出卖了自己的人格，出卖了自己的身体，出卖了自己的才智，甚至出卖了自己的灵魂。这种不明智的选择是极为可悲的。

（2）只为满足虚荣心

我们寻找工作的目的绝不是求得一个足以炫耀的职业，而是求得一种能使我们长期从事而始终不会感到厌倦、始终不会松劲、始终不会情绪低落的职业；相反，如果仅仅为了满足我们的虚荣心而工作，我们很快就会觉得，愿望没有得到满足，理想没有实现，就会怨天尤人。

（3）体质不能胜任

在我们所能选择的可能性范围内，不要从事那些损害你的健康、超越你的体质限制的职业。我们的体质常常威胁我们，任何人也不能小视。诚然，我们能够超越体质的限制，但这么一来，我们也就垮得更快。

如果我们把这一切都考虑过了，加上我们生活的条件容许我们选择任何一种工作，那么我们就可以选择一种使我们最有尊严的工作；选择一种建立在我们深信其正确的思想上的工作；选择一种能给我们提供广阔场所来为人类进行活动、接近共同目标（对于这个目标来说，一切工作只不过是手段）的工作。

要有一技之长

在当今社会，全才不过是天方夜谭，于是，专家出现了。专家其实只意味着他对某个专业的某个细节了解得比别人多一点而已。既然我们已经无法成为全才，那么，不妨试着去了解某个专业的某些细节吧，越细越好，这样，当别人有疑问时，首先想到的肯定会是你。

小陈在参加一家县级杂志社的招聘考试时，面对学历高、专业对口的众多竞争对手，却意外地成了一匹黑马。原来小陈擅长撰写新闻评论，多年的潜心经营使他在这个县城小有名气，形成了个人特色鲜明的"职业品牌"，而招聘方正缺这种在某个领域能独当一面的专业人才。

在求职过程中，一些求职者虽然学历高、知识面广，却被拒之门外，其中一个很重要的原因便在于他们十八般武艺样样都通晓一二，但没有一样拔尖，不具备出奇制胜的利器，也就失去了令人刮目相看的"职业品牌"。

大胆自信地推销自己

谈自己、推销自己本来是可以谈得很好的话题，但是许多人却在推销自己上缺乏勇气，这或许是怕引起别人反感的缘故。而在平时生活中也常常听他们说："我有什么好说的。你们天天不都看见了吗？"这就使他们养成从不自我评价、自我展示的习惯，可到了要谈论自己时，免不了有些难以启齿。大学刚毕业的范萍萍去面试，整个过程，她的声音都如蚊蝇，特别是谈到自己时，更显得羞于张口。后来她打电话给公司秘书，公司秘书非常为难地告诉她，面试官说，你那么小的声音，显得对自己不自信，缺乏活力，也缺乏必要的应酬能力。所以，大胆自信地推销自己是面试成功的一个前提条件。

首先给面试官一个好印象

在作介绍前，要先向主试官打个招呼，道声谢，如："经理，您好，谢谢您给我这么好的机会，现在，我向您作个简单的自我介绍。"介绍完毕后，要注意向主试官道谢，并向在场面试人员表示谢意。

这能给主试官留下很好的印象。没有人会拒绝谦恭的态度。

面试中的自我介绍要主题明确

在作自我介绍时，最忌漫无中心，东扯一句西扯一句，或者陈芝麻烂谷子事无巨细都一一详谈，让人听了不知所云。求职面试中的自我介绍宜简不宜繁，一般包括这些基本要素：姓名、年龄、籍贯、学历、学业情况、性格、特长、爱好、工作能力和工作经验等，对于这些不同的要素该详述还是略说，应按招聘方的要求来组织介绍材料，围绕中心说话。假如招聘单位对应聘的人的工作能力和工作经验很重视，那么，求职者就得从自己的工作能力及经验出发做详细的叙述，而且整个介绍都是以这个重点为中心。

下面是一位求职者面试时的自我介绍，非常的精练，分寸把握得当："我的经历非常简单。1985年，18岁的我高中毕业没有考上大学，招工进入×厂当上了一名车工。从此，我操刀切削10多年。其间3次参加全市车工岗位技术大比武，荣获两次第3名，一次第2名。去年企业破产，我下岗失业。下岗后参加过3个月的电脑培训，

◇怎样给面试官留下好印象◇

面试是与用人单位接触的第一步，面试中的表现直接关系到你能不能获得这份工作，所以在面试中给面试官一个好的印象是非常重要的，那要怎样才能给面试官留下好的印象呢？

在服饰仪表上，要衣冠整洁，头发、胡须要整理干净，穿着大方得体，符合职业特点。

在语言的表达上，要做到准确、精练、平易、生动。应吐字清晰，嗓音响亮悦耳，注意语调，使语音显出高低、抑扬、快慢、轻重和停顿等变化。

嗯，声音洪亮，精气神好，就他了。

举止大方，很好！

在行为举止上，要尽量做到神情自若，优雅大方。高超的体态语言会给评委留下深刻的第一印象。

3个月的英语培训，取得两个上岗证书，为我掌握现代化的数控车床打下了基础。听说贵公司招聘技工，我觉得我是比较合适的人选。"

从上例中可以看出，介绍自己简历时可以从参加工作时讲起，不要拉得太远；经历中重点介绍自己从事什么工种、有何特长，凡与此无关的都可省略；能够显示自己优势的，可以讲详细些，而且与招聘内容联系起来。例如，三次参加技术比武获奖、两次参加技术培训，都显示了应聘者的技术水准，可以说正投招聘者所好。所以，立刻引起主考官的兴趣。当然，介绍自己的经历中的成绩时，要注意口气，要巧妙地表露出来，不显示出自我吹嘘的痕迹，给人以自信、谦逊、不卑不亢的印象。在应聘前的准备过程中，要注意把握好分寸。

在谈缺点时，暗中对自身优点加以宣扬

金无足赤，人无完人，如果你想刻意掩盖自己的缺点，尤其是那些显而易见的缺点，恐怕会招致反感。最好的办法就是在与主考官交谈时坦然地主动承认，但是，承认缺点是要讲求方法的，最好在谈缺点的时候，模糊该重点，甚至暗暗对自身优点夸赞一番。

当求职者的简历上有明显的留级记载，他可以这样谈及这件事：

"我也觉得留级一年很不应该，当时我担任社团的负责人，全身心投入到社团活动上，反而忽略了自己当学生的本分，等我察觉到这个错误时，我已经留级了。虽然我花在社团的心血，也带给我不少的收获，可是每想到自己因此而留级，就觉得很可耻，我一直都为此事耿耿于怀，更不愿重蹈覆辙。"

从他的话语中，主考官反而关心起他的社团负责人的工作来，他猜测该应聘者在社交方面的能力会非同一般。求职者明说缺点，暗中却在体现自己的能力，这样的坦白何其高明，何其漂亮。

我们都非完人，但可以扬长避短，向完人的标准靠拢。让我们再来看一段戴维与法拉第的对话。

戴维："很抱歉，我们的谈话随时有可能被打断。不过，法拉第先生，你很幸运，此时此刻仪器还没有爆炸。你的信和笔记本我都看了，你好像在信中并没有说明你在什么地方上大学。"

法拉第："我没有上过大学，先生。"

法拉第接着说："我尽可能学习一切知识，并在用自己的房间建立的实验室进行试验。"

戴维："唔，你的话使我很感动。不过科学太艰苦了，付出极大的努力只能得到微薄的报酬。"

法拉第："但是，我认为，只要能做这项工作，本身就是一种报酬！"

这是一段精彩的传世对白，它是英国科学家巨匠法拉第当年向戴维爵士求职时的对话。当戴维爵士强调法拉第没有正规学历时，法拉第毫不避讳地承认自己没有上过大学，并把话锋迅速转向他的长处——执著、勤奋。最后，法拉第被戴维破格收为自己的助手。

这就是一种典型的扬长避短式的回答。答者极力宣扬个人的长处，并把自己的长处同应聘的工作有机地结合起来，变不利为有利。

用幽默化解紧张气氛

大多数人刚进入面试厅时都表现得略显紧张，有不少有能力、有才华的人为此痛失机会。对于面试官来说，紧张慌乱的应聘者，意味着不能很好地胜任工作。此时，如果你善于幽默，就可以借此美言笑语化解紧张气氛。幽默可以说是一种优美的、健康的品质；幽默也是人与人之间的润滑剂，是一个敏锐的心灵在精神饱满、神气洋溢时的自然流露。每个人都喜欢有幽默感的人。幽默在某种时刻是通向事业坦途的一盏明灯。

一位考官这样问一个应聘者："为什么你要选择教师这个职业？"

应聘者回答说："我从小时候曾立志长大后要做伟人的妻子。但现在，我知道我能做伟人妻子的机会实在渺茫，所以又改变主意，决定做伟人的老师。"

这位应聘者的回答博得在场人员的一片掌声，结果她被录取了。

这位应聘者的明智之处就在于打破了常规思维和表达模式，以真实感受去胜人一筹；她用了"伟人"这个范畴来贯穿前后表达自己所立志向。

在求职面试过程中，求职者在回答问题时采用一些幽默的语言，这样不但活跃气氛，也能获得面试官的好感。达到成功彼岸的路可以说有千条万条，而幽默是一条阳光大道，是潇洒走一回的必然选择。

两难问题折中答

折中可以说是一门艺术，是祖先智者留下的一颗智慧结晶；是为人处世，各个方面都可以适当运用的生存立世之道。

在求职面试中，主考官经常会给你出一些令你左右两难的问题。在这个时候，你可以选择缄默吗？不能，那只会使你与工作失之交臂。你只能勇敢作答，但有勇也要有谋。左不行，右也不行，那就最好采取折中术。

在一次外企面试中，双方交谈得很投机，看来希望不小。接近尾声时，考官看了一下表，问："可不可以邀请您一同吃晚饭？"

原来这也是一道考题。如果考生痛快接受，则有巴结、应酬考官的嫌疑；如干

◇用幽默跳过面试官的陷阱◇

在面试中，面试官为了选对人，往往会设置一些语言陷阱，以探测你的智慧和能力，求职者不妨用幽默的语言来应答，往往会收到意想不到的效果。

为什么愿意离开家，从遥远的西安来深圳打工？

在深圳一年四季都可以穿裙子！

头脑要智慧，说出的话要带有淡定的幽默，给面试官一种人格气场的吸引。

你是怎么评价你的上一份工作的！

那都是随风的往事啦，但是我对新工作是充满热情的。

要注意识破主考官的"声东击西"策略。当主考官觉察到你不太愿意回答问题而又想有所了解时，就会采取声东击西的策略。

这种方法是检测我的想象力，测验我的深层心理意识啊。

你看看这幅图画，然后让你根据图画编一个故事。

要分析判断主考官的提问是评测你哪个方面的素质和能力，有针对性地进行幽默回答。

脆拒绝，又被说成不礼貌。考生动了动脑筋，他机智地回答道："如果作为同事，我愿意接受您的邀请。"

由于他预设了一个前提条件，所以他的回答十分得体到位，获得好评。

其实，在面试中折中回答问题，就是避开问题锋芒，不要表明你对任何一个方面的倾向，所有的回答都要为求职这个目的而服务。

总之，对于可能设有"陷阱"的提问，一般情况不要直答，而应想一想对方的用意是什么，"机关"在哪里，然后运用预设前提的说法跳过陷阱，予以回应。所谓折中术，就是采取一个巧妙的方法将划分左右的界限模糊掉。

被问及薪酬时，不要急于报"实价"

一般而言，你目前的薪资水平是未来老板"出价"的参照，因此大多数老板在面试新员工时都会问到这个问题，恰当的回答很可能对将来的薪资有利。所以，当被专业的人事经理问及这一问题时，比较艺术的方法是避免正面回答，而采取迂回曲折的方式。先不急于报"实价"，以免今后没有迂回或进一步解释的余地，而是先简单地向对方解释一下目前的薪资结构，如可以这样说："我现在的收入除了每个月固定的工资之外，还有奖金、房贴、车贴，等等。"然后顺带说到某几个部分具体多少，这样一来，即便没有直截了当地报出身价，对方只要简单一估算，也就能大致明了。

在提薪水要求前，先弄清对方的薪酬标准

每个雇主在心里对薪水的上下限度都有个数，会经常在那个限度内自由调整，手头也掌握着你所不知的内情。当你不知道对方是怎样想的时候，你往往容易自降身价。所以，在你提出任何薪水要求之前，请务必搞清它的大致价位，以退为进提出反问，如"我愿意接受贵公司的薪酬标准，不知按规定这个岗位的薪酬标准是多少？"这样，不但没有露出自己的底，反而可以摸清对方的底。假如它低于你的心理价位，你就定一个比你现在的薪水高至少10%～20%的价。总之，你必须得先开价，而且不要把底线定得太低。小王是某大学法学院的应届毕业生，毕业后应聘到一家律师事务所做律师助理。经过几轮考核面试，在最后谈工资的时候，律师事务所主任问道："小王啊，你想拿多少工资啊？"说实话，小王当时就有点懵了，作为一个应届毕业生，没任何工作经验，根本就没有可以比较的，也不太清楚主任到底是什么意思。小王想了想，笑着说："主任您看呢？您说给我多少啊！"主任又说："像你们这样刚毕业的助理一般就是2000多吧！"小王随后说道："那大致上就2000～3000之间吧！和市场挂钩啊！您看怎么样？"小王使用报出大致范围的方法，让薪金在一定区间内波动，没有把话说死，留下了比较大的回旋余地。

◇薪酬要求这样提◇

在面试时，最难的就是面试时如何谈薪水，回答高了可能会引起面试考官的反感，回答低了又可能达不到自己的薪资要求。下面就介绍两种谈薪酬的技巧：

善用概数。用概数来回答，既可以表达自己大致的薪金要求，也不至于因要求太离谱而招致考官的不满。

巧留后路。在洽谈薪金的时候为自己先留好后路，那既可以在用人单位允许的限度内最大程度地提出薪金要求，又不会丧失工作机会，正可谓"进可攻，退可守"。

询问薪酬应谨记的禁忌

（1）切忌表现出极度关心待遇，一开头就谈薪水问题：关心自己的待遇并没有错，但不能一上来就问有什么待遇，这样心急是吃不到热豆腐的。如果你很唐突地问招聘者："你们的待遇怎么样？"对方很可能会抢白你："工作还没干就先提条件了，何况我们还没说要不要你呢！"

（2）切忌说出太过绝对的话：如"希望得到3000元的工资"，将薪水的具体数字说死，没有留下可以商量的余地。

（3）切忌不恰当的反问：如果招聘人员问你："关于薪金，你的期望值是多少？"而你反问道："你们打算出多少？"这样反问就有点儿像是在市场上买东西时讨价还价，显得很不礼貌，容易引起招聘者的不快，进而影响你的求职成败。

（4）切忌过于降低或过于提高薪金：这样只会让人感觉你能力差不值得请或能力太高请不起，不会对商谈起到任何正面作用。

◎ 职场优势生存常识 ◎

要有竞争意识

在工作中勤于上进和学有所长的人，有时会遇到这种情况：有些比自己条件差的人却先于自己取得了某种成功，或者比自己升迁得快，或者比自己更被老板赏识和器重。这究竟是怎么一回事呢？答案之一便是缺乏竞争意识。

人类自古至今，总是生活在各种各样的竞争之中，一个人要在职场生存和发展，就要有竞争意识，就要有一种比对手做得更好的意识。

勇于竞争和善于竞争，是使自己在人群中脱颖而出和在事业上卓尔不群的基本原因之一。一味埋头赶路而丝毫不顾及其他对手情况，缺乏在社会上立足的竞争意识，你就很可能会成为在同一起跑线上起跑的落伍者。

在互惠互利中共筑双赢

一只狮子和一只野狼同时发现了一只山羊，于是商量共同去追捕那只山羊。它们配合得很默契，当野狼把山羊扑倒后，狮子便上前一口把山羊咬死。

但这时狮子起了贪念，不想和野狼共同分享这只山羊，于是想把野狼也咬死。野狼拼命抵抗，后来狼虽然被狮子咬死，但狮子自己也受了很重的伤，无法享受美味。

如果狮子不起贪念，和野狼共享那只山羊，那不就皆大欢喜了吗？何必争得个你死我活的"单赢"呢？

单赢不是赢，只有双赢互利才是真正的赢。战争的至高境界是和平，竞争的至高境界是合作。一名职业人士在进入职场伊始，就应当力求这样的结果。互惠互利、共筑双赢，这是与竞争对手寻求共同利益的最好办法。

心胸开阔，以静制动

通常情况下，我们会将自己的竞争对手看作死敌，为了成为那个令人艳羡的胜利者，也许会不择手段地排挤竞争对手：或是拉帮结派，或是在上司面前历数别人的不是，或是设下一个又一个巧计使得对方"马失前蹄"……但可悲的是，处心积虑的人往往并不能成为最终的赢家，除了收获一脸沮丧和悔恨，再也得不到别的什么。

不要小瞧别人

生活中，很多人都想着要占点儿别人的便宜，似乎别人都不如自己聪明，但他们小瞧别人的代价就是搬起石头砸了自己的脚。

有一只狐狸看见一户人家的窗户上挂着一串香肠，它馋得直流口水，于是想方设法要吃到香肠。这时它注意到了院子里的狗，它狡猾地想："我只要三言两语就能让那只蠢狗把香肠送给我！"于是狐狸就和狗套起了近乎，最后它说："兄弟，看到那串香肠了吗？你那吝啬的主人是不会给你吃的，我替你望风，你把它偷出来大吃一顿多好！"狗想了想，就让狐狸跟它进院："到草地那等着，我偷下来就跟你会合。"狐狸刚走到草堆就惨叫一声——它被一只捕鼠夹夹住了，而主人则跟着狗走了出来，一枪就把狐狸打死了。

在某些情况下，千万不要刻意地低估别人、抬高自己，其实你并不比别人聪明多少，便宜也不是那么好占的。脚踏实地做事，清清白白做人，只有这样你才能在职场路上走得顺顺畅畅。

加强沟通，展现实力

工作是一股绳，员工就好比拧成绳子的每根线，只有每根线凝聚成一股力量，这股绳才能承受外力的撕扯。这也是同事之间应该遵循的一种工作精神或职业操守。其实生活中不难发现，有的企业因为内部人事斗争，不仅企业本身伤了元气，整个社会舆论也产生了不良影响。所以作为一名员工，尤其要加强个体和整体的协调统一。因为员工作为企业个体，一方面有自己的个性，另一方面就是如何很好地融入集体，而这种协调和统一很大程度上建立于人的协调和统一。所以，无论自己处于什么职位，首先需要与同事多沟通，因为你个人的视野和经验毕竟有限，要避免给人留下独断专行的印象。当然，同事之间有摩擦是难免的，即使是一件事情有不同的想法，我们应具有"对事不对人"的原则，及时有效地调解这种关系。不过从另一角度来看，此时也是你展现自我的好机会。用实力说话，真正令同事刮目相看。即使有人对你有些非议，此时也会偃旗息鼓。

◇ 进入新环境的说话技巧 ◇

转到新的工作环境，掌握良好的说话技巧能够帮助我们更好的适应：

1.多交流多沟通

转入新环境的时候要多沟通多交流，增加彼此的了解。

2.多提问多讨教

让别人知道，你需要他们的帮助，从而获取他们的友谊。

经理，这个地方我不太明白，您能指导我一下吗？

3.多拜访多投入

拜访同事和领导，在沟通中多多投入真诚，让别人很快消除陌生感。

以工作为重远离争斗

一切从工作出发，一切以工作为重，可以使你更少地卷入上司复杂的争斗中。这样你就可以更好地完成工作，使自己不断创造更多更好的业绩，同时你的做法也会让上司们对你格外欣赏，他们会认为你是一个正直、能干的下属，而且你还不会得罪他们之中的任何一位。

如何应对工作中遭人排挤的状况

被同事排挤，必然有其原因。这些原因不外乎以下六种情况：

（1）近来升级连连，招来同事妒忌，所以群起排挤你。

（2）你刚到本单位上班，你有着令人羡慕的优越条件，包括高学历、相貌出众，这些都有可能让同事妒忌。

（3）雇用你的人为公司内人人讨厌的头号公敌，故而你也受牵连。

（4）衣着奇特、言谈过分、爱出风头，而令同事却步。

（5）过分讨好上级而疏于和同事交往。

（6）妨碍了同事获取利益，包括晋升、加薪等可以受惠的事。

如果是属于第一项、第二项，这情况也很自然，所谓"不招人妒是庸才"，能招人妒忌也不是丢面子的事。其实只要你平日对人的态度和蔼亲切，同事们不难发觉你是一个老实人，久而久之便会乐于和你交往。另外，你可培养自己的聊天魅力，因为你的同事们的最大爱好之一就是聊天，通过聊天可以改变同事对你的态度。

如属第三项，那便是你本人的不幸，唯有等机会向同事表示，自己应聘主要是喜爱这份工作，与雇用你的人无关，与他更不是皇亲国戚的关系。只要同事了解到你不是公敌派来的密探，自然会欢迎你。

如果是属于第四项、第五项，那你便要反省一下，因为问题是出在你自己身上，如想令同事改变看法，唯有自己做出改善。平时不要乱发一些惊人的言论，要学会当听众，衣着也应切合身份，既要整洁又要不招摇，过分突出的服装不会为你带来方便，反而会令同事们把你当成敌对目标。

如果是属于第六项，你就要注意你做事的分寸。能够获利当然令人向往，但做人不要把利看得太重，更不要和同事争名夺利。人们常说该是你的推也推不掉，不该是你的抢也抢不来。明白了这个道理，还有什么可争的呢？在遇到这类事情时，该让就让，摆出一副高姿态来。虽然你这次吃了亏，但以后会得到补偿的。塞翁失马，因祸得福，眼前看来不是好事，谁说将来就不会有好的结果呢？

时刻保持谦虚的态度，才会走得长远

自满骄傲总是会招人反感的。一个人只有时刻保持谦虚的态度，他的路才能走得长远。

身在职场处于优位时，自然是可喜可贺的事。如果别人一提起一奉承，你就马上陶醉而喜形于色，这会无形中加强别人的嫉妒。所以，面对同事的赞许恭贺，应谦和有礼、虚心，这样不仅能显示出自己的君子风度，淡化同事对你的嫉妒，而且能博得同事对你的敬佩。

"小姜毕业一年多就提了业务经理，真了不起，大有前途呀！祝贺你啊！"在外单位工作的朋友小叶十分钦佩地说。

"没什么，没什么，老兄你过奖了。主要是我们这儿水土好，领导和同事们抬举我。"小姜见同一年大学毕业的小吴在办公室里，便压抑着内心的欣喜，谦虚地回答。小吴虽然也嫉妒小姜的提拔，但见他这么谦虚，也就笑盈盈地主动招呼小姜的朋友小叶："来玩了？请坐啊！"

不难想象，小姜此时如果说什么"凭我的水平和能力早可以提拔了"之类的话，那么小吴不妒忌、进而与小姜难以相处才怪呢。

在职场中，当你明显比同事强时，你在感情上还是要和大家在一起，千万不能与他们拉开距离，同事们也就不会再嫉妒你了，同时也会在心里承认你的"优位"是靠自己努力换来的。当你处于优位时，依旧保持谦虚的态度，就会减轻妒忌者的心理压力，产生一种"哦，他也和我一样"的心理平衡感觉，从而淡化乃至免除对你的嫉妒。

学做一个"慎言者"

懂得在别人面前不显露言行，学习做个聆听者，避免建立任何小圈子，对谣言一笑置之，深藏不露，你才能避免成为办公室中的受害者。

同事间因为夹杂了利害关系、人事关系，今天的好搭档，明天却有可能变成对手，所以为了保护自己，最好别轻易将感情放到同事身上，只要合乎礼貌，一般的人情就可以了。

在竞争日益激烈的职场中，有些人总是喜欢占有别人的功劳，将之占为己有。这样的人不去积极地完善自我、创造业绩，而是偷偷地去占有别人的功劳，到最后只能是既损人又不利己。

不妨让自己吃吃亏

人与人之间缺乏彼此的信任，则没有互助互利；缺乏深厚的感情则没有彼此的信任。在人际交往中重视情感因素，不断增加感情的储蓄，就是积聚信任度，保持和加强亲密互惠的程度。

通俗点说，与人的交往实际上也是一本账。只有那些肯吃眼前亏的人，才能争取到长期客户，签到大单。

在办公室的"刀光剑影"中，得与失的计算更是大智慧。吃亏其实是占便宜，施小惠得大利，你的"失"会让你得到更多，认清了这一点，你的竞争之路将会越走越平坦。

积极参与到团队之中

在团体活动中，如果你总喜欢让别人出头露面，自己却静静地坐在那里，做一个感兴趣的旁观者。那么，你就无法培养自己的社交能力，赢得团体中其他成员对你的尊重，也无法对团体的决定施加影响。既然你同样对团体的最终决策负有责任，无论你态度积极或保持沉默，你都可以贡献你的聪明才智。你应该创造较积极的心理暗示。第一步要意识到你的想法或许是不合理的，那些最担心"每个人将认为我是一个傻瓜，都会耻笑我"的人，一般来说是最有思想和见识的。实际上，往往是那些喋喋不休的人缺乏自律意识，善于空谈，徒有热情而无建树。如果你感到忧虑和焦急，那么，你需要迫使自己迈出第一步。万事开头难，随着你不合理的怪念头的减退，以及你自信心的增强，你就能积极地参与到团体的活动中来，为团体的发展作出自己应有的贡献。

主动去做上级没有交代的事

在现代职场里，有两种人永远无法取得成功：一种人是只做上级交代的事情，另一种人是做不好上级交代的事情。这两种人都是首先被上级炒鱿鱼的人，或者是在卑微的工作岗位上耗费终生却毫无成就的人。

在现代职场，过去那种听命行事的工作作风已不再受到重视，主动进取、自动自发工作的员工将备受青睐。在工作中，只要认定那是要做的事，就立刻采取行动，马上去做，而不必等到上级的交代。

在关键时刻恰当地张扬

现在是一个讲究张扬自己个性的时代，尤其是身处职场中的人们，在关键时刻恰当地张扬，也就是"秀"（Show）一下，不失为一个引起领导注意的好办法。

要在上级面前表现自己，这是大家都知道的，让有权控制升迁的人知道你有优良表现。此外，在同事面前，一样要保持最佳状态，要让同事也觉得你办事能力强，同事对你的评价也是上级考虑是否提拔你的因素。当然，要让同事觉得你升级是值得的，不作第二人之想，赢取他们的敬服。

不要理会别人的闲言碎语。人人都希望获得上级赏识，得到提拔，为此展开明争暗斗，谁跑在最前头，谁就成为众矢之的。中伤、谣言、闲言碎语、冷言冷语最易令人困扰，挫伤工作热情和斗志，因此，集中精神工作，只要闲言碎语无损你的形象和前途，就不要理会。你为闲言碎语而烦恼，别人会暗中高兴。因此，要争取工作表现，用优良的工作成绩来回答闲言碎语。

在某种特殊的场合下，沉默谦逊确实是一种"此时无声胜有声"的制胜利器，但你不要把它当作金科玉律来信奉。在人才竞争中，你要将沉默踏实肯干谦逊的美德和善于表现自己结合起来，才能更好地让别人赏识你。

做一名忠诚的员工

王双长相平平、学历不高，在一家进出口贸易公司做电脑打字员。那年，公司现金周转困难，员工工资开始告急，人们纷纷跳槽。在这危急的时刻，王双没有走，而是劝说消沉的老板振作起来。在王双的努力下，公司谈成了一笔很大的服装业务，王双为公司拿到1000万元的订单，公司终于有了起色。后来，公司改成股份制，老板当了董事长，王双则成了新公司第一任总经理。有人问王双如何取得了这样的成就，王双说："要说我个人如何取得了这样的成就只有两点：那就是一要用心；二要没私心。"

现在很多人一面在为公司工作，一面在打着个人的小算盘，这样的人怎么能为公司的发展作出贡献呢？公司没有发展，个人又怎能成功呢？

任何一个老板都喜欢忠诚的员工，只有忠诚的员工才能获得老板的信任。如果员工不忠诚，老板就会有如坐针毡的感觉，一些重大的事情就不敢交给这样的员工去做，员工又怎能获得加薪与晋升的机会呢？

敬业让你出类拔萃

无论从事什么职业，只有全心全意、尽职尽责地工作，才能在自己的领域里出类拔萃，这也是敬业精神的直接表现。

王凯大学毕业后被分配到一个研究所，这个研究所的大部分人都具备硕士和博士学位，王凯感到压力很大。

经过一段时间的工作，王凯发现所里大部分人不敬业，对本职工作不认真，他们不是玩乐，就是搞自己的"第三产业"，把在所里上班当成混日子。

王凯反其道而行之，他一头扎进工作中，从早到晚埋头苦干业务，经常加班加点。王凯的业务水平提高很快，不久成了所里的顶梁柱，并逐渐受到所长的重用，时间一长，更让所长感到离开他就好像失去左膀右臂。不久，王凯便被提升为副所长，老所长年事已高，所长的位置也在等着王凯。

敬业不但能使企业不断发展，而且还能使员工个人事业取得成功。

◇忠诚赢得信任，敬业照亮人生◇

忠诚和敬业是相互融合在一起的，忠诚在于你的内心，而敬业在于工作上尽职尽责，积极主动、一丝不苟的态度。如果你想成功，那就得保持忠诚敬业的美德！

> 对不起，我们不能聘用你，因为你最近两年频繁地变动工作，说明你对企业缺乏忠诚度。

> 对工作缺乏忠诚度的人，即使再有能力，再有经验，也不会为企业带来太大的价值，更不会赢得企业的尊重信任，更有甚者企业绝不会聘用。

> 相比小王老是偷懒、推卸责任，还是小赵更值得信赖。

> 而缺乏敬业精神的人，注定会沦为平庸，无法在事业上取得成功。

> 同心山成玉，协力土变金。让我们从现在开始为开创企业和自己的明天忠诚敬业吧！

让老板知道你做了什么

你是不是每天全力以赴地工作，数年来如一日？不过，有一天你突然发现，纵使自己累得半死，别人好像都没发现，尤其是老板，似乎从来没有当面夸奖和表扬过你。

你知道吗？这个问题可能不在老板，而是出在你自己身上。大多数的员工都有一种想法：只要我工作卖力，就一定能够得到应有的奖赏。但问题是，光会做没有用，做得再多也没有人知道。要想办法让别人，特别是你的老板知道你做了什么。

遵守公司的规章制度

在办公室里，往往会有一些规章制度挂在墙上，或印成小册子。作为一名职员，应该时时事事遵守这些规章制度。

公司制度是企业的秩序和规范，是确保企业有效健康运行的法则，如果法则遭到破坏，就会扰乱公司的正常秩序，企业的健康发展就会受到影响。员工严格遵守公司制度，有利于公司的正常运行。

玫琳凯在阐述她的做法时说："我每次遇到员工不遵守纪律时，都采取一种与他人十分不同的处理方法。我的第一个行动，是同这个员工商量，采取哪些具体措施以改进工作。我提出建议并规定一个合情合理的期限。这样，也许会获得成功。不过，如果这种努力仍不能奏效，那我必须考虑采取对员工和公司可能都是最好的办法。当我发现一个员工不遵守纪律、工作老出差错时，就决定不要他！因为遵守纪律没商量。"

任何企业的各项规章制度都不能成为摆设，公司常以有效的手段保证其得以贯彻落实，一旦发现有人违规犯戒，就会受到惩处，绝不姑息迁就。负责任是一种生活态度，不负责任也是一种生活态度，作为企业的一名员工，有责任遵守公司的一切规定。当你违背了公司的规定但却没有足够的理由，形式上的惩罚并不能掩盖你对自身责任的漠视。

◎ 与上司打交道的常识 ◎

创造惊人的工作效率赢得上司的重视

要想获得上司的重视，在专业领域内下气力也能够收到良好的效果，这就要求在一个人人熟悉业务的现代企业内部，你能够凭着勤奋刻苦的精神和超越常人的业务操作技巧创造出更高的工作效率。在任何时代、任何人群之中，手脚麻利者都是为人尊重的，而对于要在激烈的竞争中创造高效率的现代企业来说，工作效率就更是至关重要的制胜因素。如果你在业务上创造出的效率确实令上司吃惊，而且你善于表现这种效率背后的努力，那么他无法不给你以充分的重视。

例如，有一次，某县县长要求秘书写一篇关于本县乡镇企业发展的报告，秘书小何立即行动起来，广泛查阅资料，下班时，县长对小何说："下班休息吧！明天再干吧！"小何心里明白表现的机会来了，便回答县长说："这篇文章需要很多数字材料，我今晚没事，正好整理一下统计资料明天用。"结果第三天就把初稿交给了县长，县长满意地说："完成得很及时。"小何便接过来："加了几个班，总算很快拿出来了。"县长点头："不错，好好休息两天吧，放你两天假。"

在本例中，秘书小何仅仅通过完成一篇上级领导安排的报告就令领导刮目相看，关键即在他专心投入到该项任务中，创造出很高的工作效率，大大出乎了领导的意料。而且，他还以恰当的方式向领导表现了自己在效率背后的种种艰辛，使领导无法不对这位努力的部下报以特殊的关注。

赞美上司成就时，可表达关心

赞美上司成就时，可表达关心。成就是需要辛勤劳动的，身心会很累很累，那么这种关心会让人心醉。

你不妨对上司说："周总，听说我们公司又兼并了一家公司，你真有能耐。不过，你别太操心，多保重身体……"

"刘经理，我们公司的股票已上市了，大家都挺高兴的，说你特神奇。只是，你又瘦了一些，还需多补一补身体，也要忙里偷闲歇一歇。你是大家的支柱。"

关心的话语，会使领导深深地感到自己的成就已得到了大家的共享，也因此而更得意。赞美领导的成就时，还可表示你的信赖。比如："郑总，大伙儿私下里都在夸你的成就，有你这样的带头人我们前途会很美好的……"

怎样挽回不利局面

不管谁是谁非，得罪上司无论从哪个角度来说都不是件好事，只要你没想调离或辞职，就不可使关系陷入僵局。如果你想留有回旋的余地，下面几种对策应该比较有用。

方法一：找个合适的机会沟通

消除你与上司之间的隔阂是很有必要的，最好自己主动抛出橄榄枝。如果是你错了，你就要有认错的勇气，向上司做解释，表明自己会以此为鉴，希望继续得到上司的关心。假若是上司的原因，可以在较为宽松合适的时候，以婉转的方式，把自己的想法与对方沟通一下，你也可以以自己的一时冲动或是方式还欠周到等原因，请上司谅解。

方法二：反躬自省急补救

一旦你发现自己得罪了上司，不妨静下心来仔细分析一下，看看问题到底出在哪儿。经过反思，如果问题确实出在自己身上，就要赶快采取措施加以补救。比如说及时找上司真诚地承认错误，以求得上司的理解。

不过有一点需要注意，那就是你在向上司承认错误时要选择恰当的时机和场合，比如说在上司心情愉快的时候或只有上司一个人在场的时候。否则，时机选择不当，即使你态度再诚恳，恐怕也难以取得理想效果。

方法三：利用一些轻松的场合表示对他的尊重

当你与上司发生冲突后，不妨在一些轻松的场合比如会餐、联谊活动上，向上司问个好，敬个酒，表示你对对方的尊重，上司会记在心里，排除或是淡化对你的敌意。

方法四：不寄希望于别人的理解

无论何种原因得罪上司，尽量不要向同事诉说苦衷，以免加深你与上司之间的裂痕。

方法五：借风扬帆求调和

如果你尽了很大努力仍不能改变上司对你的态度，那你就要考虑寻求外援了。比如，找一个与你私人关系较好的本单位的其他领导，或是在你的上司面前能说得上话的人当和事佬，从中协调。

关键时刻，为上司挺身而出

琼斯是某学院的部门助理，他的上司博格负责管理学生和教职员工。极其糟糕的签到系统使学生们常常因还未上课就被记名，许多班级拥挤不堪，而另一些班级却又太小，面临被注销的危险。博格的工作遭到众多师生的非议，承受着改进学生签到系统的压力。琼斯自告奋勇组织攻关，负责开发一个新的签到体系。上司博格高兴地同意了他的意见。经过艰苦工作，这个攻关小组开发出一个准确高效的签到管理系统，不久后的一次组织机构改组中，博格升任主任，随即，琼斯被提升为副主任。

对于琼斯开发并成功地完成了这套系统，博格给予了高度赞扬。

一般来说，时刻和上司保持一致，并帮助上司取得成功的人往往最终会成为企业的中坚力量，并且会成为令人羡慕的成功人士。

当某项工作陷入困境之时，如果你能挺身而出，大显身手，定会让上司格外赏识；当上司生活上出现矛盾时，你若能悉心劝慰，也会令上司十分感激。此时，你不要变成一块木头，呆头呆脑、冷漠无能、畏首畏尾、胆怯懦弱。若那样的话，上司便会认为你是一个无知无识、无情无能的平庸之辈。

不要直接指出上司的错误

作为上司，他要树立起权威，若不慎做了错误的决定或说错了什么话，下属直接指出上司的错误，无疑是向他的权威挑战，会让他很没有面子。相信一个最宽宏大量的上司也无法忍受。

金无足赤，人无完人，上司也有错了的时候。这时候，你要装作不知道，事后尽力去弥补就是了。有些人快人快语，肚子里放不住几句话，发现领导的疏漏就沉不住气。

某公司召开年终总结大会，主任讲话时出了个错，他说："今年本公司的合作单位进一步扩充，到现在已发展到46个。"话音未落，一个下属站起来，冲着台上正讲得眉飞色舞的主任高声纠正道："讲错了！讲错了！那是年初的数字，现在已达到63个。"结果全场哗然，主任羞得面红耳赤，情绪顿时低落下来。

上司有错时，不要当众纠正。如果错误不明显，不关大局，其他人也没发觉，

◇牢记上司偶尔吐露的话◇

所谓"说者无心，听者有意"，就是对上司偶尔吐露的话要牢记，并在恰当的机会中加以实践。

不妨装聋作哑，等事后再予以弥补。

有一个上司在会上将一组财务数据讲错了，一个做财务工作的下属没有马上纠正，他在做财务报表时，将上司说错的数据纠正了过来。上司看到财务报表时，才知道自己在会上说错了，因此对这个员工的好感大增。有时，上司的错误明显，确有纠正的必要，最好寻找一种能使上司意识到而不让其他人觉察的方式纠正，让人感觉到是上司自己发现了错误，而不是下属指出的，一个眼神、一个手势甚至一声咳嗽都可能解决问题。

不要在公众场合或同事的面前跟上司顶嘴，否则会弄巧成拙。因为有些上司极重面子，即使明知自己错了，也拉不下脸当众承认，如果你穷追猛打，在大家面前让他出丑的话，吃亏的只会是自己。

上司讲话时，要专心聆听

当上司讲话的时候，要排除一切使你紧张的意念，专心聆听，眼睛注视着他，必要时作记录。他讲完以后，你可以稍思片刻，也可以问一两个问题，真正弄懂其意图。然后概括一下上司的谈话内容，表示你已明白他的意见。切记，上司不喜欢那种思维迟钝、需要反复叮嘱的人。

尽量不要打越级报告

公司的组织机构是逐级上报的，下级员工都有直属上司、顶头上司。在工作中，越级报告意味着要越过直属上司，直接与顶头上司说明你的看法或争取权益。

通常打越级报告是一种危险的行为，会产生众多不良后果，往往容易伤害到自己。顶头上司不喜欢越级报告，一般会"退回原级处理"，你无法收到预期效果。这还有可能导致你与直属上司之间关系的恶化，因为你这样做明显是对他的不尊重。事后就算他不炒你鱿鱼，也难对你委以重任。你的报告如果被同事们知道了，他们可能会攻击你而使你"里外不是人"。

就算你的报告是非常正确的，你也破坏了单位的正常运行程序，这会使顶头上司头疼。即使你成功了，他们也会心存芥蒂，认为你对他们也可能采取同样的行为。所以，一般情况下，不要打越级报告。

在工作中，你若是想打越级报告，需要先检视一下自己的动机，是为公司利益着想而不是为了个人利益。确认了这一点，你就能选择正确的做法了。

所以，在工作中你有什么建议需要打报告时，一定要逐级上报。最好先与直属上司进行沟通，这样才能收到更好的效果。

让上司觉得你是一个信守诺言的人

只要你的优点超过缺点，上司是会容忍你的。他最讨厌的是一个人不可靠，没有信誉。如果你承诺的工作没兑现，他就会怀疑你是否守信用。如果工作中你确实难以胜任时，要尽快向他说明。虽然他会有暂时的不快，但是要比到最后失望时产生的不满要少得多。

跟上司没有"道理"可讲

不管是给领导讲是非还是讲利害，都不能伤及他的感情，因为这显得他所做的事，是在为自己盘算而不是在为大家辛勤工作。

比方领导批评下属的错误。假如下属以为自己没错，往往就忍不住要对领导解释是这么回事或者是那么回事，说这不是我的错或者这事我没做错，错的是对方或者天意等，于是与领导讨论甚至辩论起来。有时，下属争辩一番却发现还是自己错了，心里很担心。而有的领导会很宽宏地笑笑说，没关系，以后注意就是了。

原来，领导因为终于说服了下属心情就很愉快，就可能不计较下属的态度。

有时，下属终于证明自己的正确，正在高兴时，却发现领导不高兴了。不高兴的标志就是领导会说："不管怎么说，你还是有不足之处吧！"或者："无论如何，这事还可以办得完美一些吧！"

所以，在向领导解释时一定要注意方式、场合，只要不是大的原则问题，要给领导保留面子，要考虑领导在工作中需要的权威。即使必要的申辩也要委婉，平心静气。

怎样与男女上司相处

如果你的上司是一位女性，那么不要穿得像她的"孪生姐妹"。对于青春靓丽的女下属来说，穿得像女上司一样雍容华贵，是对她的成就感的一种微妙侵犯。

不明情况下，不要问候她的家人。除非被咨询，否则勿向她陈述养颜的秘方。交换美容心得是女性之间增进亲密感的秘诀之一，不过这一手法不适合用于女上司和女下属之间。女上司十有八九会失去平常心，因为她为自己的晋升付出太多。

不管女上司是否严肃，记住在电梯里一定要对她露出微笑。与男上司相比，女上司更关注你与他人融洽相处的能力，而不是你单枪匹马的业绩。

女上司生病时，记着对她打电话表示问候。不必登门慰问，毕竟女上司也是女人，不希望别人看到自己的病态形象，尤其是自己的女下属。

别跟她交流柴米油盐及打毛衣的心得。人的精力有限，跟她谈持家心得，会引起她的警觉，她会有你的心一半在公司一半在家的感觉。

◇怎样对上司提"意见"◇

跟上司不能讲"道理"，那当我们有"意见"时，应该怎样向上司提出呢?

对上司个人的工作提建议时需谨慎一些，要仔细研究上司的特点，研究他喜欢用什么方式接受下属的意见。例如性情暴躁的上司，自己姿态要低一点，说话要中肯、谦虚。

在向领导提建议时，你应该更多地从单位和工作的立场出发，显示出为整体或领导着想，而不要被领导认为："这个人只是为了达到个人的目的。才提出这个意见。"

提意见时要以建议的方式提出供领导参考。你不要涉及他的观点和方案，而是阐述自己知道的事实、想法、自己的方案，并且说明"这不一定对，仅供领导参考。"

　　如果你的上司是一位男性，那么不要在他面前发嗲。因为这在旁观者看来，会认为你有某种企图。

　　空闲时可以和他聊聊儿女的情况。现代成功人士总是乐于展示他们贤夫良父的形象，无论他是35岁还是45岁，儿女总是他的掌上明珠。

　　如果你跟随男上司外出谈判或参加有关会议，衣着要恰到好处。对此，曾有公司员工有过深刻的教训。该员工本来只是事务性秘书之一，但有一次，她穿上色调深沉并饰金纽扣的名牌职业女装，让谈判对手误以为她也是决策层中的人物之一，一定要听她的意见，男上司当下脸色就十分难看。男上司往往对职业身份十分看重，人微言轻之际，别去讨那个没趣。上班穿着一定要整洁、得体、大方。低胸衣、迷你裙、夸张的饰物等最好不要出现在工作中。

◎ 与同事打交道的常识 ◎

多向老同事学习

　　那些比你先来的同事，相对来说比你积累了更多的经验，有机会不妨聆听他们的见解，从他们的成败得失里寻找可以借鉴的地方，这样不仅可以帮助自己少走弯路，更能让他们感受到你对他们的尊重。尤其是那些资历比你长，但其他方面比你弱的同事会有更多的感动，而那些能力强的同事，则会认为你善于进取，更会乐于关照并提携你。

乐于帮助新同事

　　新到的同事对手头的工作还不熟悉，当然很想得到大家的指点，但是常心有怯意，不好意思向人请教。这时，你如能主动伸出援助之手，往往会让他们打心眼里感激你，并且会在今后的工作中更主动地配合和帮助你。切不可自以为是，不把新同事放在眼里。

一定要尊重同事

　　相互尊重是处理好任何一种人际关系的基础，同事关系也不例外。同事关系不同于亲友关系，它不是以亲情为纽带的社会关系，亲友之间一时的失礼可以用亲情来弥补，而同事之间的关系是以工作为纽带的，一旦失礼，创伤难以愈合。所以，一定要尊重同事。

拿出自己的真诚

与同事相处，以诚为贵，当他需要你的意见时，你不要使劲给他戴高帽，发出无意义的称赞，而是要真诚地为他剖析问题，提出自己独立的见解；当他遇到工作上的困难时，你要尽心尽力予以援助；当他无意中冒犯了你，你要抱着大度宽容的心态，真心实意原谅他，日后他有求于你时，要不计前嫌、毫不犹豫地帮助他。

◇保护好自己的隐私◇

在不议论别人隐私的同时，更要保护好自己的隐私。

1.办公室里"安全第一"

　　隐私本身就是一个相对而言的概念，同一件事情在一个环境中是无伤大雅的小事，换一个环境则有可能非常敏感，所以，在办公室里要保护自己立于安全地带。

2.密切同事关系不必交换隐私

　　有的人会认为关心别人的私事是一种关系亲密的暗示，或者是导向亲密关系的途径。事实上有些东西是不方便与人分享的。

如果你仍然觉得与同事相处很困难，请细心阅读以下意见，相信能从中获得启示：

当对方有意无意表示自己有多能干，怎样获得上司的信任时，切勿妒忌他，你应该诚心诚意欣赏对方的长处。

当大家趁着上司不在聚在一起聊天的时候，你应该暂且放下工作，走过去跟他们讲些无伤大雅的玩笑，让同事感觉你是他们当中的一分子。

再有，不要随便把同事告诉你的话转告上司，否则你会失去同事对你的信任，更甚者会招致大家的联合反对。

同事间的物质往来要一清二楚

同事之间可能有相互借钱、借物或馈赠礼品等物质上的往来，切忌马虎，每一项都应记清楚。向同事借钱、借物，应主动给对方打张借条，以增加同事对自己的信任。如果所借钱物不能及时归还，应每隔一段时间向对方说明一下情况，不要一声不吭。在物质利益方面，无论是有意或者无意地占对方的便宜，都会在对方的心里引起不快，从而降低自己在对方心目中的地位。

不在背后议论同事的隐私

每个人都有隐私，隐私与个人的名誉密切相关，背后议论他人的隐私会损害他人的名誉，导致双方关系紧张甚至恶化，是一种不光彩的、有害的行为。

对自己的失误或彼此之间的误会应主动道歉说明

同事之间经常相处，一时的失误在所难免。如果出现失误，应主动向对方道歉，求得对方的谅解；对误会应主动向对方说明，不可小肚鸡肠、耿耿于怀。

用自己的性别优势关心异性同事

男性较有主意，能承受艰苦劳累的工作，也能更理性地分析并解决问题等；女性比较有耐心，做事细心有条理，善于安慰人。尽管只是同事，并不是在家里，但每个人也渴望得到同事们的关心和理解，若能发挥自己的长处，对异性同事多些关心和帮助，如男性多为女同事分担一些她们觉得较为吃力的事，女性多做些要求细心的工作，多为办公室的环境美化做些事，这并不难，效果却很好，对方会将你视为可以信赖的好同事。

适当淡泊名利

对那些细小的、不会影响自己前程的好处，多一些谦让，比如单位里分东西不够时少分些，一些荣誉称号多让给即将退休的老同事等，再比如与其他人共同分享一笔奖金或是一项殊荣等，这种豁达的处世态度无疑会赢得人们的好感，也会增添你的人格魅力，带来更多的回报。

◇淡化优势，恰当低调◇

在与同事的交往中，刻意表现自己、显示自己优越性，会招人嫉恨，所以，在恰当时候，要淡化自己的优势、低调做人。

不耻下问。在众人（不管是重要人物，还是刚入职场的新人）面前，要保持谦逊的态度，不懂就要问。

少说为佳。在与同事交往中，不妨做个忠实的听众。把别人当成自己的老师，少说多听，给对方充分表现自我的机会，无形中让大家都喜欢你。

不要在同事面前炫耀自己

在工作中不乏这样的人，他们思维敏捷，但说起话来令人感觉狂妄，这种人多数都是因为太爱表现自己，总想让别人知道自己很有能力，处处想显示自己的优越感，从而获得他人的敬佩和认可，但结果往往适得其反。

在交往中，任何人都希望能得到别人的肯定评价，都在不自觉地强烈维护着自己的形象和尊严，如果他的谈话对象过分地显示出高人一等的优越感，那么无形之中就成为对他自尊和自信的一种挑战与轻视，排斥心理乃至敌意也就不自觉地产生了。

当我们的朋友表现得比我们优越时，他们就有了一种重要人物的感觉，但是当我们表现得比他们还优越时，他们就会产生一种自卑感，造成羡慕和嫉妒。

小王刚调到某地区人事局调配科时，在同事中几乎连一个朋友都没有。因为他正春风得意，为自己的机遇和才能满意得不得了，因此每天都使劲吹嘘他在工作中的成绩，每天有多少人找他帮忙等"得意事"。但同事们听了之后不仅没有人分享他的"成就"，而且还极不高兴，后来还是当了多年领导的老父亲一语道破，他才意识到自己的症结到底在哪里。

从此，小王开始很少谈自己而多听同事说话，因为他们也有很多事情可谈，让同事把他们的成就说出来，远比让他们听别人吹嘘更令他们兴奋。后来，每当他有时间与同事闲聊的时候，他总是先请对方滔滔不绝地把他们的欢乐炫耀出来，与其分享，而只是在对方问他的时候，才谦虚地说一下自己的成就。

只有学会谦虚，我们才能永远受欢迎。

学会赞美同事

领导可以用评价的方式赞美下属，同事之间也可以运用评价式赞美，或别的赞美方式。同事之间的赞美，特别是有关才能方面的，首先要调整好合适的心态。有的同事认为："他那点才能算什么？"同事之间难免会有竞争，所以，多少有点抵触、敌对、嫉妒的心理。用一颗健康而真诚的心去赞美同事的才能是首为重要的。

"不问你从哪里来，只问你与谁一起来？"身边的同事才高八斗，能力过人，也是你的骄傲和幸运。赞美同事的才能时，要富有一些爱心，而不是干巴巴的敷衍，正如，母亲赞美孩子时，眼神里流露的是深深的爱意，语调里也透露一种喜悦和满足。赞美同事才能时，要适当表达你的佩服之情——如果他的才能的确令人佩服。"英雄惜英雄，美人惜美人"，同事之间就应该虚怀若谷，该请教的就请教，该佩服的就佩服。

◎ 与下属打交道的常识 ◎

让下属感觉自己很重要

在每个人的脖子上都有个无形的胸卡，上面写着"让我感到我的重要"。这句话揭示了与人相处的关键所在。

虽然，你的下属可能不会把他的想法说出来，但他心里会想："我没有你那么高的权威，没挣你那么多钱，不像你有那么大的房子、受过那么高的教育，但和你一样，我也是人，我也有家庭。当和孩子闹翻后，我心里难过，心猿意马，无法专心工作；当孩子获得奖学金时，我自豪，想站在屋顶上大喊。"因此，你一定要让他感到自己很重要，比如时常关心一下他的工作、生活情况。哪怕只是一句温暖的问候，也会让他感到自己很重要。

主动和下属打招呼，并能亲切地叫出其名字

给人亲近感的最好方法就是以名相称。比如在商场里遇见你的下属，面带微笑地叫出他的名字并问候他，这会迅速缩短你们之间的距离。因为在他自己看来，你是上司，而他不过是众多员工中的一个小人物。你主动和他打招呼并能亲切地叫出他的名字说明他在你心目中很重要。

多亲临现场

亲临现场是高效管理的一个好办法。首先，你要知道谁在干活。你要向他们请教，他们会很骄傲地向你描述他们的工作，显示他们的技艺。这样，你可以学到许多整天只在办公室里学不到的东西。其次，它能给你提供一个学习别人长处，甚至是工作以外的有益东西的机会。

向下属正确地陈述指令

领导者给下属发布命令时有以下几个具体的技巧。

（1）命令要重点突出，不要面面俱到。如果你要把命令讲得过于详细和冗长，那只会制造误解和混乱。

（2）为了使命令叙述得简要中肯，你要强调结果，不要强调方法。为了达到这个目的，可采用任务式的命令。一种任务式的命令是告诉一个人你要他做什么和什么时候做，而不告诉他如何去做。"如何做"那是留给他去考虑的问题。任务式

◇干着指挥更有效◇

亲临现场只是与下属相处的重要部分之一，更重要的是亲临现场以后你应该怎么做："站着指挥"与"干着指挥"还是有本质差别的。

综上所述，领导"干着指挥"更能激发下属潜力，使指挥更有效。

的命令为那些做替代工作的人敞开了可以调动他们的想象力、主观能动性和独创性的大门。不管你的路线是什么，这种命令的方式都会把人引导到做事的最佳道路上去。如果你是在为你自己做生意，改善了方式和方法就意味着增加利润。

（3）当下属准确地知道你所需要的结果是什么的时候，当他们准确地知道他们的工作是什么的时候，你就可以分散权威和更有效地监督他们的工作。如果你经营的是商业或工业，或者是搞销售，甚至是在军队中服务，当你能确保下属准确地知道他们的工作任务时，至少你会享受到减轻你的工作压力和更有效地监督你的下属这两种具体的好处。

（4）当你发布使人容易明白的简洁而清楚的命令时，下属就会知道你想做什么，他们也就会马上开始去做。他们没有必要为了弄清楚你说的话而一次一次地回到你那里。在多数情况下，一个人没有为你做好工作的主要原因就是他（或者她）没有真正弄明白你要他做什么。如果你希望别人丝毫不走样地执行你的命令，那么简单扼要的命令是绝对必要的。这是你必须要遵从的一个牢固的规则。

（5）命令不要太复杂，要尽量简单。最好的计划应该是在制订、表达和执行上都不复杂的计划。这样的计划也更便于大家理解。一个简单的计划也会减少错误的机会，其简洁性也会加快执行的速度。

多用"建议"，而不用"命令"

怎样下达命令才会使你的计划能得到彻底的实施呢？才能使你的下属乐于积极、主动、出色、创造性地去完成工作呢？

你想让别人用什么样的态度去完成工作，就应当用什么样的口气和方式去下达任务。多用"建议"，而不用"命令"。这样，你不但能使对方维持自己的人格尊严，而且能使人积极主动、创造性地完成工作。即便是你指出了别人工作中的不足，对方也会乐于接受和改正，与你合作。

有一个秘书这样说自己的经理：他从来不直接以命令的口气来指挥别人。每次，他总是先将自己的想法讲给对方听，然后问道："你觉得，这样做合适吗？"当他在口授一封信之后，经常说："你认为这封信如何？"如果他觉得助手起草的文件需要改动时，便会用一种征询、商量的口气说："也许我们把这句话改成这样，会比较好一点。"他总是给人自己动手的机会，他从不告诉他的助手如何做事；他让他们自己去做，让他们在自己的错误中去学习，去提高。

可以想象，在这样的经理身边供职，一定会让人感到轻松而愉快。

这种方法，维持了部下的自尊，使他以为自己很重要，从而希望与你合作，而不是反抗你。

所以，如果你要向下属下达命令，让他做你想要他做的事或是要他改正错误，那就避免使用"命令"的口吻，不妨试试"建议"的方法和"激将法"。

与下属打成一片

和下属打成一片，不仅能够提高下属工作热情，使企业上下同心协力，增强组织凝聚力，而且还能显示领导者的人情味，拉近与下属间的距离，获得下属的支持。

◇如何让下属更拥戴你◇

不与下属争功抢赏

将一切成绩归为己有，不仅会造成员工反感，而且也会让员工失去继续努力的积极性。

不随意干预下属的工作

领导要放手让下属去施展才华，只有当他确实违背你的工作主旨之时，你再出手干预，将他引上正轨。

对员工施以仁义

不仁义的领导者注定得不到下属的忠诚和拥戴，领导者可以在管理中对员工施以仁义，例如，给地位卑贱者尊重、给贫穷者财物、给落难者援助、给求职者机会，等等。

下面，是一些可行的办法：

（1）以部门为单位，定期举办健身活动：下属之间若能经常打几场篮球对抗赛、排球对抗赛，不仅有益于身心的健康，还有利于彼此间协作精神的培养。而领导者参与其中的比赛，更能提高大家的士气。你可以乘此机会了解一下下属的兴趣爱好，与他们交流一下彼此间对待输赢的想法，对待朋友的态度，从侧面去观察他们。

（2）常对下属问寒问暖："什么时候当爸爸，小婴儿的一切用品都准备好了吧？"若是你的下属能听到这样一番问候，心里一定是暖洋洋的。每个当爸爸的人心里一定都非常自豪，恨不得向天下人昭告自己即将当爸爸一事。若是能听到领导对自己的询问，心里必定感激万分，彼此间的心就会拉近。

（3）记得每个下属的生日：在他们生日的那天，以你自己的名义或组织的名义给他们寄去一张生日贺卡，送上一束鲜花，或是为他们举办一次小型的生日宴会，其效果必定非常好。

（4）节假日举办组织内的晚会：俗话说：每逢佳节倍思亲。在重大的节假日，若是你亲自组织并参与一场组织内自编自演的晚会，定会让你与下属们有更多的沟通机会。

总之，领导者一定要到下属中去，并且让越来越多的员工、下属参与到组织决策里面，这是组织发展的大趋势，也是领导者赢得下属拥护的一个好方法。

责备下属要讲方法

身为领导，为了工作有时不得不责备下属，而责备也要讲方法。在责备下属的时候，千万不可用"笨蛋"或"混蛋"这一类的字眼，这不但会伤到下属的自尊，甚至有的下属一辈子都记得这个侮辱。责备的时间也不可太长，尤其是当下属已经知错并有悔改之意时，最好不要责备。

但有些情况，下属犯了错则不得不责备，原因在于：

如果犯了错的人，认为即使做错了也不会挨骂，便失去了警惕心，下次还会再犯。

能让其他人提高警觉。

不让他人以为有机可乘。

因此，身为领导，有时出于迫不得已而必须责骂下属，也不必采用"劈头盖脸"的方式，尽可能低声告诫效果会更好。

对于反应迟钝的人，有时不得不使用打击治疗法："你到底知不知道该怎么做？""你认为自己尽到责任了吗？"有时候你必须很大声地告诉下属："因为公司的要求严格，所以我也必须严格要求你。"尤其是对那些即使犯了错也认为"这

◇ 责备下属有分寸 ◇

领导在责备属下时要注意：

领导批评下属，要有根据。切不可随便捕风捉影，没有证实是否属实，就企图让部下接受批评，那样势必要惹起部下的反感。

领导者应该掌握好批评的分寸，视员工所犯的错误的严重程度，来决定对其批评的严厉程度。一旦没有掌握好力度，批评超出了一定的限度，就会发生质变，走向反面。

不要在众人面前指责下属，保留员工的尊严。在众人面前批评属下以证明不是自己错的做法是非常幼稚的，同时也是非常令属下厌烦的。

也就是说，领导在责备属下时要既能指出员工的缺点，又不伤害其自尊心，使其心服口服。

没什么大不了的”，或是“只要不说就假装忘记好了”的马虎型下属。

责备除了对当事人之外，有时候也可以提醒周围的人，如果能让其他人产生"老板真的生气了！还是小心点好"的想法，那就成功了。此外，责备的时候一定要点明问题，否则对方不知道错在哪里，当然无法改正。

现实中，为了让挨了骂而沮丧万分的下属拥有重新冲刺的勇气，适时的安慰也是很重要的。但不要让对方以为你是骂了人后悔才安慰他，所以，斥责与安慰的时间间隔，最好保持在半天和一个礼拜之内。

藏起锋芒，给下属表现的机会

郑板桥"难得糊涂"一语甚是精彩，它道破了聪明领导的为人策略。你装你的糊涂，这就给了下属表现机会，谁不想在上司面前邀功请赏，他必然会贡献出忠言与卓见，你只需从中细辨真伪即可，这样也好上下一心，齐心协力，共创大业。

鼓励下属多尝试

部下每天反馈回来的建议会很多，尽管不能一一采纳，但千万不要告诉他们说不行，一棍子打死。领导者应抓住时机，绝不能熄灭其热情的熊熊烈火，适当鼓励引导，壮大他们智慧的火花，一而再，再而三，星星之火必可燎原，最终必有一个令你满意的好点子。

第九章

不可不知的创业常识

◎ 创业前的准备常识 ◎

资金不能成为你的借口

年轻的时候，不要说自己的本钱还不够，事实上，财富是可以从小本钱投资经营而累积起来的。拥有小本钱的创业者，一样可以在未来的某一天成为坐拥百万财富的大赢家，只要你努力，只要你坚持。

跻身世界500强的戴尔刚开始创业时，只有1000美元的资本；个人财富排名世界第一的比尔·盖茨当初开始创业时，也仅投入1000美元的资本。不在于本钱的多少，只要你做得好，每一个小买卖里都蕴藏着无限的商机，任何小事都包含着做成大事的种子。四川打工族用卤鸡蛋在全国许多城市启动新市场，就是一个说明。

2002年春节以后，一些四川人在一些大小城市用移动销售的方式来销售卤鸡蛋。每人推一个自制的小推车，小车非常简单，四个小轮子上放一块木板子，板子上面放一大铝锅，锅里放着不断冒烟的热鸡蛋，走街串巷，喊着带四川口音的"正宗卤鸡蛋，一块钱三个，味道好得很"。就是这么一个不起眼的模式，却让这种特色逐渐变得像新疆羊肉串那样，小有名气，而且在全国迅速扩张，遍布各地销售四川正宗卤鸡蛋的人已有数千人。

小本经营创出了奇迹。这些人的创业启动成本只有200元左右，但很多人一天能销售几百个鸡蛋，靠近旅游区的甚至能销售1000个以上，每个只有几分钱的利润，但每天都能够获得30~100元收入，而且风险很小。

年轻人，不要以为非得有大量的资金才能创业，资金固然重要，但你更需要一个创业的头脑和创业的精神。

赚取你的第一桶金很重要

赚取你的第一桶金很重要，它能为你以后事业的发展打下坚实的基础。

有背景、有资金、有个富爸爸自然能够解决"第一桶金"，这样的创业者是幸运的。而多数胸怀大志、身无分文，凭着知识、智慧、毅力和信心去"空手套白狼"的创业者如何获得"第一桶金"就显得至关重要。

由于总想尽早挖到"第一桶金"，许多人往往是心浮气躁、怨天尤人，甚至为此而悲观失望，碰上不愿慷慨投资的有钱人更是怨气冲天。其实大多数人的金钱都是来之不易的，所以越有钱的人就越知道赚钱的艰难。创业者应该更多地去挖掘、设计如何自力更生，获取创业所需要的"第一桶金"。

创业是一个长期的艰苦过程，不可能在很短的时间内就创造一个亿万富翁。但是，挖掘"第一桶金"越是艰难，后来创业便越容易成功。

年轻人有的是热情、书本知识，缺少的是经验、金钱。而金钱恰恰是创业所必需的，所谓初次创业成功，就是掘到第一桶金。有了这第一桶金，加之掘金过程中积累的经验，你的创业之路便开始步入正轨了。那么如何得到这宝贵的第一桶金呢？有各种各样的方法，如凭长辈赐予、偶然所得（比如中彩票）。只要在法律许可的范围内，找点其他门路也未尝不可。常言道：窍门到处有，看你瞅不瞅。精诚所至，金石为开。

◇创业者需要具备的素质◇

想要成为成功的创业者，除了具有可供周转的资金和长远的眼光外，还应该具有以下素质：

有梦想，有创业的冲动和热情，渴望有自己的事业，有为成功百折不挠的干劲，才有可能创业成功。

发财一是要有胆量，具有冒险精神，但不盲目下注；二是要有创新，立足于市场的创新，才不会被市场、时代所淘汰。

眼光一定要长远

争夺财富，眼光一定要长远，若为眼前小利断了长远发展的道路，那就亏大了。

有个年轻人，开了家杂货店。他卖的很多东西都比别人的便宜。于是就有人笑他，说："你卖的东西价格比别人低，还有什么赚头？反正大家卖的价格都差不多，和大家定价一样就行了。"年轻人却说："以后会有越来越多的人买我的东西的。"这个年轻人就是沃尔玛的创始人。

在商战中，赢得口碑的确需要如此，为了一个公司的长远发展，更不能为了眼前的短暂利益而不顾公司长远的竞争力。

所以，一个人有没有长远的眼光，有没有在成功面前多考虑几步，这往往是成功与否的分界线。犹太人指出，远见虽然是一种看不见的素质，但它却影响着商人们的成败。对于优秀的商人来说，远见告诉我们可能会得到什么东西，远见召唤我们去行动。用我们那些积极的方面去影响别人，这正是我们最好的选择。

像富人一样思考

要想通过创业拥有财富，就要像富人一样思考。当你以积极的态度思考，自然会有所行动，达到你所有正当的目标。即使躺在床上也能思考，即使你躺在医院的病床上，只要勤于研究、思考及规划，也能致富。20几岁的年轻人，两手空空地走进社会，要想致富，首先要向富人学习，学习他们是如何思考的。

几年前，有人曾做过一项全世界富人和穷人的研究。这次研究想查明出身贫寒的人如何最终变富，结果发现，有很多富裕的家族仅经历了三代就损失了大部分家产。该研究发现这些人拥有以下三个特征：他们目光短浅，他们渴望即时回报，他们滥用复利的力量。

而真正的富翁，无论是哪个国家的，都具备相反的三项特性：一是有长期的目标和计划；二是他们相信延迟的回报，也就是推迟享受快乐原则；三是他们以有利于自己的发展运用复利的力量。

通过这种比较，我们可以发现，富人的思考方式总是看着前方，运用自己的头脑思考自己未来的生存之路。亿万富翁亨利·福特说："思考是世上最艰苦的工作，所以很少有人愿意从事它。"你的头脑是你最有用的资产。

主动与富商巨贾建立关系

成功人士所能给予的帮助自然会比普通人大许多，主动和这些人建立关系，可以对自己的发展起到重要作用，是创业中的关键一环。

哈里森来到丹佛市，住在第二大道的一套小公寓里，他想在这里开始创业生涯。

初来乍到，人们并不认识哈里森，因此他必须计划好为自己的房地产事业铺平道路的每一个步骤。他要做的第一件事就是尽快加入该市的"快乐俱乐部"，去结识那些出入该俱乐部的社会名流和百万富翁。对哈里森这样一个无名小卒来说，要想进这样高档的俱乐部，实在是很不容易，但他还是决定去大胆尝试一番。

哈里森第一次打电话给"快乐俱乐部"，刚说完自己的姓名，随着一声斥责，电话就被对方挂了。哈里森仍不死心，又打了两次，结果仍遭到对方的嘲弄和拒绝。

"这样坚持下去，将毫无结果。"哈里森望着电话机喃喃自语。突然，他心生一计，又拿起了电话。这次他声称有东西给俱乐部董事长。对方以为他来头不小，连忙将董事长的电话号码和姓名告诉了他。

哈里森立即打电话给"快乐俱乐部"的董事长，告诉他自己想加入俱乐部。董事长没说同意也没说不同意，却让哈里森来陪他喝酒聊天。

通过喝酒聊天，哈里森逐渐与这位董事长建立了良好的关系。几个月后，在董事长的特殊关照下，他如愿以偿，成为"快乐俱乐部"的一员。

在俱乐部里，哈里森结识了许多富商巨贾，建立了良好的关系网。也为他后来辉煌的经商生涯奠定了坚实的基础。

要想通过创业成为富人，就先让自己像个富人，和富人有某种接触，即使得不到直接的帮助，这种接触在其他人面前也是一种能提升自己身价的"背景"。

用心捕捉每一个细小的信息

信息就是财富，但不能坐等信息从天上掉下来，而要时时留意、处处留心，一个小信息，也许就能为你带来大财富。

香港"假发业之父"刘文汉，就是因为善于巧用信息，从而在生意场上大获成功的。20世纪60年代中期，不满足于经营汽车零件的小商人刘文汉去美国旅行。有一天，他去一家餐馆与两位美国朋友共进午餐。美国人一边吃一边谈着各自的生意经，其中一位美国朋友无意间提到"假发"两个字，刘文汉心中一动，脱口叫道："假发？"另一位美国朋友又一次补充道："假发，是的。我想购买13种不同颜色的假发。"

餐桌上这番普通的谈话使刘文汉开了窍。

回到香港，刘文汉立刻着手调查制造假发的原料来源。经过调查研究，他发现，原料从印度和印尼输入中国香港，制成各种发型的假发，其成本相当低廉，最贵的每个不超过11港元，而一个假发的售价却高达数十美元。刘文汉喜出望外，立即决定在香港开办假发工厂。

就这样，中国第一家制造假发的工厂诞生了，各种颜色、式样的假发大批量生产出来。消息在市场上不胫而走，订货单像雪片般飞到了刘文汉的工厂里。到了

◇创业的热门项目◇

创业的热门项目一般有以下几种，大家可以从自己比较熟悉的项目入手：

宠物市场

随着生活水平的不断提高，养宠物的人不断增多，人们会像对待自己的孩子一样对待宠物，宠物经济也随之兴起。创业者可选择开办宠物食品店、美容院、托儿所等。

婴幼儿市场

每一位家长都想把最好的给自己的孩子，孩子的购买力不容小觑。创业者可选择在医疗保健单位附近或是小区等开办婴幼儿用品店。

老年人市场

随着老龄化的不断发展，老年群体成为一个相当大的消费群体，与日俱增的老年人群为我们提供了广阔的创业商机。创业者可选择开办老年人专用辅助器店、服务公司、餐厅等。

1970年，刘文汉的假发工厂销售额已经达到了10亿港元。

机遇总是眷顾细心之人。饭桌上的一句话成就了刘文汉这位"假发大王"。

财富总是和有心人相伴而行，只要你用心捕捉每一个细小的信息，让自己成为一个敏感的财富追求者，财富就会来到你身边。

创业应该选择什么业种

选择业种必须遵循3大原则：第一，不熟不做。也就是应在自己所处的职业范围选择创业，因为你熟悉这个行业的经营方式，你在工作中也积累了一定的经验，这样你创业时就可以少走弯路。在许多成功的创业者中，他们所选择的业种都是老行当或与所从事职业密切相关的行业。第二，选择有市场前景的行业。概括地说，就是选择朝阳行业，选择市场的空白点，以及在尚未饱和的行业选择创业。第三，不要脱离自身的条件。比如房地产开发，需要大资金运作；选择软件开发，需要较高的知识技术背景。如果脱离自身的条件进行创业，草率行事，那么等待你的很可能是失败。当然，条件不具备，并不等于你不能创业，你可以创造条件：积累资本、学习技术、掌握经验，准备越充分，你创业的胜算就越大。

精打细算降低筹资成本

筹资成本是创业取得资金后，需要以利息、股息以及其他形式付出的一定的代价。利用不同资金来源的成本率在时间、空间、行业间的差别，选取较低成本资金来源，可以有效降低筹资成本。

在创业的初期，需要耗费的资金相当可观。在筹资的时候，不单考虑到筹资的成本，把这一部分资金算到筹资规模中。如果在创业初期大肆挥霍，则可能就造成集资不足或使筹资规模迫不得已扩大。这样就增加了成本，使将来的获利相对减少。

精打细算与节约是做生意必备的两点。要做到精打细算，就要从许多细节上入手，比如精简人员减少开支，充分发挥每个人的潜力，合理利用人力资源等。对于降低筹资的成本，个人独资与合伙出资则要安排好出总资额，要以最佳的配置出资，达到最好效果，但不能一味追求降低成本，筹资不足，造成将来的经营失败。

如何开网店

开网店成本少，上手很快。但没想清楚就下水，很可能会由于商品市场细分不对，定位不准，或思想准备不足，耗费了大量的精力，葬送了网上创业的激情。所以在所有的动作开始之前，请先准备好以下工作。

（1）卖什么

你想卖什么产品，在这类产品中你又想做哪个档次的。你希望顾客到你店里逛过后对你产生什么印象，你想做薄利多销还是精品路线。这就是你的定位。找准定位是至关重要的第一步。你还要明确什么商品适合在网上销售：①网下买不到或者不容易买到的商品，新、奇、特商品最受欢迎；②定价要比网下零售价便宜的商品（要包括邮费和包装）；③方便邮寄的商品，超重超大的物品包装、运输不方便而且邮寄费也贵，不适合网上销售。

（2）卖给谁

销售对象必须是常上网的群体，这部分人通常在15～35岁之间。其实这个范围非常广，不可能做所有人的生意，你可以再次缩小范围，比如白领、学生、游戏族……

这里还有一个消费延续性的问题要预先考虑到，就是将来如果转行经营不同类别的商品（或者开分店），如何最大限度地保留买家资源。

（3）有何优势

现在网上开店竞争很大，仅在淘宝注册的网店已经有9万多间，如何在这些店铺中脱颖而出，做出自己的特色，这时你需要弄清楚你的优势在哪里。

◎ 商海中的打拼常识 ◎

有效整合身边的资源

这是一个广为流传的故事：

在一次盛大的国际宴会上，中国人、俄国人、法国人、德国人、意大利人争相夸耀自己的民族文化传统，只有美国人沉思不语。为了使自己的表述更加形象，具有说服力，他们纷纷拿出了具有民族特色、能够体现民族悠久历史的文物——酒来碰杯相敬。

中国人拿出古色古香的茅台，打开瓶盖，香气袭人，四座皆惊，众人为之称道。俄国人拿出伏特加，法国人拿出大香槟，意大利人拿出葡萄酒，德国人拿出威士忌，轮到美国人时，只见他把各种酒兑在一起，随之举杯相敬，说："这叫鸡尾酒，它体现了美国国家的精神——组合就是创造。"

这则意味深远的故事，告诉我们在商海竞争中角逐，你大可将现有的各种资源拿来为自己所用，将它们有效整合，然后静观奇迹的诞生，在商海竞争中轻松取胜。

其实，成功的商人们都懂得如何利用现有的一切资源为自己所用。我们要想跨越穷人的围墙，跻身富人之列，也需从身边的资源出发，将它们有效整合，当你真正开始尝试这样去做时，你就会发现，由组合所产生的奇迹，你也可以拥有。

有钱大家一起赚

生意场上，独木不成林，合作是必然。赚到一点钱，别吃独食，让别人也赚到钱，其实这也方便了自己。

深圳有一个农村来的妇女，她没什么文化，刚到深圳时只能给人当保姆，攒了点钱后就在街边摆摊卖胶卷，一个胶卷赚一角。她认死理，一个胶卷永远只赚一角。后来她开了一家摄影器材店，生意越做越大，还是一个胶卷赚一角，市场上一个柯达胶卷卖23元，她卖16元1角，批发量大得惊人，深圳搞摄影的没有不知道她的。外地人的钱包丢在她那儿了，她花了很多长途电话费才找到失主；有时候算错账多收了人家的钱，她心急火燎地找到人家还钱。听起来像傻子，可她赚的钱很多，在深圳，再厉害的摄影器材商，也得乖乖地去她那儿拿货。

别人尝到甜头，自然会继续和你合作。若你一心想谋利，别人得不到任何好处，怎么还会和你来往？没有了来往，没有了合作方，还谈什么赚钱呢？

做生意最讲究人气，门庭若市就是旺铺，就能发财。因此，让别人也赚到钱，实则是树名头、立威信、结人缘的好办法，有了上述这些条件，何愁没有生意上门？

敏于财富与时间的转化，善打时间差

打时间差是最常见的时间运作方式。打时间差就是凭借协议、合同等有效的手段，将主动权控制在自己手中，然后在合同、协约规定的时间内迅速催化、造势、转换，从而获得超额利润。协议或合同所规定的时间，就是财富转换之间的时间差，这个时间差很短，运作者要利用好这个时间差，少花钱甚至不花钱，就能挣一笔财富。

看准时机，借机生财

光绪二十六年（1900年），发生了庚子事变，首先是义和团运动风起云涌，其次是慈禧光绪仓皇西逃，最后是八国联军占据京师。京师遭受到严重的破坏，特别是经过八国联军的炮轰火烧，大部分建筑毁损，修补重建势在必行。

许多人对此麻木不仁，高钰却从中发现了经营的良机，当时京城的淘沙业备受冷落，因为淘沙费工费时，所获也有限。看好这一时机的高钰却认为这是一个有前途的市场，因为随着局势的稳定，百废待兴，百屋重造，沙子的需求量会越来越大。潜在需求量这么大，而当时有兴趣投资经营的大企业几乎没有，于是高钰当机立断，派人到欧洲用重金定购现代化的淘沙机船。这些船每20分钟就可以从海底挖

◇如何抓住机遇◇

人们都说机遇是给有准备的人，那究竟该如何准备才能更好的抓住机遇呢？

脚踏实地、一步一个脚印、踏踏实实做好每件事，认认真真过好每一天，从不同的工作中不断总结方法，提升逻辑思维能力，向着成功的目标不断前进。

保持良好的周边关系和人际关系，拓展自己的人脉，寻找自己的良师益友，多跟比自己强的人交流。

开拓视野，不断充实自己的知识，培养前瞻性，准备好抓住机遇的敏锐眼光。

泥沙2000吨，并自动卸入船舱中。后来高钰拥有先进的挖泥船20多艘，独家生意，利市百倍。

高钰的成功，就在于他很好地借助了由时机所带来的商机，从而在沙里也淘出大量的金钱。

借机生财的注意事项：

（1）时机要用眼光去搜寻："机会有时会自己走来，但大多数是要我们去找的。"美国第一建设公司的副经理路易曾经这么说。时机存在于那个时段，对每个人都一样，但有的人能一把抓住，有的人却视而不见，区别就在于一个在不停地用眼光搜寻，而一个却永远处于无意识状态。

（2）借助时机不等于投机：有些人是投机分子，他们以别人为垫脚石而爬上高位。他们企图损人而利己。这类一意孤行的人是享受不到工作乐趣的，不顾一切地积极侵略，正暴露了他们日渐衰微的自我尊重。

（3）研究未来趋势和发展：机遇永远等待着那些在工作中领先别人一步的人。多读有关贸易和工商业的杂志和报纸，了解本行本业的新发展。高钰能借机生财，不就在于他深刻了解未来淘沙业的大发展吗？

善于造势，执市场之牛耳

一家企业过于穷酸寒碜，顾客会不由得怀疑其实力。由此可知，"钱"和"势"是相生相长的两个环节。二者得其一就会很容易得全部。

2000年7月，国内几大著名网站的首页上纷纷登出一条颇具轰动性的新闻：

中国温州某企业向白宫发出邀请，开价200万美元邀请克林顿总统在卸任后担任该公司的"形象大使"。

而美国主流媒体也迅速转发了这一新闻。毕竟，大选在即，政治炮弹十分稀缺。这里提及的"某企业"正是刚刚组建的以西服为主导产品的温州法派服饰有限公司。几乎所有的同行都认为这纯属炒作，是一个"国际玩笑"。此后，沉寂了大半年，人们差不多已经淡忘这个"玩笑"。法派公司意外地接到了美国前第一夫人希拉里的电子邮件，明确表示已是自由身的夫君克林顿愿意认真考虑"法派"的邀请，并期待与公司方面就此事进一步洽谈。

事实上，无论最后克林顿是否同意做"法派"的代言人，"法派"的威望都会提升。因为人们会想：敢请克林顿做"形象大使"，这家企业实力一定不一般。

与此相关的"势"还包括形象、影响力等，毋庸置疑，若企业或企业家的形象具有影响力，就可以吸引更多的潜在消费者。

"势"自然不能完全代表内在的实力，但是若造不出"势"来，则一定不具实力——这就是生意场上的"钱""势"逻辑。

在别人看得见的地方吃亏

商战变幻莫测，大家的目的自然都是赢利，但有时为了赢利，吃些小亏是完全必要的。在明处吃亏，让对方感激又满意；暗处得益，让自己赚钱又扬名，皆大欢喜。

美国得克萨斯州有一家汽车厂，效益一直不好，面临倒闭的局面。该厂总裁决定从推销入手，扭转危机。

采用什么样的推销方法最好呢？总裁认真反思了该厂的情况，针对存在的问题，对竞争对手以及其他商品的推销术进行了认真的比较分析，最后博采众长，大胆设计了"买一送一"的推销方法。该厂积压着一批轿车，未能及时脱手，资金不能回笼，仓租利息却不断增加。所以广告中便特别声明——谁买一辆驰利牌轿车，就可以免费得到一辆卡尔牌轿车。

许多人闻讯后不辞辛劳来看个究竟。该厂的经销部一下子门庭若市，过去无人问津的积压轿车很快被人纷纷买走，该厂亦一一兑现广告中的承诺，免费赠送一辆崭新的卡尔牌轿车。

如此销售，等于每辆轿车少卖了不少钱，是不是亏了血本？其实不然，这家汽车厂不仅没有亏本，而且由此还得到了多种好处。因为这些车都是积压的库存车，仅以积压一年计算，每辆车损失的利息、仓租以及保养费等就已接近了这个数目。但现在，不仅积压的车全卖光了，而且资金迅速回笼，可以扩大再生产了。另外，随着驰利牌轿车使用者的增多，该品牌的市场占有率迅速提高，其名声变大的同时，另一个新的牌子卡尔牌也被带出来了——这一低档轿车以"赠品"问世，最后开始独立行销。

这家老汽车厂从此起死回生，生意兴隆。

为了整体利益、长远利益，一定要学会在别人看得见的地方吃亏，使别人对自己产生信任。而自己由吃明亏得到的利益，定会比明争明斗要多。

用别人的钱赚钱

传统观念认为，举债与发财是一对不可调和的冤家，如果办得到，就一定不欠外人的钱。为了买东西，你应先存足了钱，然后再去购买。深信不疑的是，借债是件坏事，一定要尽力避免。

然而这不符合现代经商观念，当机遇来临时，有智慧的商人会毫不犹豫地大举借钱，然后周密策划，精心运营，最终收获别人所不敢想的财富。

在现代经济中，举债与发财其实是可以相互转化、互相利用的，用别人的钱为自己发大财，这是现代经商创富理念的一个重要内涵。

我们可以将借债分为两类：消费借债和投资借债。对这两种借债的分析，会改变你的认识。

比如你想买一名牌手机，但手头的现金不够，这时你去向别人借钱，这就发生了消费借债。这种借债行为在满足了你的消费愿望之后，也使你要为之付出高额利息。到期你不仅要还本，还要付息。

然而，如果是投资借债，就另当别论了。这时候借钱不是为了满足近期的消费需要，而是为了最终创造财富。

◇做一个商业模式高手◇

许多人谈起做生意，往往抱怨没有资金，缺乏人际关系，没有可供自己成功的资源。其实，一个头脑灵活的人，完全可以借助别人的资金取得生意的成功。

什么是"商业模式"？用科学的语言来描述，就是通过独特的创意、精心的策划、完美的操作、具体的实施，在法律和道德规范的范围之内，巧借别人的人力、物力、财力，来赚钱的商业动作模式。

今天的经济社会，是急需"商业模式"的时代，是产生"商业模式"大师的时代。很多人之所以成功，就在于他们将"商业模式"运用到了极致。

或许你会认为，不借债是对自己负责的表现，可以让自己避开债务风险。这是不合时宜的想法，很容易让你错过一次大发展的新机会。这个机会时刻都有被别人抢走的危险。别人抢走机会，就等于你坐失良机，就等于坐以待毙。

要想使你的事业飞速发展，你一定要在必要的时候扩展业务，否则就会有经济上的损失，由于扩展业务是需要资本的，这样就会名正言顺地去举债。

举债是一种杠杆，是一种使你的事业从地面起飞的方法。

先让利，后赢利

生活中，许多人无论是买还是卖，都会斤斤计较。当然，这本身没有什么不好，日子就是要算计着过嘛。但是，要想通过经商成为富人的人，必须懂得在商场让利的策略，更需掌握如何巧用智慧，将让利转为赢利。

有个叫布拉德的青年，从小家境贫寒，靠给人打小工维持生活。在他20岁的时候，他开始用自己积攒下来的一点点钱，从事家庭用品的贩卖生意，专门卖那种利薄的小商品，他将这些小商品统一定价为1美元。

布拉德购回这些商品后便开始在一些杂志上做广告，宣传他的"1美元商品"。而他卖的商品都是正宗知名厂商的产品，其中有20%的东西的进价都在1美元以上，而其中60%的商品的进价正好是1美元。这些商品大都是实用的小商品，并且赢得了家庭妇女的信任。于是，在广告刊登出来不久，各地的订单就像雪片一样飞来了。

可是由于他做的广告，使得他的生意越做就会越赔钱，因为他的很多东西进价要高于卖价。但是，他有自己的打算，他在给自己的客户寄去商品的同时还会附上几十种5美元以上100美元以下的商品目录，这些商品都是带有大量印刷精美的图解的。此外，他还细心地附有一张空白的汇款单。

这样，虽然布拉德在短时期的1美元商品中有些亏损，但是他却以这样的方法赢得了人们的信任和好感。在人们对1美元的商品满意的同时，他们往往也就对其他价格高一点的东西的质量等问题不再产生怀疑了。就这样，布拉德在1美元商品上的亏损，迅速得到了补偿，并且利润越来越高。

布拉德的成功就在于他先采用让利的策略，博得顾客的好感，接着在此基础上巧用智慧，从让利转为赢利。

其实，经商致富路上的计谋很少，若能综合运用学会变通，那么成为富商的日子也就指日可待了。

运作重复博弈，建立相互的信任

何谓重复博弈？举个简单的例子来说，你在路边一个水果摊买水果，当你担心上当受骗而犹豫不决时，卖水果的师傅往往会对你说："你放心，我不会骗你的，

◇重复博弈vs一次性博弈◇

与重复博弈相对的是一次性博弈,那么一次性博弈又是怎样的呢?

不关心自己未来的利益,是因为确信今后自己不会再和对方有交集,所以尽可能地施展所有手段,而不用担心未来的后果。这就是一次性博弈。

VS

人在重复博弈中,要面临的就是无数次的背叛和指证。一次性博弈只有那么固定的一次,而重复博弈中,我们谁也不知道对方在什么时候,在哪一次会先背叛、指证自己。

我天天在这儿卖水果，又跑不了，要是我骗了你，你可以随时到这儿来找我。"这时，你听到他说"天天在这儿"，便会放下心来，与之成交。这句"天天"翻译成术语就是"重复博弈"。因此，重复博弈就是指同样结构的博弈重复多次。

进行重复博弈可以减少欺骗，增加相互的信任，因为正如上例中卖水果的师傅所说，他天天在这儿，如果你发现自己上当受骗则可以进行"一报还一报"的报复行动。报复来报复去的长期结果是，理性的人们会认识到，这样做对大家都没有好处，于是就把相互的欺骗行为减少了，诚信就产生了。

开在社区的便利店，赢利靠的就是"重复博弈"，那些"回头客"——周围的居民是他们的衣食父母，如果便利店爱欺骗顾客，就会失去长期的赢利机会。同样道理，买贵重物品，一定要去大的百货公司，他们一般不至于为了欺骗顾客而逃跑。

相反，地摊、车站、旅游点，这些人群流动性大的地方，不但商品和服务质量最差，而且假货横行，因为在商家和顾客之间不是"重复博弈"。一个旅客不大可能因为你的饭菜可口而再次光临，这种一次性博弈，是"一锤子买卖"，不赚白不赚。卖了质量差的东西给你，你也只好自认倒霉，多半不至于搭车赶回来和商家较真儿吧。

由此可见，在重复博弈中，信任是参与者谋求长期利益最大化的有效手段。

若商家与顾客间的博弈会重复发生，你不妨与顾客间建立相互信任，让信用为你赢取更大的财富。

商场上应"先小人后君子"

商场上应该"先小人后君子"。不管是很熟悉的客户还是朋友，都需要做到先小人后君子，才不至于使自己在以后难免会碰到的麻烦里纠缠不清。例如和一些老客户的口头协议最好过后再加上一份文字协议。

因为关系再好，都是涉及双方的利益以及更多人的利益，而不是单一的，因此"先小人"的优势就非常明显。如果货物发生了问题，但是合同协议上已有标准，自己便可以免去不必要的责任和麻烦。此时假如我方稍退一步，便可拉拢人心，体现出"君子"风范。

利用自己的优势攻击对手的劣势

每个人、每家企业都有自己的优势，成功创业者利用自己的优势攻击对方的劣势，并且硬下手腕连续进攻，让对方没有还手之力，是为胜利之法。作为一名年轻的创业者，你必须知道自己的优势是什么、劣势是什么。最大化地利用优势去压制对手，使对手忙于应付你的压制而无力去攻击你的劣势。在压制对手的同时尽可能地修复自己的劣势，将劣势转化为优势。

年轻的创业者利用这样的竞争方式不仅容易取胜，而且易形成良性循环，在压制对手的同时会从中找到对手的弱点，也可以以对手为鉴，让自己避免犯同样的错

◇合作下的共赢◇

在数学中，1+1 =2在算式上是正确的，但在实际生活中，大凡事业上成功的人都懂得使"1+1>2"。这就是在合作下达到共赢。

什么是共赢？共赢思维是人与人或人与自然之间更好的、和谐的共处方式。当然，它不是逃避现实，也不是拒绝竞争，而是以理智的态度求得共同的利益。

如果在自力更生的基础上，有选择地借助外界的力量，形成合力，为我所用，那么竞争实力就会倍增，抵抗经营风险的能力就会倍增，从而达到你赢我也赢的共赢大道。

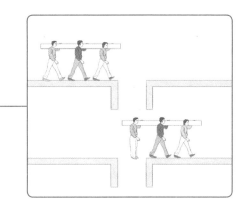

由此可见，共赢是一种卓有远见的和谐发展，既利人，又利己，而且又相互激励，达到的效果远远比单赢要大得多，远得多。

误，从而让自己的公司倚仗自己的长处发展、壮大，成为该行业的佼佼者。

化敌为友，共同致富

人在社会上闯荡，难免会树立起敌人，在处处充满尔虞我诈的商场中，树敌更是在所难免，如何处理好与这些所谓"敌人"的关系？红顶商人胡雪岩有这么一句话："多一个朋友多一条路，多一个敌人多一堵墙。"胡雪岩一向认为生意场中，无真正的朋友，但也不是到处都是敌人，既然是过独木桥，都很危险，纵然我把你挤下去，谁又能担保你不能湿淋淋地爬起来，又来挤兑我呢？冤冤相报，何时是个头？既然大家图的都是利，那么就在利上解决吧。做生意讲究和气生财。因此，在合适的时候，我们大可以化敌为友，借助对方的力量共同致富。

在现代商战中，虽然，树敌也无妨，但是如果能化敌为友，走共同发展的道路是最好的。

剑走偏锋，避开双方利益交汇点

斗鸡博弈在商业竞争中非常普遍，两个商家为了争取更大的市场份额，往往会争个你死我活，谁也不肯轻易让步，从而陷入斗鸡博弈的困境。

斗鸡博弈的困境有办法化解吗？与实力相当的竞争对手狭路相逢，就只能要么自动撤退，要么两败俱伤吗？

当然不是，其实只要在商业竞争中学会剑走偏锋，斗鸡博弈是可以避免的。

我们且看一下下面这个例子：

两个开发商，一个在城东开发圆梦花园，一个在城西开发凤凰山庄。

一年后，圆梦花园和凤凰山庄相继竣工了。

圆梦花园首先在电视上打出广告，接着是报纸和电台，他们打算投资1000万做宣传。凤凰山庄建好后也拿出1000万，不过它没交给广告公司，而是给了公交公司，让他们把跑西线的车由每天10班增加到每天50班。一年过去了，凤凰山庄开始清盘，圆梦花园开始降价。

上例中的圆梦花园和凤凰山庄在同一城区开发同样档次的房产，真可谓冤家路窄。之间的竞争在所难免，但是面对实力相当的劲敌，凤凰山庄一没选择主动退让，二没选择同它一样在报纸或电台做广告，从而争得两败俱伤，它选择了第三种方法，即剑走偏锋，在不会与圆梦花园起冲突的领域制作了广告，最终赢得了胜利。

这种剑走偏锋化解斗鸡博弈困境的方法不得不令人叫绝。

运用剑走偏锋化解斗鸡博弈需要我们找出相互竞争的双方的利益交汇点，然后避开这个交汇点，在其他的地方做文章。

第十章

不可不知的理财常识

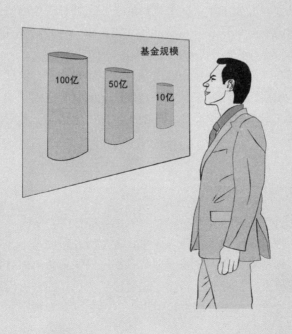

◎ **正确的理财理念常识** ◎

年轻人要学理财

在西方，18岁的年轻人已开始自立，独立养活自己，不伸手向父母要钱。他们从年轻时就逐步理财，到中年时已是市场主要的竞争对象。而在中国，绝大部分年轻人仍然依赖父母，到中年时才开始学习理财，此时由于家庭、孩子的影响，精力已经有限。随着年龄的增长，又面临退休，手中有点儿钱又想到为自己退休后经济来源作准备，根本无力再让自己的钱投入较大规模进行投资，最后也只能碌碌无为。

年轻就是财富，每个人都羡慕青春年华。我们可以用简单的复利公式得出这样的结论。假如年轻时有1万元创业基金，10年后，1万元可变成200万元；而年老时同样的1万元，10年后只能成长为6万元甚至倒贴亏空，因此青春年华是黄金时代，这句话一点儿也不过分。

同样地，年轻也是理财最重要的本钱。名人常对大学在校生说："年轻人，你的名字是财富！"因为由复利公式可明显看出，时间就是金钱，年轻就是财富。复利图给我们一个明确的理财生涯规划：年轻时应致力于开源节流，并开始投资，因为年轻时省下的钱对年老时的财富贡献度极大。

事实上，等到年老之后，手中有些资金再开始理财，已因时间不够而来不及。正确的观念是：投资是年轻人的工作，而老年后的工作是如何善用财富。然而许多年轻人往往只注重眼前的生活享受，一有钱就买一辆跑车、一套高级音响或出国旅游，总认为年轻时尽情享乐，年老时再来担心理财。

大家若已了解时间在理财活动中所扮演的角色，就不难理解，这样的人注定一生庸碌。现实社会中，因年轻时注重享受，而导致年老时贫穷的例子数不胜数。关键在于你们忽略年轻时开始理财的重要性，等到年岁渐增觉悟时，不只是事倍功半且为时已晚。

越没钱越要理财

在我们的日常生活中，总有许多工薪阶层的年轻人抱有"有钱才有资格谈投资"的观念。普遍认为每月固定的工资收入应付日常生活开销就差不多了，哪来的余财可理呢？事实上，越是没钱的人越需要理财。举个例子，假如你有10万元，但因理财错误，造成财产损失，很可能立即出现危及你生活保障的许多问题，而拥有百万、千万、上亿元"身价"的人，即使理财失误，损失其一半财产亦不致影响其原有的生活。必须先树立一个观念，不论贫富，理财都是伴随人一生的大事，在这

◇常见的投资理财方式◇

如今，人们的生活水平不断提高，对理财也越来越重视。那么，常见的投资理财方式是什么呢？

存银行：收益率＝利率。安全等级：最安全，主要风险是银行倒闭，基本上不大可能发生。收益太低，急用钱时变现很不方便，因为没有人会把那么多钱全存活期，万一要钱急用，定期提前取出来，利息损失惨重。

股票：属于大众投资产品，投资资金一般都是一两万，时间周期长，受政府及国际经济政策的影响，需要对金融消息及上市公司的情况进行分析。可获得较高的收益，但股票市场波动不定。

买保险：可以帮助我们在意外事件来临时，获取一份赔偿金来让自己度过难关或缓解困难，保障自己的生活不会因为种种意外而出现大的波折。

投资理财的方式有很多，大家应该根据自己的实际情况选择最适合自己的投资。

场"人生经营"过程中，愈穷的人就愈输不起，对理财更应严肃而谨慎地去看待。

财富能带来生活安定，快乐与满足，也是许多人追求成就感的途径之一。适度地创造财富，不要被金钱所役、所累是每个人都应有的中庸之道。要认识到"贫穷并不可耻，有钱亦非罪恶"，不要忽视理财对改善生活、管理生活的功能。谁也说不清，究竟要多少资金才符合投资条件、才需要理财呢？

从多年从事金融工作者的经验和市场调查的情况来看，理财应"从第一笔收入、第一份薪金"开始，不要低估微薄小钱的聚敛能力，1000万元有1000万元的投资方法，1000元也有1000元的理财方式。绝大多数的工薪阶层都从储蓄开始累积资金，应将每月薪水拨出10%存入银行，而且保持"不动用""只进不出"的情况，这样才能为积累财富奠定一个初级的基础。

投资理财应掌握哪些基本法则

目前，投资理财已逐步成为决定和影响人们生活的重要方面，成为普通百姓生活的必要组成部分，很多人已经认识到投资理财与自己生活的直接关系，开始注意培养自己的投资理财意识，希望使自己能真正成为投资理财的好手。要想使自己成为投资理财的好手，必须掌握投资理财的三大法则。

法则一：确定生活目标，合理使用金钱。在投资理财中，你要认真地考虑如何努力安排好家庭生活、如何恰当地支配金钱；确定生活的目标，并确定为之奋斗的目标得以实现，而不会顾此失彼。

法则二：选择恰当的家庭投资理财方案，正确合理地处理各种经济关系。在目标实现的过程中，可能会有很多途径能实现我们的最终目标。然而，不同的道路会有不同的障碍，有的是可以预期的，有的是无法预期的。

法则三：培养处理突发事件的能力，恰当安排计划外时间的资金使用。突发事件出现之时，作出果断的决定，从容应对、合理分配资金。

这三大法则，是你找到家庭投资理财的支点、培养生活平衡能力、产生推动力的关键。然而，生活却是不可预测的，很多不知或不可控制的因素随时随地会发生变化，我们避免不了，逃避不得，只有积极地去面对。在积极面对的过程中，学会家庭投资理财，合理地使用金钱，变压力为动力，取得人生的巨大成功，在"顾此"的同时，也不"失彼"，"鱼"与"熊掌"兼得之。

理财规划步骤和核心是什么

理财规划主要包括以下几个步骤：

第一步，对自己的资产状况进行盘点。包括存量资产和未来收入的预期，知道有多少财可以理，这是最基本的前提。

◇把鸡蛋放在多个篮子里◇

很多人都坚信着这么一句话："不要把鸡蛋放在同一个篮子里。"这么说，不是没有道理的：

> 把所有的资本都投入到一件事情上，一旦发生意外，就有可能血本无归。

> 把资本放在不同的项目上，给自己多留几条后路，可以有效规避风险，因为万一这个篮子打破了，也会有别的篮子的鸡蛋剩下。

虽然要把鸡蛋放在多个篮子里，但是切记不要放在太多的篮子里：

> 把资本放在太多的篮子里，会导致资本分散，在一些情况下，无法达到利益最大化。

第二步，对理财目标进行设定。需要从具体的时间、金额和对目标的描述等来定性和定量地厘清理财目标。

第三步，弄清风险偏好是何种类型。不要作不考虑任何客观情况的风险偏好的假设，如有的人把钱全部投入股市，没有考虑到家庭责任，这个时候他的风险偏好偏离了他能够承受的范围。

第四步，对资产进行战略性分配。在所有的资产里作资产分配，然后是投资品种、投资时机的选择。

理财规划的核心：理财规划的核心就是资产和负债相匹配的过程。资产就是以前的存量资产和收入的能力，即未来的资产。负债首先是家庭责任，要赡养父母，要抚养小孩，供他上学。其次是目标，目标也变成了我们的负债，要有高品质的生活，让你的资产和负债进行动态的匹配，这就是个人理财最核心的理念。

怎样做好家庭理财规划

成功的理财讲求理财规划，家庭理财也不例外。做好家庭理财的第一步就是要搞好家庭理财规划。就家庭理财规划的整体来看，它包含三个层面的内容：首先是设定家庭理财目标；其次是掌握现时收支及资产债务状况；最后是如何利用投资渠道来增加家庭财富。

应该说，一个好的家庭理财规划至少应妥善考虑家庭经济生活中的几个重大问题：

（1）适当开源，增加家庭收入，利用各种投资增加资产的价值。

（2）控制预算，倡导节流，削减不必要的支出。

（3）系统地考虑家庭重要支出事项（如高额教育经费），有效积累大额、长期性资金。

（4）保障家庭财产安全，妥善进行家庭资产管理。

（5）处理好家庭风险问题，防患于未然。

当然，在拟定家庭理财规划时，最重要的一点是，所有的目标必须具体、可行。

家庭投资理财的禁忌

如今，家庭投资理财正呈现出前所未有的多样化发展趋势。然而每个家庭只有根据自身的实际情况去选择合适的投资方式，应综合考虑多种因素，慎作投资决策，具体地说，应做到"五忌"：

一忌不顾及自身实力。例如自身原本资金有限，但为了跟风炒作房地产不惜举债杀入，就属于明显的不自量力的行为，风险一旦降临，后果将不堪设想。

二忌不尊重经济规律。譬如，你在储蓄存款时，如不考虑经济发展的周期性变化，不使自己的存款周期与经济发展周期相一致，就难以实现储蓄存款利率收益的最大值。

三忌不善于扬长避短。家庭投资理财要根据家庭成员的实际情况，充分发挥自身的优势，切忌不考虑自身的职业性质和知识素质。

四忌不计算机会成本。家庭在投资理财中，货币的时间价值同样是不可忽视的一个因素。所谓货币的时间价值是指货币在不同的时间里具有不同的价值，一般说来是随着时间的推移而逐渐升值的。

五忌不考虑长期效益。由于各个家庭的实际情况千差万别，在具体投资理财中，就应立足当前，注重长远。

◎ 生活省钱常识 ◎

如何把钱花在刀刃上

有道是"不当家不知柴米贵"，其实就是当了家的人有时也会一时头脑发昏，忘记柴米价格的高低，使家庭消费出现不和谐的音符。家庭购物一定要掌握以下几个基本要诀：

（1）要适用：每种消费品都有大小型号，家庭购物就要考虑自身的环境条件，不要"小脚买大鞋"，也不要"大脚买小鞋"。比如说，二十几平方米的大客厅摆上一部几英寸的彩电，极不相称，也许没过多久，就又想换一台大英寸的了。

（2）要实用：如今的电器功能越来越多，一排排的按钮，密密麻麻的文字说明，往往让人无所适从，但有一些功能对某些家庭来说是没有多少实用价值的，比如说一个低收入家庭就用不着买一台带留声机的录音机。

（3）要常用：家里可不是仓库，不是百货商店，什么也不能缺，如果把只能偶尔用一两次的东西都买回来，方便是挺方便的，但使用价值并不大。比如说摄像机，喜庆的日子拍一拍，帮助我们留下美好的回忆，但也不一定非得买一台，必要的时候可租一台，又省钱又免去维修保养之苦。

（4）要真正有用：不要因为便宜而买你不需要的东西。

（5）要经久耐用：购物一定要考虑一下价格与耐用程度的关系。用20块钱买一双鞋穿两个月，还不如花100元钱买一双鞋穿一年。

◇购物省钱小技巧◇

购物时让自己的智商高人一等，学会各种省钱的妙方，这样，每个月花同样多的钱，你却能比别人获得更高的生活品质。

你看错季购物就是实惠，买了这么多才花了原来一件的钱。

错季购物：商品处在滞销淡季，价格会便宜许多。但是错季购买应有计划性与前瞻性，如果你在冬季买了一件夏季的连衣裙，到了夏季却因不喜欢了或过时了而惨遭冷落，就得不偿失了。

对不起，先生，我们这儿不讲价。

能便宜点吗？

光顾不讲价商店：在竭尽讨价还价之能事，奋力杀价下来之后，吃亏的仍是消费者，所以应光顾不讲价商店。

老公，帮我在网上查一下咱今天试的衣服。

到大商场看，去小商店或者网上买：处在黄金地带的大商场不仅经营场地租金昂贵，且因豪华气派的装修，各种现代化的服务设施增大了成本费用，相同商品往往价格高于小商店或者网络。

消费前先问五个W

面对琳琅满目的商品和各种打折促销，你一定要有清醒的头脑，多问自己几个问题，如果这几个问题都通过了，再掏钱你就会有理性了。

（1）为什么要买（Why）

家庭消费好比三步曲：第一是生活必需品，吃穿即属于此类；第二是维持家庭生存的消费，如房租、水电费等；第三是供给家庭成员发展和时尚领域的消费，如教育投资、文化娱乐消费。这三种消费对每个家庭而言都是合情合理的，但具体开支就要分清轻重缓急。一般说来，家庭的月收入首先要保证生活开支，而后才能考虑发展消费与享受消费。

（2）买什么（What）

合理的家庭消费结构必须根据收入情况来确定，总的原则是：量入为出，略有节余。

从生存性需求来看，柴米油盐等属于非买不可的物品；从享受性需求来看，美味可口的高档食品，做工考究的精美服饰要与自己的经济实力挂钩；从发展性需求来看，音响是否环绕立体声、彩电是否纯平大屏幕等，就不属于"必需"之列了。然而，家庭中年轻成员的教育开支应列入常备必要项。

（3）什么时候去买（When）

购物时如果你能巧妙地利用时间差，同样会使你受益匪浅。如在换季大减价的时候购买时装，就有可能以较低的价格买到较称心的衣服；在夏季的时候买冬季的东西，冬季时买夏季的东西，反季购买往往价格便宜又能从容地挑选。

（4）到什么地方去买（Where）

稍微动点脑筋便能猜到：土特产品在原产地购买，不仅价格低廉，而且货真价实；进口货舶来品在沿海地区购买，往往比内地花费要少，即使在同一地方的不同商家，也有一个"货比三家不吃亏"的原则，只要不怕费鞋花时间。

（5）让谁去买（Who）

买食品、服装和床上用品等，做妻子的往往比丈夫精明；而购买家电、家具等耐用消费品则做丈夫的比妻子内行些。

从小账记起

在有限的薪水中多存些钱并不是不可能的，只要懂得如何改进自己的消费行为，记录便是进行这种改进的必要方法。

也许有人认为小的花费不需要随时记录，这种观念是错误的，任何大的开支都是由小的花费组成的。想要做好家庭理财，就一定要从小账记起。例如，使用信用卡付款后将签名的单子拿回来，把消费项目、金额、地点等都做记录，并保存好副本，等信用卡账单寄来时，再核对每笔金额是否有误，并在已付款项旁做记录。这样做既可以了解消费的方向，也避免了重复付账。此外，每个月的电话、煤气、水电费等也要做记录，有时这些费用会突然暴增或异常，有了平时的记录，就可以向有关单位查询。

每年整理家中物品的时候，总会清理出一堆不需要的家庭用品，有时还会忘记曾有这样的东西而又再买一个。人脑能记住的毕竟有限，家里有哪些东西、它们放在哪儿可以记下来，以免重复购买。

可能刚开始做记录的时候会感到麻烦，但只要坚持下去就会养成习惯，而且这种习惯将有利于家庭理财的出色完成。

还是租东西更合算

按照我们的传统习惯，用的任何东西都是买来的，如果说到租则会被别人瞧不起。如今人们改变了消费观念，出租行业也日渐发展，大到电脑、手机，小到刷墙用的排笔，都可采用租赁方式得到。

租的物品首先适合于价格较贵而又非用不可的商品。如结婚礼服、婚纱等，这类物品的价格十分昂贵，但又必须使用。现在，婚纱的日租金不过百元，相对于自己购买至少花几千元，而只穿一次来说当然要合算得多。其次，有的东西价格虽不太贵，但只使用一次或一段时间，这些也是买不如租，常见的有图书、录像带、磁带、儿童玩具、装修工具等。另外，对于自己需要而一时又拿不出那么多钱购买的商品，也可暂时采用租赁的方式，花钱不多却解了燃眉之急，而且还避免了机型落后被淘汰的问题。

怎样才能花最少的钱，办最多的事

在全球最发达的美国，节俭也是备受推崇的美德。伊科诺米季斯一家就因为擅长节俭、理财而被美国各大媒体追捧，并称其为全美"最节俭家庭"。这个收入平平的7口之家有一套成效卓越的"省钱战略"，坚信"省下的就是赚的"。以下是他们传授的秘诀：

（1）购物一定要有计划：他们认为购物无计划等于给存款判死刑。

（2）提前预算不立危墙：伊科诺米季斯说："如果你不提前做预算，你就很可能从一个财政危机走入另一个财政危机。"

（3）穷追不舍买便宜货：每次到超市购物，都要在购物架前来回逡巡，寻找要购买物品的最便宜价格，直到找到最低价才买东西。

（4）永不花费超过信封内总金额80%的钱：即每个月把家中的钱放入一个个信封，分别用于买食物、衣服、汽油，付房租，等等，而且永远不花费超过信封内总金

◇砍价的秘诀◇

消费者想要提高生活质量，花最少的钱，办最多的事，就应该学会砍价，以免上当挨宰。那么，怎样砍价呢？

291

额80％的钱。

（5）每个月只购物一次：最好每个月只购物一次。因为逛得多就买得多，买得多就花得多。

（6）巧妙利用购物优惠：许多商场、超市都会推出买二赠一、低价促销等购物优惠活动，对这些商品一定要经过反复比较，以最优惠的价格买下所需要的物品。

（7）提前购买节日物品：提前购买一些节日所需物品，并储备起来，以防节日时涨价。

（8）会省也会赚：抓住机会，想办法多赚钱！

节俭不要忘了私家车

（1）买浅色汽车，夏天可节省车内空调耗电。

（2）不正确的驾驶习惯会导致车辆耗油量增加10％以上，而保持汽车匀速行驶可以使燃油得到充分利用，频繁改变车速会导致燃油浪费，要尽量避免突然加速和急刹车。

（3）应匀速行驶，避免猛加油；在下缓坡时，尽量使用高挡滑行；停车超过1分钟，请及时关掉引擎；行驶中应保持发动机正常的工作温度，温度过高或过低都会增加油耗。

（4）每次出行应选择最近的距离，尽量避免上、下班高峰时段出行，因为堵车总是最费油的。在高速公路上行车时，如果情况允许，时速应保持在80公里/小时左右，这时最省油。

（5）有人习惯在车里放东西，过重的车辆在行驶时会更费油，要尽量清空行李箱，不要将它当储存室。

（6）每天早起10分钟，趁车上露水未干时自己擦车，既锻炼身体，又节约水，还省钱。将布拖把换成吸水海绵拖把，会更省水、省力，更洁净。

如何节约打印耗材

（1）打印东西时，选择最小的可以看清的字号，就可以节省打印纸。还可以通过缩小文档的页边距和行间距，尽可能地节约纸张。

（2）打印纸的正反面都可以用。

（3）尽量用薄些的打印纸：打印纸也有薄厚之分。有关资料显示，一张厚纸的耗材是一张薄纸的2~3倍。

（4）选择60％的墨色浓度就可以看清楚文章，还可以节省墨；尽量不加粗字体，在不需要打印正式文件的时候，可以选择打印机的高速节墨模式打印。

（5）能够用电脑网络传递的文件就尽量在网络传递，比如电子邮件、单位内部网络等，这样下来也可以节约不少纸张。

居家节约宝典

"冰冻三尺，非一日之寒。"巨大的浪费往往就是由我们日常生活中不起眼的小环节慢慢积累而形成的。因此，节约，要从点滴小事做起，节约一度电、一张纸、一滴水。

◇女人可以节约的项目◇

这个款式明年就过时了，还是别买了。

服装费

聪明的女士都知道，宁可挑一两件质地好、又不容易过时的服装，也不要选购"仅在这个季节流行"的服装。

自己在家做面膜可以省去好多去美容院的钱。

美容费

如果想省钱，可以自己动手做保养，比起到专业美容店，每月可省下几十元至几百元不等的费用。

（1）肥皂用到一小块时不要扔掉，积攒多了用纱布包在一起，又可以用来洗衣服。这样下来，每年就会省下好多块肥皂。

（2）购物时少用塑料袋，既避免浪费，又不污染环境。

（3）选用节能型电器；随手关闭电源；随手关灯；家电不待机、多用节能灯；饮水机不用时关闭。

（4）外出时，短途以步代车；就餐时点餐适可而止，剩余食物打包带回去吃。

（5）家里尽量少用餐巾纸，多用手绢和抹布；节约学习用品，纸要两面用。

（6）多采用淋浴，少用或不用盆浴，因为淋浴比起用浴缸洗澡可节省八成水量。

（7）洗澡要快，洗澡时不要将淋浴喷头一直开着也不要在洗澡时洗衣服、鞋子。

（8）熟食加热或冰冻食品解冻最好用微波炉，这样既方便又节能。

（9）减少电脑待机时间，不用时关闭。启用电脑的睡眠模式，使电脑在不用时即进入低能耗模式，将能源使用量降低到一半以下。你还可以缩短显示器自动进入"睡眠"模式前的延长时间。电脑在"睡眠"状态下也有7.5瓦的能耗；即便关了机，只要插头还没拔，电脑照样有4.8瓦的能耗。因此，不用电脑时请记得拔掉插头。

（10）让孩子少玩电脑游戏，多做户外运动，既强壮身体，又节约电能。

（11）看电视音量要小，亮度要低，不仅节能，还能延长电视机寿命；不看电视时，要把电源插头拔下，既省电又安全。

◎ 保险理财常识 ◎

人身保险的可保范围是什么

人身保险是我们最常见的保险类型之一。它是以人的生命和身体为保险对象的一种保险，它是区别于财产保险一类保险业务的总称。根据我国《保险企业管理暂行条例》有关规定，我国的保险企业划分为经营人身保险的保险企业和经营人身保险业务以外的各种保险业务的保险企业两大类。

人身保险的范围很大，它又分为很多小类别，那么你知道人身保险的范围是什么吗？

总的来说，人身保险的范围是保障人的身体或生命，以被保险人的生死、意外伤害、疾病和劳动能力丧失为保险事件的保险。当人们遭受不幸事故或因疾病、年老以致丧失劳动能力、伤残、退休或死亡时，依保险合同约定，保险人对被保险人或受益人给付保险金或年金。

最初的人身保险只限于承保被保险人的死亡，人们曾经以为死亡是最大的人身风险，因而早期的人身保险主要为死亡提供保障，最初的人身保险专指死亡保险。

然而人们都希望生存、长寿，由于生存和长寿需要生活费用，所以实际上也是一种风险，为此出现了生存保险以及把死亡保险与生存保险相结合的两全保险。由于一个人不能预知自己寿命的长短，期满时一次性给付保险金的生存保险不能为养老的需要提供充分保障，所以后来又出现了年金保险。

人身保险的投保人和受益人并不一定是同一人

常常有人以为"谁投保，谁受益"。实际上这是个误区，为了解开这个误解，我们先要了解什么是投保人和受益人。

投保人是申请保险的，也是负有缴付保险费义务的人。投保人要求是成年人和有完全民事行为能力的人，未成年人或不具备民事行为能力的人不能做投保人。投保人可以是自然人，也可以是法人。

受益人是指人身保险死亡赔偿金的受领人，对人身保险都需要指定受益人，当被保险人死亡后，由受益人领取死亡赔偿金。

河北省一家工厂，2000年5月由单位向保险公司投保了团体人身保险。该厂工人王某于2001年3月因交通事故死亡。事故发生后，保险公司迅速做了给付保险金的决定。但该把钱给谁呢？保险公司犯了难，原来保险公司发现，保单上载明的"受益人"是该投保单位，但受害人王某未对此做书面认可。

厂方认为，王某虽未认可，但也没反对，应该算默认。并且按"谁投保，谁受益"的惯例看，赔偿金当然应该由厂方领取。那么真是这样的吗？

这个故事涉及的"谁投保，谁受益"有没有法律依据呢？实际上，投保人承担缴纳保险的义务，但并不一定就享有领取保险金的权利，受益权的获得是有一定条件的。《保险法》第三十九条规定：人身保险的受益人由被保险人或投保人指定。投保人指定受益人时须经被保险人同意。

由此可见，投保人可能是受益人，也可能不是。这要看被保险人是否同意。比如在上面的案子中，如果王某同意了单位的指定，那么投保人就是受益人。否则可能造成没有指定受益人的情况，如果没有在指定受益人的情况下，按照《保险法》的规定，应该将保险金作为被保险人的遗产，由保险人向被保险人的继承人履行给付保险金义务。在这个案子里，保险金就应该由死者王某的家属作为被保险人的遗产领取。

选择保险的基本原则有哪些

在选择保险种类时应注意以下几个原则：

（1）对症下药：了解本身需求，要有针对性。保险的目的主要有：生命保障、收入保障、养老保障、伤残保障、疾病医疗费用保障等。在确定了相应的需求后即

◇根据年龄阶段购买相应的保险◇

不同的年龄段，由于经历不同，购买保险的侧重点也会有所差异：

22~30岁未婚人士：此阶段身体还比较健康，家庭负担小，但交友、旅游、自我再教育等消费支出多，因而可以考虑意外保障及健康保障为主、辅助现金返还型理财保险。

30~40岁已婚有孩子的家庭：此阶段收入已比较稳定，但工作压力较大，不少在这个年龄段的人处于亚健康状态，同时这个阶段家庭负担加大。这时买保险应着重考虑自身健康保障、子女教育及健康综合保障、养老保险。

40岁以后养老规划：到达此阶段通常收入稳定、丰厚，工作压力依然较大，家庭责任依然重大。这时不但需要为自己上意外以及医疗综合保险、养老保险外，还应开始考虑儿童重大疾病、儿童意外伤害等险种。

可选择相应的保险种类。

（2）量力而行：根据自己的经济收入状况，确定适当的保险额。一般来讲，寿险的保额确定为一个人的年收入的3倍左右，而意外险的保额一般确定为一个人的年收入的10倍左右。

（3）选择组合式保险计划，通过多个险种的搭配，达到最佳保障效果。所谓组合式保险计划，就是将含有寿险、意外保险、健康保险等多个保险险种以一个保险计划的形式出现，这样既可以使保户获得较周全的保险，也可以节省一定的保险费用。

（4）选择优秀的保险代理人，确保周全的售后服务。

买保险投保前有哪些注意事项

第一，要考虑保险公司的经营范围、经营状况、偿付能力和服务水平，选择实力雄厚且服务好的保险公司。

第二，根据自己的年龄、身体状况、家庭情况和经济承担能力，参考保险公司提供的投保建议和服务条款，选择合适的投保险种，千万不要买人情险。

第三，签约前要仔细阅读保单条款，留意须知、注意事项和责任条款的内容，对不清楚和模棱两可的条文一定要问清楚，以免日后得不到赔付。

第四，交付首期保险费时不要委托保险推销员代交，而应亲自去保险公司交款，并当场取得正式收据和生效的合同，同时问清不明事项及以后交款方式、联系人和联系电话。

第五，投保后，消费者仍应多次反复审核保单，并冷静分析利弊。若不满意，可在犹豫期内（一般为10天到1个月）及时更改或退保，避免今后更大的经济损失。

第六，在发生保险纠纷时，消费者可直接向保险公司的客户服务部门反映，并向申诉部门投诉。如果没有效果，可向保险同业公会和消委会投诉。若仍未获妥善处理，则可向法院提出起诉，以保护自己的合法权益。

商业保险和社会保险的主要区别有哪些

社会保险是指国家通过立法手段对公民强制征收保险费，形成社会保险基金，用来对社会中因年老、疾病、生育、伤残、死亡和失业而导致丧失劳动能力或失去工作机会的成员提供基本生活保障的一种社会保障制度。而商业保险是指保险公司对财产因意外灾害或人身伤亡而造成的经济损失提供的补偿。

很明显，社会保险的保险对象是人，商业保险的保险对象既有人，又有物，这是社会保险同商业保险的一个重要区别，除此之外，社会保险同商业保险的主要区别有以下几个方面：

（1）社会保险是强制性的，商业保险是自愿的。

（2）社会保险的目标是覆盖全社会，具有无选择性。而商业保险则有较强的选择性，不愿承保老、弱、病、残者，以及低收入者。

（3）社会保险机构是非营利性的，商业保险公司则具有营利性。

（4）社会保险是政府行为，具有垄断性，商业保险是企业行为，具有竞争性。

（5）社会保险有统一规范性，商业保险则有自主性。

（6）社会保险具有公平性，商业保险则突出效率。

（7）社会保险具有安全性，而商业保险在运营中要进行高回报、高风险的投资，并且自负盈亏。

买保险的误区有哪些

买保险就好比是在晴天提前给自己预备了一把雨伞。但不少投保人在"雨季"来临后，忽然发现以前买的"雨伞"不能保障自己。这主要是因为投保人在投保的时候陷入了误区，致使"雨伞"失灵。

误区一：保险等于救济。许多保户以为交了保险费，保险公司就该替自己分担责任。而实际上只有出现保险责任事故，保险公司才必须予以赔偿。

误区二：保险金等于赔偿金。在许多险种的保险责任和保险金额中都明确规定了该险种的最高保险金额为多少，而在具体的理赔过程中，保户得到的实际理赔金额一般都会小于保险金额。

误区三：没出险就白买保险了。保险是现在花钱买未来的安全。人有旦夕祸福，世事难料，水火无情，一旦灾祸来临，再想保险就为时晚矣。

误区四：个人买不起保险。其实我国许多普通险种费用是很低的，如家庭财产保险费率为3‰，人身意外险一般为2‰，大多数人都有能力承担。

指定受益人需注意的三个问题

指定明确，不含糊。不能出现类似"妻子"或"孩子"之类的词语，而是应该明确指出姓名，避免日后产生纠纷。

谁来指定有讲究。受益人应由被保险人或投保人指定，投保人指定受益人时需经被保险人书面同意，所以被保险人才是受益人的真正指定人。

多人可成受益人。受益人可以是多人，并可约定各自受益的顺序和份额。

◇购买保险的注意事项◇

选择完合适的保险公司，真正要购买保险时，要注意什么呢？

看保险条款以及保险条款的保险责任，了解保险所包含的权利与义务以及在何种情况下保险公司可以不承担赔偿和给付的责任；有时则还需要看一看某些保险产品自己所特有的规定和注释。

看保险产品简介，并将了解到的情况逐项落实到文字记录下来，并逐项在保险条款中找到相对应的部分加以确认。

由于保险产品的复杂性，很多人不可能在很短的时间就分清各种选择方案的好坏，所以，最便捷的方法是找最信赖的人买保险。

怎样选择保险公司

随着我国保险业自身的不断发展壮大，以及对外开放程度越来越高，在我国境内开展保险业务的保险公司数量上已经颇具规模。面对如此多的保险公司，投保人应该如何选择呢？

（1）看公司实力：很显然，历史悠久、信誉度高、规模大、资金雄厚、业绩良好的保险公司对投保人来说是更值得信赖的。我国国内的保险业由于发展时间比较短，因此主要参考标准则为公司的资产总值，公司的总保费收入、营业网络、保单数量、员工人数和过去的业绩，等等。

（2）看产品种类：一家好的保险公司提供的保险产品应具备这样几个条件：种类齐全；产品灵活性高，可为投保人提供更大的便利条件；产品竞争力强。

（3）看服务水平和质量：保险产品是一种金融服务产品，因此在投保时，要看重服务水平和质量。

原始材料丢失怎样索赔

汽车司机李某于2007年2月在本市一家保险公司投保了一年期的人身意外伤害附加住院医疗保险。2007年8月，李某在出车途中，因刹车失灵，汽车撞在路边岩石上，李某胸部受到挤压，造成三根肋骨折断，经医院抢救后得以幸存。但是医院的医疗收据等原始材料被李某不小心弄丢了，为了申请理赔的需要，李某又到医院开具了一些复印件。

事后，李某向保险公司申请给付保险金，并将医疗收据复印件交到保险公司。但保险公司要求李某提供与出险有关的原始证明材料的原件，拒收复印件。由于李某的原件丢失，因此保险公司拒绝赔付。

现实生活中，我们很多人都会像李某一样因为粗心或意外情况而丢失了重要的材料，譬如与出险有关的原始证明材料。当我们没有原始材料时应该怎样索赔呢？

当我们的原始材料丢失后，可以想法拿到一些复印件，用这些复印件去保险公司理赔。保险公司不能像上面故事中的那家保险公司一样拒绝理赔。

虽然我国的法律规定，保险事故发生后，填写保险金给付申请书时，必须提交与确认事故的性质、原因、损失程度等有关的证明和材料。被保险人以什么形式提出给付申请并不重要，关键在于是不是真正发生了保险单上列明的保险责任事件。在这里，发生保险事件是保险索赔的前提。

因此，原始材料的丢失并不意味着我们就拿不到保险金赔付金。只要我们能证明确实发生了保险事故，保险公司不能因为我们不能提供原始材料而拒赔。

被保险人死亡由谁索赔

刘先生为自己投保了人寿保险，保险金为30万元，指定受益人为刘先生的配偶汪某，刘先生未成年的独生子刘晓、汪某的弟弟是残疾人，也被指定为受益人。

后来，刘先生夫妻为了日常生活中的矛盾发生口角，以至于冲突争吵，汪某想不开，在晚间睡觉后，留下遗书后，悄悄打开煤气开关……

第二天，夫妻双双死亡，公安局经过现场勘察，认定是：刘先生被煤气毒死，汪某系自杀。事后，受益人之一，汪某的弟弟向保险公司申请给付保险金，但保险公司以受益人故意伤害被保险人而拒绝理赔。双方诉至法院，法院判决保险公司赔付保险金给汪某的弟弟和刘晓。

一般来说，被保险人死亡，索赔权由谁来行使呢？

这要分两种情况：

一般情况下，由受益人行使。

如果受益人故意伤害被保险人，则保险金作为遗产处理；但是如果还有其他受益人，则由其他受益人行使索赔权。正如上面的小故事中刘先生被受益人之一杀死后，其儿子和妻弟还享有索赔权。

这是因为被保险人在保险公司投了人寿保险，缴纳了保险费，保险合同有效。其中1名受益人故意杀害被保险人，丧失受益权，其他2名受益人对被保险人之死亡没有过错，不能因为3名受益人中的1名有过错，使其他2名受益人也丧失受益权。

所以，当被保险人因保险事故死亡后，受益人应根据实际情况行使自己的索赔权。

在什么期限内申请理赔是有效的

2008年7月，许先生在一次交通事故中不幸去世。2009年10月，妻子林女士在整理书柜时意外发现两份保单，原来许先生多年前在某保险公司投保了10万元的寿险，以及30万元的意外险。林女士在震惊之余不禁担心这两份保险是否还能理赔。事后，虽然林女士拿着保单到保险公司索赔，最终拿回了40万元的保障赔款。但是却一直后怕，要是晚一点，这些保费就拿不到了。

其实，和买其他商品一样，买保险以及在保单持有过程中，都有一些类似于索赔期的关键时间点。也即受益人向保险公司申请赔偿或给付保险金的权利是有时间限制的，如果超过了这一期限，受益人的权利就会灭失，保险公司可以依法拒赔。

如人寿保险以外的其他保险的被保人或者受益人，行使索赔权的期限是自其知道保险事故发生之日起两年内，而人寿保险的索赔权期限是5年。

◇怎样办理理赔手续◇

对于我们保险客户来讲，最核心的问题便是保险理赔。那么，我们该如何办理理赔手续呢？

（1）通知保险公司，当发生保险事故时，应立即通知保险公司，通知的方式有：电话、信函、传真、上门等。

（2）提交申请材料，将保险合同约定的证明文件交给保险公司。

……

（4）保险公司一旦审核完毕，会将核赔结论用书面形式通知我们。我们带上身份证和书面通知去领取保险金即可。

（3）提交申请材料之后，保险公司审核责任并计算赔款额。此时我们需等待一段时间。

这就提醒我们，在保险事故发生时，一定要在索赔权期限内申请索赔。此外，保险事故发生后，投保人、受益人或被保险人应在第一时间向保险公司报案，这样保险公司才能及时核赔，并提醒对方准备理赔所需材料。因为是否及时报案，会直接关系到保险理赔的效率，特别是一些重大赔案，保险公司一般都会要求查看现场。

一旦解除合同就无法申请理赔

张某几年前向某保险公司投保一份终身险，不久遭受了意外伤害，但当时并未向保险公司申请理赔。1999年底，张某提出退保，保险公司也依约办理了相应的手续，张某无任何异议。数周后，张某却以保险期内曾发生过保险事故为由，要求保险公司给付意外伤残保险金。保险公司认为张某的保险金请求权因退保而不复存在，所以拒付了这笔保险金。

在保险理赔实践中，类似张某这样的事件每天都会发生。他们往往没有在合同有效期内申请理赔，等到合同解除了，采取申请，却被保险公司拒绝。因为从法律上来说，一旦合同解除，是不能申请保险理赔的。

这主要是基于以下几个原因：

由于保险合同已被解除，任何当事人或关系人向保险公司索赔已无法提供保险合同凭证，由于缺乏最重要的单证——保险合同，保险公司无法立案，故无须履行给付保险金的义务。

合同的解除与中止是有区别的。虽然保险事故发生在保险期内，但申请理赔给付的依据——保险合同因退保而解除，因而从属于保险合同的保险金请求权同时不复存在。从法律角度上说，合同解除后已不能让合同复效，即不可能恢复原合同项上的权利了。被保险人没有在合同有效期内提出理赔申请，只能视为放弃主张权利，因而保险公司无须给付其保险金。

◎ 债券基金投资常识 ◎

哪些因素会影响债券投资的收益

债券的投资收益主要由两部分构成：一是来自债券固定的利息收入，二是来自市场买卖中赚取的差价。这两部分收入中，利息收入是固定的，而买卖差价则受到市场较大的影响。影响债券投资收益的因素有：

（1）债券的票面利率：债券票面利率越高，债券利息收入就越高，债券收益也就越高。

（2）市场利率与债券价格：由债券收益率的计算公式可知，市场利率的变动与债券价格的变动呈反向关系，即当市场利率升高时债券价格下降，市场利率降低时债券价格上升。

（3）债券的投资成本：债券投资的成本大致有购买成本、交易成本和税收成本三部分。购买成本是投资人买入债券所支付的金额，交易成本包括经纪人佣金、成交手续费和过户手续费等。

（4）市场供求、货币政策和财政政策：市场供求、货币政策和财政政策会对债券价格产生影响，从而影响到投资者购买债券的成本，因此市场供求、货币政策和财政政策也是我们考虑投资收益时所不可忽略的因素。

如何选择债券投资的时机

债券一旦上市流通，其价格就会受多种因素的影响，反复波动。这对于投资者来说，就面临着投资时机的选择问题。机会选择得当，就能提高投资收益率；反之，投资效果就差一些。债券投资时机的选择原则有以下几种：

（1）一旦确认大量的资金进入市场，债券的价格就已经抬高了。所以精明的投资者就要抢先一步，在投资群体集中到来之前投资。

（2）追涨杀跌债券价格的运动都存在着惯性，即不论是涨是跌都将有一段持续时间，所以投资者可以顺势投资。

（3）在银行利率调高后或调低前投资债券作为标准的利息商品，其市场价格极易受银行利率的影响，因此投资者为了获得较高的投资效益就应该密切注意投资环境中货币政策的变化。

投资国债有什么技巧

国债对于那些旨在求稳、求赚的投资者而言是比较好的投资品种。但是，许多人都认为国债投资根本不需要什么技巧，买了放在那儿就可以了。其实，国债投资不需要技巧的观念是错误的。投资学专家们通常将国债投资的策略分为两种：

（1）消极的投资策略：是指投资者在合适的价位买入国债后，始终持有，在国家规定的国债兑换期间不做买卖操作。从某种意义上说，这就是所谓的"没技巧"。

（2）积极的投资策略：是指根据市场利率及其他因素的变化，判断国债价格走势，低价买进、高价卖出，从中赚取买卖差价。

投资国债采用哪一种投资策略，关键看自己的条件。不太熟悉国债交易的投资者应以稳健保值为投资目的，采取消极的投资策略较为稳妥。作为熟悉国债市场、希望获取较大利益的投资者来说，可以采用积极的投资策略，关键是能对市场利率走势有准确的判断。

在投资基金前进行研究

有这样一位人士曾这样问专家："我花了20万元买了一支基金盈利，都半年多了怎么一直不涨，感觉和银行存款似的，这只基金是不是不好啊？"于是专家问他是哪只基金，回答说是某某基金，专家无奈地告诉他："这是一只债券型基金，收益自然偏低，你当时买的时候不知道吗？"这位人士回答说："我以为所有基金都差不多呢。"就因为不肯做一些基本功课，这位投资者白白浪费了基金最火爆的半年时间。

其实，不进行研究的投资，就像打扑克从不看牌一样，必然失败！挑选基金跟买大白菜不一样，我们需要有很多指标来衡量到底什么样的基金值得投资。如果你是购买基金，至少要先知道这只基金的类型，股票型、债券型或者配置型？这个基金经理的以往业绩如何？打算持有多长时间？你的预期收益为多少？能承受的损失有多大……这些问题并不复杂，甚至花不了你10分钟的时间。

当然，个人投资者不必像机构投资者那样，每个月、每个星期都买卖基金，但是他们应该像购买自己的住房一样，集中精力对其所购买的基金进行仔细的研究，而留心身边各行各业拥有良好产品的基金公司，有助于他们获得可靠的第一手资料。从某种程度上说，个人投资者应当比机构投资者拥有一种难以置信的优势。

如何赎回基金

基金赎回是买卖基金的最后一个步骤。基金赎回是申购的反过程，即卖出基金单位收回基金的行为。与申购过程类似，投资人可以通过直销和代销机构向基金公司发出赎回指令，进行赎回。虽然各基金管理公司的业务细则会有所差异，但基金赎回大体分为以下几个步骤：

（1）发出赎回指令：客户可以通过传真、电话、互联网等方式，或者亲自到基金公司直销中心或代销机构网点下达基金赎回指令。

（2）赎回价格基准：基金的赎回价格是赎回当日的基金净值，加计赎回费。假定某投资者赎回某基金1万份基金单位，其对应的赎回费率为0.5%，如果当日基金单位资产净值为1.0198元，则其实际可得到的赎回金额为：赎回费用＝$1.0198 \times 10000 \times 0.5\% = 50.99$元，赎回金额＝$1.0198 \times 10000 - 50.99 = 10147.01$元，也就是说投资者赎回某基金1万份基金单位，若该基金当日单位资产净值为1.0198元，则其可得到的赎回金额为10147.01元。

◇选择基金需要注意的三大技巧◇

面对市场上种类繁多的基金，很多人觉得难以选择。那么，到底应该如何投资基金呢？

牛市买老，熊市买新。要看市场处于何种格局，大盘处于上涨行情时，通常买老基金；而在下跌行情中，就买新基金。

50亿的规模最合适。根据海外经验与国内实际，50亿上下规模适中的基金较好。太大的灵活性差，太小的波动性大。

养成良好的"投基"习惯。购买基金前，要先树立长期投资理念，不要进行波段操作，购买时点的选择应理性判断。

（3）领取赎回款：投资人赎回基金时，无法在交易当天拿到款项，该款项一般会在交易日的三至五天、最迟不超过七天后划出。投资人可以要求基金公司将赎回款项直接汇入其所在银行的户头，或是以支票的形式寄给投资人。一般情况下，基金管理人不得拒绝或暂停基金投资者的赎回申请，除非出现以下几种情况：

①不可抗力。

②证券交易场所交易时间非正常停市。

③因市场剧烈波动或其他原因而出现连续巨额赎回，导致本基金的现金支付出现困难时，基金管理人可以暂停接受基金的赎回申请。

④法律、法规、规章允许的其他情形或其他在《基金契约》已载明并获中国证监会批准的特殊情形。

发生上述情形之一的，基金管理人将在当日立即向中国证监会备案。已接受的赎回申请，基金管理人将足额支付；如暂时不能支付的，按每个赎回申请人已被接受的赎回申请量占已接受赎回申请总量的比例分配给赎回申请人，其余部分在后续工作日予以兑付。同时，在出现上述第3款"因市场剧烈波动或其他原因而出现连续巨额赎回，导致本基金的现金支付出现困难时"的情形时，对已接受的赎回申请可延期支付赎回款项，最长不超过正常支付时间20个工作日，并在指定媒体上公告。

基金定投的投资策略

实践证明，并非每只基金都适合定期定额投资，只有选对投资标的，才能为投资者带来理想的回报。

（1）定期定额投资最好选股票型基金或者是配置型基金

债券型基金等固定收益工具相对来说不太适合用定期定额的方式投资，因为投资这类基金的目的是灵活运用资金并赚取固定收益。投资这些基金最好选择市场处于上升趋势的时候。市场在低点时，最适合开始定期定额投资。只要看好长线前景，短期处于空头行情的市场最值得开始定期定额投资。

（2）定期定额投资最好选择波动大的基金

一般来说，波动较大的基金比较有机会在净值下跌的阶段累积较多低成本的份额，待市场反弹可以很快获利。而绩效平稳的基金波动小，不容易遇到赎在低点的问题，但是相对平均成本也不会降得太多，获利也相对有限。

（3）依财务能力调整投资金额

随着就业时间拉长、收入提高，个人或家庭的每月可投资总金额也随之提高。适时提高每月扣款额度也是一个缩短投资期间、提高投资效率的方式。

（4）达到预设目标后需重新考虑投资组合内容

虽然定期定额投资是需要长时间才可以显现出最佳效益，但如果果真投资报酬在预设投资期间内已经达成，那么不妨检视投资组合内容是否需要调整。运用简单而弹性的策略，就能使投资更有效率，早日达成理财目标。

（5）要活用各种弹性的投资策略，让定期定额的投资效率提高

投资者可以搭配长、短期理财目标选择不同特色的基金，以定期定额投资共同基金的方式筹措资金。以筹措子女留学基金为例，若财务目标金额固定，而所需资金若是短期内需要的，那么就必须提高每月投资额，同时降低投资风险，这以稳健型基金投资为宜；但如果投资期间拉长，投资人每月所需投资金额就可以降低，相应可以将承受的投资风险增大。适度分配积极型与稳健型基金的投资比重，使投资金额获取更大的收益。

基金投资常见误区有哪些

误区一：买新基金，不买老基金。

误区二：高净值恐惧症。

误区三：长期资金，短线买卖；根据股指涨跌进行基金的波段操作。

误区四：缺乏风险意识，全仓投入，仓促赎回。

误区五：分红后投资人的实际收益会减少。

误区六：既然股票能做波段操作，基金也能做。

误区七：像买股票一样买基金。

误区八：过分注重基金发行规模。

误区九：只认现金分红，排斥红利再投资。

误区十：崇拜明星基金及基金经理。

误区十一：只看净值，不看基本面。

工薪阶层怎样做基金投资

最适合工薪阶层的基金理财方式就是定期定额投资。它是指在固定的时间以固定的金额（如1000元）投资到指定的开放式基金中，类似于银行的零存整取方式。

基金定投的神秘功效就在于其复利效应。从投资学角度看，资金经过长时间的复利，累积的效果会非常惊人。

从历史资料来看，英美股市的长期平均年报酬率高于8%。从一个长期发展阶段看，一国经济总是会逐步增长的。如果投资者每月投资1000元人民币，年回报率为8%，那么经过16年之后，其本利之和将达到387209元。可见，只要一定的时间积累，基金定投就能将复利效果发挥到极致，平均成本法和时间魔力可使投资者获得可观的回报。

◇基金理财，因人而异◇

基金理财，不仅可以根据职业选择投资方式，还可以根据年龄：

青年时期适合利用杠杆投资，玩本小利大金钱游戏的良机。因为年轻人玩高风险投资如果失败，此时仍然承受得起，任何挫折失败也可以承受并从头来过。

中年人可以拿出每个月收入的一部分进行定期定投。因为他们往往更加注重安全性，个人资产的稳定增长是他们追求的投资目标。

老年人应逐步远离风险较大的投资，最好选择风险较低、稳定增值的货币型基金或债券型基金，即使想投资股票基金也应该严格控制投资比例。

红利最好选择再投资

基金投资者可以选择两种分红方式，一种是现金红利，另一种是红利再投资。落袋为安的心理因素，导致很多投资人喜欢现金红利。

那么，到底是现金红利好，还是红利再投资好呢？其实，为了降低交易成本，提高基金的收益，投资者最好选择红利再投资。

所谓"红利再投资"就是将基金分红所得红利，按照权益登记日的净值，直接用于申购该基金。理财专家将这一分红方式，形象地比喻成"鸡生蛋，蛋生鸡"。从长期投资的回报率看，选择红利再投资的分红方式可获更大收益预期。

以投入1万元本金购买工银瑞信核心价值基金为例。截至2007年6月20日，该基金的累计净值为3.6087元，自2005年8月31日该基金成立至今，累计分红每10份4元，在2007年6月的单位净值为3.2087元。假设投资者自基金成立时认购并持有至今，在始终选择现金分红的情况下，到2007年6月20日赎回，可获31610.45元，红利所得为3960.4元，最终投资获利25570.85元；如果始终选择红利再投，在同样时间赎回，则可获得39240.23元，投资获利29240.23元。不到两年，选择现金分红比选择红利再投少赚了36.69%（以上假设认购、赎回费率为1%、0.5%）。

实际上，这就是"利滚利"的复利投资魅力，对于长期投资者而言，投资时间越长，分红频率越大，红利再投的优势就越明显。此外，为鼓励大家继续投资，基金公司对红利再投资均不收取申购费，红利部分将按照红利派现日的每单位基金净值转化为基金份额，增加到投资人账户中。这种方式不但能节省再投资的申购费用，还可以提高基金投资的实际收益。

巧妙利用基金转换节省成本

基金转换业务也是基金投资中的一个节省申购费用的技巧，因为同一家基金公司旗下的基金，在进行转换时，都会给投资者一定的费率优惠。比如建信基金联合建设银行、中信银行等代销机构开通建信恒久价值基金，建信货币市场基金的基金转换业务，申购可享受6折优惠。比起正常情况下将手中的基金赎回后再申购同一公司下的另一种基金可以节省不少费用，降低投资成本。通常赎回一只基金再申购另一只基金，大概需要5天时间，但如果利用了基金转换，情况就大不一样了，投资人只需办理一次手续，两个工作日资金就会划入新申购的基金账户中，快捷、便利。但是，需要投资者注意的是，不同基金公司基金转换的规定并不相同，要先问清楚了再做转换。

在基金投资中，有些投资者经常会遇到这样的情况，在市场行情初始阶段，购买了大量的低风险基金品种，由于风险与收益是同方向变化的，风险低收益自然也就低，如果碰上股市大盘上扬，反而可能会错失分享上涨利润空间的机会。

在基金市场的行情一片大好时，如果投资者以前购买了一些债券型基金、货币市场基金或平衡型基金的话，不妨试试基金转换的手段，将手中的这些基金转换成同一家基金公司的股票型或偏股型基金，来分享由于股市上涨而带来的利润空间。比如持有货币市场基金的投资人，可以利用基金转换方式转为股票型基金产品，分享牛市成长，提高投资收益。

◎ 其他投资常识 ◎

房地产投资方式有哪些

中小投资者可采用的房地产投资方式主要有以下几种：

（1）直接购房：投资者用现款或分期付款的方式直接购置房屋，可自住，也可出租或出售，以获得利润。

（2）以租带购：开发商将闲置待售的商品房出租给租户，并签订购租合同。这种方式适合开始资金不够，以后收入增加有能力购买的家庭。

（3）以租养贷：投资者先付首期房款，其余部分通过银行贷款解决。然后出租此房屋，用租金来偿还贷款，贷款还清后将完全拥有此套房屋了。此种方式与"以租带购"相反，适合当前已有相当大数量资金，但以后收入可能不稳定的家庭。

（4）买卖期房：购买期房，只需房价的10%左右，如果房价上升，可卖出获利。相当于期货功能，但风险较大。

（5）房地产投资券：投资者购买房地产开发公司发行的一种债券，到期可得本息。这种方式实际上不通过房屋的租售来获得，相当于一种股票。流动性较好，收益稳定。

影响房地产价格走势的因素有哪些

房地产市场价格水平，既受到上述成本与费用构成的影响，同时也是其他众多因素相互作用的结果。这些因素包括：

（1）社会因素：包括社会治安状况、人口密度、家庭结构、消费心理等。

（2）政治因素：政治因素是指会对房地产价格产生影响的国家政策法规，包括房地产价格政策、税收政策、城市发展规划等。

（3）经济因素：经济因素包括宏观经济状况、物价状况、居民收入状况等。

（4）自然因素：自然因素包括房地产所处地段的地质、地形、地势及气候等。

（5）区域因素：区域因素包括交通状况、公共设施、配套设施、学校、医院、商业网点、环境状况等。

（6）个别因素：个别因素是指影响某个房地产项目的具体因素，包括建筑物造型、风格、色调、朝向、结构、材料、功能设计、施工质量、物业管理水平等。功能设计合理、施工质量优良、通风采光好和良好的朝向等因素都会相应的在房地产价格上体现出来。

◇房产投资的金科玉律：地段，地段，还是地段◇

房产价值，第一是地段，第二是地段，第三还是地段。

对不起，我决定买个地段位置好的二手房，虽然贵点，但你这个房子位置太偏了，上下班不方便。

同等面积，地段位置不佳的房子价格比地段位置好的二手房的价格要低得多。

看大屏幕上的这栋楼，位于黄金地段，现在房价已经升了一倍不止……

看来，买房还是得看地段呀！

地段位置好，就意味着交通便利、位置优越、配套齐备、悠久的商业历史、强大的商业习惯、活跃的商业氛围和成熟的业态组合，这些都能为我们的生活带来便利。

所以说，投资房产就必须挑选未来具有发展潜力的地段位置，并果断出手。

怎样把握房地产买入时机

选择购房时机可选用五率为指标，五率是：经济增长率、按揭利率、通货膨胀率、销售率、空置率。

（1）经济增长率：它是国民经济的景气指标。经济增长率高且持续增长，必然刺激房地产业的发展，使房屋成交量呈旺盛的走势。

（2）按揭利率：住宅消费离不开金融的支持。特别是对于工薪阶层来说，利用银行按揭贷款，不但是明智之举，而且是实现提前消费的前提。

（3）通货膨胀率：购房者要努力回避通货膨胀的盘剥，就要把握好三率：银行存款利率、银行按揭利率、通货膨胀率，进行综合比较，抓住入市时机。

（4）销售率：指预售房和成房的销售率。一般来说，若销售率达不到30%，开发商的资金便收不回来，当销售率在一定时期内没有改观时，开发商会被迫降价。

（5）空置率：空置率是与销售率相反的指标。当空置率为90%时，价格比较合适，但也要付出诸如服务不配套、交通不便利等诸多不便。当空置率为50%时，你购房置业既能获得较好的价格，又能享受开发商、物业管理公司努力提高居住品质的成果，是最佳入市时机。

黄金投资特点有哪些

黄金投资的特点主要有：

（1）易保存：黄金内在价值大，体积小，很容易存放，且不会损坏。

（2）易流通：黄金拿到任何一个国家都可以很容易兑换成当地流通货币，并且黄金价格是世界性的，全世界各个国家金价相差无几，这就叫硬通货。

（3）易变现：黄金市场是一个全球24小时的交易市场，因此随时都可以很方便完成变现。

（4）易保值：黄金的价值是自身固有的，因而具有规避、分散风险的特性。

（5）外汇储备，国际结算。

白金投资的技巧

白金投资可以参考以下投资方法：

（1）关注黄金的市场走势，当黄金大升而白金落后时，立刻购进白金作短线投资。

（2）当你预期白金相对于黄金价格偏低时，可以一方面先行购入白金期货合约，然后抛出相应数量的黄金同期期货合约，以此赚取两者的价差。

选择金银币投资时应当注意哪些问题

随着金银纪念币市场稳步发展，越来越多的老百姓有意参与到金银纪念币投资中。然而俗话说得好，隔行如隔山，如果要想参与金银纪念币集藏、投资的话，有几点是需要注意的。

（1）集藏金银币不能过于求全。集藏金银币千万不能求全，量力而行是根本。

（2）买卖金银币不要遗漏配套的物品。金银币是限量发行的国家法定货币，所以每一枚币都附有时任中国人民银行行长签发的"鉴定证书"。此外，还有专用的装帧盒。如果缺少这些配套的东西，不管是买入还是卖出，市价必然低于常规的行价。

（3）金银币品相至关重要。金银币和邮票一样都讲究"品相"。金银币上有水渍、污斑、锈迹、霉点等，就说明品相不高。在买入和卖出时，这类金银币的价格必然会低于正常的价格。

（4）投资金银币需要顺势而为。它与股票等资本市场一样也会有"波段"，因此，在参与实际的市场运作时，顺势而为非常重要。

进行外汇投资理财需要做哪些准备

市场上各种外汇理财产品的收益和风险高低不同，产品期限、结构和门槛也各自相异。做到有的放矢，避免因盲目投资造成不必要的损失，在投资前最好制订一个简单的投资计划。

第一，了解自己的投资需求及风险承受能力，这是进行外汇投资的基础。

第二，制定符合自己实际情况的投资策略。例如投资升值需求强烈、风险承受能力强的投资者，可将部分资金用于外汇买卖或投资于风险较大、投资回报率较高的外汇理财产品，并配合一些保本型投资以控制风险。

第三，充分了解理财产品的结构。要在最合适的时机，选择最合适的理财产品，不仅应该对国际金融市场有一个基本的认识，同时还应对各种理财产品的结构特性有一个全面的了解。

总之，只要投资前认真做好准备，就一定可以找到最适合自己的投资渠道，真正提高外汇理财的收益。

艺术品收藏投资技巧

艺术品投资主要包括字画、古玩、邮票、钱币等。与其他投资相比较，艺术品投资有其独特的性质，在操作上讲究一定的策略，选择艺术品投资需要投资者具备一定的文化艺术修养，而且要有一定的专业知识。

◇珠宝投资时应遵守的原则◇

真正稀有的珠宝也是一件有价值的艺术品，而且它的价值也会与日俱增，所以，珠宝成为不得不说的投资项目之一。但是，在投资珠宝时也要注意一些原则：

珠宝一多销，就没有投资价值了，还是不买了。

珠宝投资，必须选购具有市场价值的珠宝，即数量稀少，但需求量日益增加、价格不断上涨的珠宝。

不论选购何种珠宝，最好到专业水平较高、信誉良好的珠宝店去选购，不要选购打过折的珠宝。投资珠宝必须选择佳品，才能确保其市场性与增值性。

这个戒指戴起来好看，而且还有国际权威的鉴定书，一定很有投资价值，买了！

珠宝的价格受色泽、做工、重量等诸多因素的影响。在购买时一定要索取国际公认的鉴定书，以确保珠宝的品质与价值。

总之，真正值得投资的艺术品必须具备以下几个条件：

（1）具有国际行情的艺术品。

（2）真品。收藏品的真伪是决定投资的最主要条件。由于代笔、临摹、仿制以及故意伪造，赝品非常多。再好的赝品也只能作参考或装饰，投资价值非常小。

（3）精品。许多艺术家一生创作虽多，但称得上精品的并不多，而且有些还被收藏者终身锁定。所以若资金丰厚，应选择精品投资。

（4）大作。大作一般都含一定的背景题材，由于画家一生中精力有限，大作很少，故大作的价值比普通作品高出许多。

（5）全。全不仅包括同一种类的艺术品要齐全，而且要求每件收藏品应保存完好。

（6）罕。在艺术史上，那些独树一帜的艺术品，是收藏投资的稀罕品。那些具有创新意义、开先河的收藏品也极有投资价值。

就收藏品种类而言，同样是"物以稀为贵"。在人们意识到某一类收藏品的收藏价值之前，抢先进行收藏，不但容易收购，而且价格较低。一旦该类收藏价值为大多数人所认同，收藏的难度就要大得多。而此时，抢先入市的投资者就可以高价售出他的收藏，凭借其独到的收藏眼光而获得巨大的投资回报。

对于初涉艺术品投资的人来说，选择去拍卖行竞买的方式进行艺术品投资是一个比较好的选择，因为拍卖是杜绝赝品的有效方法。这样因经验不足遭受损失的可能性会很小。至于你最终选择标的的优劣，就要靠你的鉴赏水平、对市场行情的了解程度了。

如何选择邮品投资方向

邮品投资的领域极其广阔，投资者应慎重选择邮品的投资方向。邮品投资虽然风险较小，但是其中也有许多造成资金沉淀的"陷阱"。因此，投资者应当慎重地选择邮品投资方向。一般来说，投资者选择邮品投资方向时，应遵循以下原则：

（1）价格由低到高：邮市中的邮品价格一般分为高、中、低三个档次。投资者开始选择邮品时应当从低档普通邮品入手，等到积累了一定经验之后，再选择中高档邮品。如果投资者刚开始进入邮市就购入中高档邮品，可能由于缺乏经验而造成损失。

（2）行情先热后冷：通常情况下，邮市中的热门邮品，供求旺盛，进退方便且风险较小；而有些冷门邮品虽然可能具有较大的升值潜力，但是市场需求不旺，这样，就容易占压资金。

（3）时间由近及远：在邮品的时间选择上，首先投资新发行和近期发行的邮品，积累了一定经验和实力之后再投资早期发行的邮品。

（4）早投资，早收益：有人认为邮品投资的机会总是数不胜数，只要肯花钱，在邮市上总可以买到理想的邮品。事实上，对邮品投资者来说，能否抓紧时机，及时购进是相当重要的一个原则。如1980年发行的金猴邮票在前几年中，市场流通量大，价格也不高。当时对邮品投资者来说，是个绝好的购买机会，可惜许多投资者并没有抓住这个机会。所以，邮品投资者在选择邮品的投资方向时，看准了就要及时买进，以免造成事后遗憾。

优质字画选购常识

字画投资需要一定的金钱，但更需要的是独到的眼光。特别是收藏古字画，更要通晓这方面的知识和行情。古字画按类而分，价值不等。

（1）从绘画与书法的价值来说，绘画高于书法。道理很简单，绘画的难度大于书法。

（2）从质地来说，比较完整没有破损，清洁如新，透光看没有粘贴、托衬者为上品;表面上看完好无损，仔细看有托衬，但作品的神韵犹存者为中品；作品系零头片纸拼成，背后衬贴处，色彩也经过补描，即使是名家之作，也只是下品。

（3）从内容来说，书法以正书为贵。比如王羲之的草书百字的价值只值行书一行的价值，行书三行值正书一行，其余则以篇论，不计字数。绘画以山水为上品，人物次之，花鸟竹石又次之，走兽虫鱼为下品。

（4）从式样来说，立幅的价值高于横幅，纸本的价值优于绢本，绫本的价值最小。立幅以高四尺、宽二尺为宜，太大或太小一般价值都不是很高；横幅要在五尺以内，横披要在五尺以外；手卷以长一丈为合格，越长价值越高；册页、屏条应为双数，出现单数则称失群；册页以八开算足数，越多越好；屏条以四面为起码数，十六面为最终数，太多则难以悬挂。

此外，带有名人题字、题跋，或曾有被著录、收藏的印鉴、证录的古字画，都有很高的价值。题字越多越好，一行字称一炷香。名人题跋则称为帮手。

钱币收藏要"七看"

古今中外发行过的钱币有数百万种之多，钱币收藏者只能量力而行，分类收藏。收藏专家认为，钱币收藏要注意看以下7个方面：

（1）钱币是否有面值。没有面值的只能称为"章"，而不能称为"币"。币、必须是可以或者曾经可以作为货币流通。

（2）钱币涉及的题材。由于每个人的学识情趣、文化品位不同，对题材的偏好各异，所以，收藏者可以选择自己所喜爱的题材进行系列收藏。最好是选择大众喜闻乐见的而且发行量不能太大，这样的品种比较有生命力。

（3）钱币的纪年版别。钱币上的纪年是指铸造在钱币上的年份。相同图案、面值的钱币，纪年不同，其价值差异颇大。

（4）钱币的出处。比如说，银元就分为云南龙版、北洋龙版、江南龙版等。

（5）钱币齿边形状。钱币的齿边形状大致可以分为平光边、丝齿边、装饰边、铭文边和安全边五大类，是区分铸币不同版别的一个重要依据。

（6）钱币的制作工艺、钱币上的字迹是否自然流畅，与整个钱币是否和谐。做工精美的品种，容易引起市场好感，具有较大的增值潜力。

（7）钱币的成色。钱币的品相是按"成"来划分的，其实，只要有七八成新就可以收藏，如果是珍稀品种，成色差一点也行。当然，十成新的最好。

总之，对钱币鉴别时需要在"看"上下工夫，钱币收藏者往往需要随身携带放大镜。

识别真伪青铜器的窍门

如果投资者想通过青铜器投资来实现致富的目标，就应该先学会识别真伪青铜器的窍门：

（1）眼看：即看器物造型、纹饰和铭文有无破绽，锈色是否晶莹自然。

（2）手摸：凡是浮锈用手一摸便知，赝品器体较重，用手一掂就知真假。

（3）鼻闻：出土的新坑青铜器，有一种略有潮气的土香味，赝品则经常有刺鼻的腥味，舌舔时有一种咸味。

（4）耳听：用手弹击，有细微清脆声，凡是声音混浊者，多是赝品或残器。

玉石翡翠的收藏要点

对于想涉足玉石翡翠收藏的投资者来说，掌握一点玉石翡翠的鉴别与辨别真伪的基本知识是非常必要的。

（1）对照实物，多看多比较：玉石翡翠收藏非常注重实践性，所以，要求投资者必须经常接触实物，从而积累大量的实践经验。

（2）具备长期投资的心理意识：玉石翡翠属工艺品，其价格主要受材质和制作工艺的影响，而这些标准又是比较客观而固定，所以玉石翡翠品的价格在国际国内一直处于稳中上升的趋势，少有大起大落，不像书画作品那样因作者名声的涨落而涨落。所以，除非投资者有非常方便又便宜的进货渠道，否则不适合做短期投资。

（3）仔细鉴定藏品的真伪：单凭经验有可能看走眼，造成投资损失。因此，在决定买较大件的玉石翡翠作为收藏投资的对象之前，一定要尽可能地通过专业鉴别

◇藏品可不是越老越值钱◇

很多收藏爱好者认为，年代越久的收藏品就越值钱，这其实是个误区，藏品的收藏价值体现在很多方面：

你看这个花瓶这颜色、这工艺，真是珍品哪，跟它同一时代的碗真是没法比呀。

当时就很值钱的东西，现在仍会很值钱；当时不值钱的东西，现在还是不值钱。收藏品的价值跟它本身的历史文化价值、稀罕程度和工艺水品有关。

各地的收藏氛围、人们的购买能力不同，一件藏品在不同场合的身价也会有很大的悬殊：购买能力越强的的地区，价值越大。

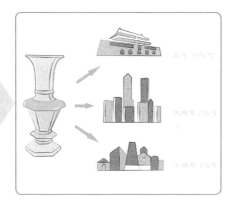

由此可见，收藏品并非越老越值钱，需要综合很多因素，收藏者要因时、因地、因人而异。

机构或专家，使用专门仪器对玉质进行科学鉴别，为玉石翡翠的收藏投资提供科学可靠的依据。

（4）密切关注国内外市场行情：尽管现阶段国内消费也在逐渐扩大，但玉石制品的主流价格仍以海外市场为准。所以有条件的投资者可以直接参与国际市场的拍卖活动，倘若没有这种条件，则要紧密注视国际市场的行情。

（5）以制作工艺作为选择的首要标准：在众多收藏品中，玉石制品的价格受其年代的影响较小，而主要受其制作工艺水平的影响。投资者将玉器翡翠制品作为收藏投资对象时一定要把制作工艺当作首要标准。

第十一章
不可不知的休闲常识

◎ 旅游必备常识 ◎

制订高效旅行计划

为了能旅行顺利和玩得开心，应该在出发前制订一个完备而高效的旅行计划，以应对新环境、新情况。

一个完整的旅行计划主要应包括以下内容：地点、路线、方式、时间、费用，等等。

（1）旅行地点和路线需要根据个人喜好、身体状况和经济能力来确定。

（2）旅行方式包括随团旅行、集体旅行、自助旅行和举家旅行，等等。

（3）旅行时间一方面要考虑工作和学习的空闲，另一方面要尽量选择旅行目的地的最佳季节。

（4）旅行中经常会出现一些意想不到的突发情况，因此在制订计划时日程安排不宜过于紧凑。

（5）出行前最好提前了解一下相关的交通、旅游书籍和地图，尤其是对于旅游景点的一些典故、风土人情，这样才能有效提高旅游效率。

（6）要学习一些旅游知识，例如旅游防骗、投诉、野外求救，等等。

随团出游应该做好哪些准备

随团出游，最大的好处就是一切可以交由旅行社打理，旅行者在旅途中可以省心省力。但如果旅行者不了解自己的权利义务，简洁方便的随团也可能会给旅行带来许多不必要的麻烦。

（1）知情权。消费者有权要求旅行社向旅游消费者提供真实的服务信息，包括交通、线路、景点、购物等一切有关的信息。如果对旅行社所提供的日程、线路、景点、服务档次及价格等不满意，旅游者有权拒绝签约。旅游者支付团费后，有权要求旅行社开具发票。

（2）对计划行程外的项目有拒绝权。在旅游过程中，旅游消费者有权要求旅行社按照合同的约定提供交通、住宿、游览、导游等服务，有权拒绝参加计划行程以外的项目，是否购物、参加自费项目、支付小费等都是旅游者的自主行为。

（3）旅行社如有违约行为，旅游者有权要求赔偿。

最后，为了保证出游的顺利、愉快，旅行者要尽量做到"四不"，即选择旅行社不盲目，签订合同不草率，途中购物不冲动，遇到问题不胡来。

探险旅游需要注意哪些问题

近年来，越来越多的人开始喜欢探险游这种回归自然的旅游方式，但这项运动带来的风险却让我们不断地付出沉重的代价。在户外探险前，怎样才能将风险降到最低呢？

（1）了解该区域该时间段历年的天气变化情况。

（2）同伴中一定要有人有丰富的相关经验。

（3）充分了解所要探险的地域情况，对各种可能发生的意外情况做好准备。

（4）带足常用药品和急救药品，并掌握相应的急救方法。

（5）出发前就联系好附近的救援单位，以防不测。

（6）根据自身健康状况，最好参与比较成熟的、有组织的、有安全保障的大众化探险旅游项目。

（7）时刻将安全放在第一位，出发前进行专业训练，合理负荷。行进过程中发生任何的身体不适都要立即休息，不能冒险继续前行。

农家乐准备计划

随着生活节奏的加快，一些都市人在繁忙的工作之余，会利用节假日出去旅游，缓解工作压力。于是，看青山绿水、吃地道的农家菜也就成了休闲度假的首选。

农家乐的最大特点就在于其与城市迥异的风光、物价、人情，白天可以采摘、钓鱼、登山，悠闲地享受轻松假日，晚上还能有篝火、烤全羊、住古朴农家小院的欢快与惬意。这些与城市休闲娱乐有着巨大的差别。

然而，人们在具体选择"农家乐"旅游时，有些问题还需要注意，否则可能给旅行带来麻烦和不快。

（1）注意人员的健康状况："农家乐"的人员绝大部分是当地的农民，大都没有经过专门的食品及卫生知识方面的培训，个人卫生健康难以保障。

（2）注意环境卫生状况：看看"农家乐"的厕所有没有任何清洁设施，客房设施是否过于简陋，基本的水电条件怎样，厨房是否干净卫生。

（3）注意安全状况：一旦发生食物中毒、被动物咬伤等情况，附近是否有医疗救助机构。

最佳旅游城市有哪些

依据国家旅游局和世界旅游组织的评估验收，"2006中国最佳旅游城市"为成都、杭州和大连。此外，2005在瑞士举办的"2005欧中旅游论坛"上，珠海荣列"欧洲人最喜爱的中国旅游城市"之首。此外，获得这一荣誉的还有西安、杭州、

◇自助游前要注意◇

我们常说"来一场说走就走的旅行"，这就是一种自助游。自助游，全靠自己，这就要求我们做好充足的准备：

确定旅行目的地后，要收集旅游路线、交通路线、酒店、饮食、景区服务质量等信息并提前预定，交通和住宿信息要用笔记下来，以免手机没电导致找不到住处。

要去杭州，天气很好，拿几件宽松耐脏的衣服就可以。

了解当地天气，准备行李。一定要了解目的城市的天气，及时增减衣服。且行李尽量轻而精，以免造成自己旅行途中体力不支；衣服最好要通风、保暖、防雨、耐脏、易洗。

哎呀，这回出来玩忘了带治过敏的药了，我对柳絮过敏。

把"药品包"收拾好。要注意带好止痛片、消炎片、防晕药和医治水土不服的药。如果你患有慢性病需要持续用药，请在医生的指导下带好相应的药物。

拉萨、北京、丽江、昆明、成都、洛阳、威海九个城市。

而美国旅游杂志评出世界十大最佳旅游城市为：悉尼、曼谷、罗马、佛罗伦萨、清迈、纽约、伊斯坦布尔、开普敦、瓦哈卡、旧金山。

怎样给旅游做好资金预算

旅游要有资金做保障。出行前做个旅游小预算十分必要，以做到计划周全、心中有数。倘若行前无计划，匆忙出游，造成旅游预算超支，旅游回来后则会影响正常生活；或者旅途过于节俭而影响了旅游质量和享受。旅游的资金预算大致包括以下方面：

（1）交通费：城市间交通费和市内交通费。这部分开支有时要占到整个旅游预算的1/3左右。

（2）住宿费：预备下榻的饭店及价格和住宿天数。

（3）饮食费用：每天饭菜及饮料开支预算标准。

（4）景点门票：计划游览景点门票总和，一般没有多少弹性。

（5）购物：旅游不可避免地要购买一些旅游纪念品和其他物品。购物可多可少，一定要有计划性，否则会造成资金上的被动，进而影响其他旅游正常开支。

（6）不可预见费：一般在上述预算之外，还要留有一定的余地，即宽余金额，以预防一些意外之事和不可预见的费用开支。

出境游走失怎么办

出境旅游，由于周围的环境比较陌生，即使是非常小心，也会有很多意想不到的问题，尤其是不慎走失。如果真的发生走失情况，游客应该怎么办呢？

（1）不要着急，在原地或是导游约定的地点等候。切忌自作主张回到下车的原地，除非肯定领队说过会在原地上车。

（2）如果脱离队伍已有一段距离，而你知道团队下一站地址，可电话联络领队，再乘出租车马上赶去。

（3）不要轻易相信陌生人，尤其是过于热情的陌生人。由于中国游客有带大量现金或贵重物品在身上的习惯，国外往往有一些"黑导"在路边，专门等候或是诱骗中国旅客。

（4）如果地址不在身边，又不记得所住的酒店和领队的电话，那么可以打电话回国，让亲友和国内旅行社取得联系，从而尽快得知领队的联系方式及团队下一个目的地。

（5）到警察局、使馆或当地旅游观光部门请求援助。如忘记了酒店名称，尽可能回想并描述酒店及其周围建筑特征。

怎样读懂旅行社的旅游报价

旅行社的旅游报价主要有全包价、半包价和小包价。

（1）全包价：包价旅游又可分为团体包价和散客包价。团体包价通常指的是由10人以上组成的旅游团，旅游款项一次性预付给旅行社，各种相关服务全部委托一家旅行社来办理。散客包价是指10人以下的旅游团体，付款方式及委托服务同上。包价旅游主要包括综合服务费、房费、城市间交通费及专项附加费四个部分。

（2）半包价：即在全包价基础上，扣除午、晚餐费用的包价形式，其目的在于降低旅游产品的直观价格，提高产品的竞争能力。

（3）小包价：又称选择性旅游。游客预付的部分仅包括饭店房费、早餐、接送服务、国内城市间交通费及手续费，其余部分在当地现付。小包价游客可根据自己的时间、兴趣和经济情况自由选择导游、风味餐、节目欣赏和参观游览等。因其经济实惠、机动灵活而受到游客的欢迎。

旅途中怎样合理使用背包

背包并不仅仅是旅行者把所有的东西全部塞进去就万事大吉，只有装填合理才能背得舒服，走得愉快。

（1）重量较大的器材应置于上端且紧靠背部，比如炉具、炊具、重的食物、雨具、水瓶等，帐篷须使用伞带绑于背包顶端，重心点太低或远离背部会使身体弯曲行走。

（2）次重的物品置于背包中心和下方侧带，如备用衣物、个人器具、头灯、地图、指南针、相机等。

（3）轻的物品放在最下面，如睡袋等。其他如三脚架、登山杖等物品可安置在背包的侧袋。

（4）需要注意的是，因为男生的上半身较长、腿较短，而女生的上半身较短但腿较长，身体情况因人而异，所以要谨慎选择合适自己的背包。

（5）在通过急流、陡峭地段时，必须有绳索保护。在无保护通过时，应放松肩带，打开腰带和胸带，以便万一出现危险时，能以最快速度使人包分离。

◎ 户外运动常识 ◎

攀岩有何注意事项

现代攀岩运动是一项集健身、娱乐和竞技于一体的时尚运动，被称为"岩壁上的芭蕾"。不过攀岩绝非一项轻松的运动，要想一切顺利，除了需要有较为全面的身体素质，还必须注意以下几点：

（1）攀岩前要换上适当的衣服，活动关节，放松肌肉，调节心理，使自己处于灵活的状态。当系上安全绳套后，就必须依靠自己的力量和智慧来挑战绝壁。在攀岩的过程中必须时刻渴望成功，任何的懒惰都将意味着失败。

（2）攀岩前要选择好攀岩路线，不同的高度、角度的岩道，不同位置大小的岩眼，其难易程度都会不同。攀岩时要依靠冷静的判断力、坚强的意志，通过四肢的协调，保持有三点贴稳岩壁，保持身体的重心落在前脚掌，减轻手指和臂腕的负担。登顶下落要注意配合下落趋势，适当地用脚支撑，避免擦伤。

蹦极有哪些益处与挑战

蹦极起源于太平洋的瓦努阿图群岛，当地男子满18岁时，必须用藤蔓绑住双脚从20米高的筑台跳下去，才可以算成人。现在它已成为一种挑战人类意志极限，体验"重生"的现代体育运动，又称"高空弹跳"，风靡全世界。

蹦极是对人面对困难和恐惧时的勇气的极大考验。蹦极者先要从高处自由落体，直至蹦极绳索达到其最大拉伸长度，随后蹦极者又被绳索重新拉起，如此反复数次，直到绳索弹性消失最终停止运动。蹦极中人的视野开阔、变换快速，且身体完全不能由自己控制，这些给现代人带来了巨大的刺激，也是蹦极的最大魅力所在。

蹦极跳的高度一般都在40米以上，作为一项勇敢者的运动，蹦极对参加者的身体状况条件有一定的要求，有心脏病、脑病和深度近视的人最好不要参加，以免发生意外。对普通人而言，蹦极前也做好充分的身体准备：

（1）充分活动身体各部分，以免扭伤或拉伤。

（2）着装尽量简练、合身。

（3）跳出后注意控制身体，不要让脖子或胳膊被绳索缠住。

◇玩蹦极时要注意◇

　　蹦极是一项有风险的运动，蹦极的注意事项是每个参加者都需要了解的，这样才能使得自己的安全风险降到最低，避免不必要的麻烦。

对不起，女士，孕妇不能蹦极。

1 　　蹦极对身体素质要求较高，凡是有下列情况的不能参加：孕妇、高血压病、心脏病、脑血管病、神经紊乱、哮喘病，有过癫痫病史、骨折史，还有醉酒吸毒者等。

很想体验一下蹦极的刺激感，可是我这眼睛是高度近视，哎，可惜啊。

2 　　深度近视者要慎重，因为蹦极采用的是踝部安全带，蹦极者跳跃时是头朝下，人的身体是以 9.8 米／平方秒的加速度自由下坠，很容易脑部充血而造成视网膜脱落。

先生，蹦极不能穿您这种衣服，会兜风，还不能戴眼镜。

3 　　参加蹦极着装要尽量简练，合身，不要穿易飞散或兜风的衣物。还有不应戴眼镜，下跳前个人物品应交由他人保管，若是独自一人前来蹦极者，则应将个人物品寄存在售票处。

户外定向运动要注意哪些问题

定向运动就是利用一张详细精确的地图和一个指北针，按顺序到访地图上所指示的各个点标，最短时间到达所有点标的人为胜者。定向运动通常设在森林、郊外和城市公园里进行，有时也在大学校园里。一条标准的定向路线包括起点、终点和一系列点标。这些点标已在地图上用阿拉伯数字标明。个人定向运动比赛，其乐趣在于尝试从未尝试过的事。

定向运动是智力与体力相结合的双重运动。要想成为优秀的定向运动员，除了体力，良好的运筹能力、计划性、空间感、方向感等智力因素都是非常重要的。

另外，由于定向运动通常都在天气晴朗、气温较高的情况下进行，因此参加户外定项运动还需要注意以下问题：

（1）防晒。尤其在中午时分，气温高，阳光中的紫外线特别强烈，皮肤长时间暴露在烈日下，会造成灼伤，并会发生中暑现象。参加定向活动要尽量带上太阳帽、墨镜、防晒霜、毛巾，以及一些防暑药品。

（2）饮水。定向运动出汗多，必须及时补充水分，但如果饮水方式不对，会引发不良的后果。饮水时应注意少量多次，每次喝水只喝几口。

（3）衣服。定向运动大量出汗，衣服很快就湿透了，很多人到达目的地以后，往往任凭衣服湿着，企图靠自己的体温把衣服烤干。这样做很容易引发风湿或关节炎等疾病。因此在参加活动前，在背包里最好带上一套备换的贴身干衣服（特别是上衣）和一件外套，到了目的地以后，即刻把湿衣服换下来。

潜水要把握哪些原则

休闲潜水近几年在我国开始逐渐流行，它是在一种类似失重的状态下彻底放松身心，在静谧的海底欣赏和陆地完全不同风光的水下运动。事实证明，潜水运动不但可以增加肺活量，增强主要肌肉群的力量，提高游泳技能，磨炼意志、锻炼体魄，甚至还有减肥的功效。潜水除了能够帮助人们学到许多关于水的物理、生理和海洋知识外，还能让人们掌握急救、溺水抢救等本领。

（1）潜水是一项极其强调团队精神和自律精神的运动。由于难以进行语言交流，因此在潜水过程中，人们要自觉地严格遵守各项潜水规则，一旦同伴或者自己发生危险，一定要保持镇定，坚持团结互助。

（2）如果是两人一起潜水，那么两人从入水到上岸，都必须同进同出，不能任由同伴独自上岸。游在前方的人应常常回头看同伴的状况，并配合其体力技术放慢速度。而游在后方的人则要保持在同伴的斜后方。

（3）有以下病症的人不能潜水：曾经接受过中耳手术，或眼角膜手术；有肺部受伤病史，尤其是自发性气胸；有严重的肺部阻塞性疾病；肺泡有先天性憩室或肺部水疱病；有癫痫或抽筋病史；经常性的晕倒而原因不明的；有心脏冠状动脉疾病的；有胰岛素依赖型糖尿病的；长期酗酒或药物成瘾的。

如何才能玩出漂移运动

漂移是风行于美国、日本等国家的赛车极限运动。它和赛车的速度竞赛有着明显的不同，漂移毫不关注赛车的行驶速度，而是讲究难度、转速和自由转向。

具体而言，从刹车起始，改变前后轮的速度差，使车体在转角时产生重量转移，就能产生漂移了。产生重量转移的方法很多，可以利用加速、减速、刹车等多种手段产生应有的效果。一个成功的重量转移效果要经过减速、转向和加速三个步骤。

理想的漂移车辆是一部后轮驱动的汽车。当它在入弯过程中几乎失去了正常情况下的转向能力时，靠点击刹车获得重量转移的力量转向，发生漂移。需要注意的是，漂移对轮胎要求十分严格，漂移中会给轮胎带来额外沉重的负担。

射箭运动有何益处

射箭是一种用弓把箭射出并射中预定目标的技艺。射箭最初用于打猎和战争，现如今，它已经成为一项娱乐健身活动，广泛地进入人们的休闲生活。

从事射箭运动要求弓箭手具有较好的平衡能力，能注意力集中，同时还有协调把握时间感觉的能力。

射箭运动是锻炼身体的一种有效手段，经常从事射箭运动，不仅能增强臂、腰、腿部的力量，而且可发达胸、背肌肉，提高注意力，增强体质。同时射箭还可以促进运动器官的发展，加强新陈代谢，使骨骼的血液供应得到改善，骨骼变得更加粗壮坚固，同时提高了骨骼的抗阻和支撑的能力，使骨骼结构和性能得到增强。

当然，作为一项竞技项目，射箭还可以考验人们的意志力，培养人顽强、果断、勇于克服困难的意志品质。

漂流的安全事项有哪些

漂流最初只是为了满足人们的生活和生存需要，它成为一项真正的户外运动，是在"二战"之后才开始发展起来的。一些喜欢户外活动的人尝试着把退役的充气橡皮艇作为漂流工具，逐渐演变成今天的水上漂流运动。

由于漂流一般都是在乘客情况不明的水流段，因此，了解漂流的安全事项是十分必要的：

◇射箭的正确姿势◇

在射箭运动越来越红火的今天，如何能既射得一手好箭，又保证射箭的姿势又帅又标准，这绝对是需要技术的。既然如此，我们就先来看看射箭的正确姿势究竟是怎么样的？

拉弓。左肩对准目标靶位，左手持弓，两脚开立与肩同宽，身体重量均匀落在两脚上，身体微向前倾。以左肩推，右肩拉的力将弓拉开，并继续拉至右手"虎口"靠位下颌。

在弓开满的同时，让眼睛通过弓弦的一侧，准星和靶上的黄心相吻合，使眼睛、弓弦的一侧、准星和黄心连成一条直线，从而形成瞄准基线。

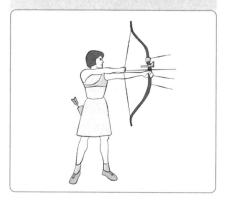

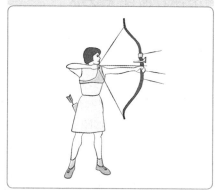

瞄准后，右肩继续加力，同时扣弦的右手三指迅速张开，箭即射出。

当一支箭起射过程全部结束时，把弓放下，使身体恢复到站立时的姿势。

（1）出发时，最好携带一套干净的衣服，以备下船时更换，同时最好携带一双塑料拖鞋，以备在船上穿。

（2）用作漂流的工具不同，要注意的事项也不一样，因此上船第一件事是仔细阅读漂流须知，听从工作人员的安排，穿好救生衣，找到安全绳。

（3）漂流时不可携带现金和贵重物品上船，若有翻船或其他意外事情发生，漂流公司和保险公司不会赔偿游客所遗失的现金和物品。

（4）漂流时不要做危险动作。一般来说，只要不随便下船、不互相打闹、不主动去抓水中的漂浮物和岸边的草木石头，漂流筏不会翻。一旦翻船也不必慌乱，因为救生衣能够帮助乘客脱险。

狩猎运动有何迷人之处

数千年前，狩猎是人类的基本需求之一，如今，它已成为一项正在兴起的时尚运动。狩猎体现人内心里的一种激情，既野蛮凶残，又精巧雅致；既粗犷豪放，又细腻高贵，饱含着野性的力量，使人们体验到现代人的聪颖与智慧。

（1）狩猎是人类融入自然的一种方式，旅游时人们只会端着相机拍风景，而狩猎则要求人们学习寻找脚印、粪便、羽毛的技巧，了解季节、风向、气温。

（2）狩猎是团队项目，猎人间只能凭一个手势或一个眼神相互沟通，要求猎手之间充分了解、配合默契，这无疑是培养团队精神的最好方式。

（3）狩猎还是都市人情感宣泄的最好通道。打猎最有意思的地方不是打猎本身，而是之后的交流和沟通。

（4）狩猎是对人的体力和意志力的考验。狩猎者通常要忍受艰难的生存环境，在追逐猎物的过程中还能锻炼身体。

（5）狩猎并非滥捕滥猎。狩猎是有严格的计划和限制的。狩猎不仅可以满足一些人精神上和物质上的需要，由狩猎所征集来的费用，也可以用于自然保护事业。

真人反恐运动的由来

随着电脑游戏"反恐精英"在中国的流行，真人反恐游戏也逐渐成为人们新的娱乐休闲节目。事实上，此种野战游戏最早出现在20世纪50年代，是源自于美国中西部牛仔的一种户外活动。早期从事畜牧业的牛仔们，运用压缩二氧化碳气体为动力的色弹枪，发射于不同牲畜的身上作为记号。后来，牛仔们在闲暇的时候用色弹枪做玩耍射击，胜者被称为"生存者"，"生存游戏"因此产生。

目前最流行的当属激光野战项目。它是采用激光对抗设备的一种最新的时尚军事体育运动，通过战斗角色的扮演和团队协作，参与者可以在体验快乐的同时达到健康休闲、团队建设的目的。其主要玩法有：丛林求生、阵地争夺、保护重要人物，等等。

时至今日，野战游戏已不仅是军事发烧友们的专利，在许多国家，野战游戏甚至已成为企业生存的重要课程之一。

野外如何净化饮用水

旅途中如何确保饮水安全是每一个旅行者都要认真考虑的问题。不洁净的水中经常会带有一些致病的物质，如各种病菌，以及腐烂的植物茎叶、昆虫、飞禽、动物的尸体、粪便，有的还可能会带有重金属盐或有毒矿物质等。所以旅行者在找到水源后，最好不要急于狂饮，而应对水源进行必要的净化消毒处理。

（1）将净水药片放入存水容器中，搅拌摇晃，静置几分钟，即可饮用。一般情况下，一片净水药片可对1升的水进行消毒。

（2）如果没有净水药片，医用碘酒、漂白剂、食醋等也可代替净水药片对水进行消毒，只是静置的时间稍长，为20~30分钟。

（3）在海拔2500米以下且有火种的情况下，把水煮沸5分钟，也是对水进行消毒的很好的方法，且简便实用。

（4）如果水中有重金属盐或有毒矿物质，应用浓茶与水同煮，最后出现的沉淀物不要喝。

户外如何防蚊虫叮咬

野外活动，防治蚊叮、虫咬、蜂蜇是很重要的。

（1）为避免蚊子叮咬，可在皮肤上涂上驱蚊剂，也可以用戴防蚊帽的方法避免蚊子叮咬脸部。被蚊子叮咬后，尽量不要用手抓患处，在患处涂上清凉油或风油精，每天涂抹3~5次即可。

（2）若被黄蜂蜇了，可用醋涂抹患处，或找些鲜马齿苋捣汁涂抹。如果被蜜蜂蜇了，应先剔除毒刺。因蜜蜂的毒针有倒刺，最好用小镊子夹住毒刺的根部往外拔。除掉毒刺后，在患处涂抹氨水或肥皂水，疗效较好。

（3）被毛虫蜇伤，皮肤上经常粘有毒毛，清除时可用氧化锌胶布或透明胶带贴在患处拔除毒毛效果很好。

（4）如果被蜈蚣咬伤，在伤口处涂抹肥皂水、氨水或旱烟油。若带有蛇药，用蛇药涂抹患处也很有效。

（5）防止山蚂蟥叮咬可穿一用布缝制的长裤，将裤脚塞入袜内，并扎紧袜口，蚂蟥就钻不进去了。用灭害灵、风油精喷洒在裤管和鞋、袜上，对山蚂蟥也有驱避作用。

◇野外生存如何寻找食物◇

野外生存，食物的分辨和获取是除了必不可少的水之外最基本的生存要点。那么，如何辨别和获取食物呢？

你那个不能要，颜色鲜艳的蘑菇是有毒的。

在野外，比较常见的食物是植物。在采集植物时，不要采集颜色鲜亮的，如蘑菇；要选择绿色嫩枝、果实等；采集浆果时，裂成五瓣型的不要采。

千万不要食用有病的动物，也不要食用动物的肝脏，以防传染疾病。食用时，最好用火做熟，不到迫不得已不要生食。

在海上、或者孤岛沙滩上时，可以用鱼钩钓鱼、用叉子叉鱼。

◎ 轻松都市休闲常识 ◎

都市时尚生活中的误区有哪些

如果让人们在时尚与健康两者中二选一，相信绝大部分人都会选择健康。但在实际生活中，我们常常会发现人们在追求时尚的过程中，将健康抛之脑后。那么，当下时尚生活中有哪些误区呢？

（1）贪恋网络。上网时间长，不只会对眼睛造成伤害，长期接受电脑辐射，对血液系统也会造成伤害。喜欢上网的朋友一定要控制每天在电脑前停留的时间。应该多安排户外活动，缓解神经系统压力。

（2）贪恋空调。忽冷忽热、环境封闭，给感冒伤风和各种呼吸道疾病提供了滋生的"沃土"。长期处在空调环境中还易造成面部神经麻痹、导致脑血管疾病。

（3）穿塑身内衣。塑身衣将腹部紧紧包裹起来，会压迫内脏器官，使其长期处于紧张状态，并导致肠胃功能降低，减弱消化系统功能。

（4）防晒生活。晒太阳过多的确会引起皮肤老化，甚至可能患皮肤癌。但科学研究发现，经常有规律地晒太阳，会促使人体产生维生素D，进而有助于预防骨质疏松症等疾病。

夜生活过度有哪些危害

夜生活泛指人类从黄昏到凌晨时段盛行的活动，通常都偏向娱乐性质。以娱乐为主的夜生活形式包括有酒馆、夜总会、影院、KTV、咖啡厅、夜市、消夜饮食店，等等；另外，特定节日如中秋节、除夕、元宵节等都有特殊的夜间活动习俗。

适度的夜生活，对缓解工作压力、稳定情绪有一定作用，但如果夜生活过度，则对身体有所损害：

（1）神经紊乱。深夜剧烈的活动会使人体血液重新分配，从而造成大脑缺血缺氧，影响中枢神经系统。

（2）胃肠失调。夜生活往往都是活动与进食交替进行，这样会影响肠胃正常的消化、吸收功能。

（3）病菌侵扰。酒吧、KTV的密封设施较好，室内的空气交换困难，加上很多人吸烟，大量的烟雾使得空气污浊。同时房内长期没有阳光的照射，使细菌、病毒等隐匿于屋内，并且大量繁殖。

怎样在家里举办生日晚会

生日对每个人来说都有着特别的纪念意义，在这样的日子，人们都希望自己能和亲朋好友一起聚会。这时在家里办一场生日晚会，不但气氛亲切融洽，而且花费也比在酒店KTV等场所少很多，何乐而不为呢？

在家里办生日晚会其实并不难：

（1）做好家中的清洁卫生，并对房间进行适当的装饰。

（2）等到客人开始陆续应邀前来时，生日主人可在门口迎接。

（3）准备生日蜡烛和生日蛋糕。20岁以下1支蜡烛代表1岁；20岁以上1支大蜡烛代表10岁，1支小蜡烛代表1岁。

（4）晚会开始时，首先请来宾代表致祝词并敬酒，之后生日主人向来宾致答谢辞。

（5）众人齐唱《祝你生日快乐》，生日主人在祝福声中许下心愿并吹灭蜡烛。

（6）切分蛋糕。之后晚会进入自由活动状态，但客人不应提前退场。

（7）晚会结束，主人将宾客送至门外，再次向客人表示感谢。

怎样举办家庭舞会

随着人们对精神生活要求的日益提高，在节假日或一些喜庆日子举办家庭舞会已经被越来越多的人接受。由于参加舞会的客人都经过主人挑选，因此舞会上的气氛通常都轻松愉快，不会太拘礼节。举办家庭舞会需要做哪些准备呢？

（1）舞会的成功与否在于来宾是否高高兴兴，能否达到交际目的，而不在于舞会的奢侈程度。

（2）选择来宾应从以下几方面考虑：依据场地大小来控制人数；可邀请喜欢跳舞而且比较熟悉的朋友；尽量不邀请大家都不欢迎的人；要有意邀请一两位比较活泼的朋友，以活跃舞会气氛。

（3）在选择舞曲时，应注意交替播放不同风格的曲目，以调众口；根据来宾性格特征挑选曲子，例如如果来宾多为年轻人，可多准备一些节拍鲜明、节奏感较强的曲子；注意音乐播放次序的设计。

（4）在布置场地时，应力求大方雅致，可在舞池（即客厅）周围设置一些坐椅，同时尽量充分利用阳台的空间。

（5）为了烘托气氛，舞会的灯光也应该精心设置。如果只有日光灯，则可以考虑用彩色玻璃纸蒙住。

（6）在舞会中安排一些集体游戏，并备一点有纪念意义的小礼物，发给游戏的幸运者，这样可以使舞会不显单调。

◇举办舞会要注意◇

举办舞会，本来是件高兴的事情，但是，稍不留意，就有可能引发纠纷，所以，举办舞会要注意：

邀请客人参加舞会要提前邀请，并使用邀请函，这样显得正式和对邀请者重视。

在举办舞会时，音响不得过大，舞厅音响声级应限制在 90 分贝（A）以下，以免影响邻居休息。

在舞会结束后，如果有醉酒的朋友，要尽量安排其回家，或者安排住宿。

休闲垂钓需要注意哪些问题

垂钓活动四季皆宜，不但充满乐趣，而且有益身心。在空气清新、阳光充足、噪声小的湖畔钓鱼，实在是一种享受。事实证明，参加钓鱼活动有助于提高生活情趣，活跃各种生理功能，是保持心理卫生，防治忧郁症、精神沮丧及焦急、暴躁等不良情绪的好方法。钓鱼的乐趣使人心情舒畅，情绪稳定，精神饱满。钓鱼时，眼、脑、神专注合一，一切烦恼忧虑都会自然消除。

钓鱼追求的是一种精神境界，但如果不能掌握一定的知识和技巧，不但可能会失去部分乐趣，甚至可能会危及安全。

（1）外出钓鱼时往往全天在野外，因此需要带足衣物。

（2）要穿防湿防滑的橡胶鞋。对于有慢性病的人，还应准备好应急药品。

（3）撒食时要依据当时的风向、风力、水流、水温等情况，不可盲目。

（4）站脚点以低为宜，老人或不会游泳者，应在平坦处钓鱼，以防意外。

（5）遇到雷雨时，不能在树下停留，不要扛竿走动，避免接触金属物。

（6）勿在临近高压线下甩竿远投。

（7）不能在被污染了的水域中钓鱼或食用其鱼。

游泳有何益处

众所周知，游泳是一项竞技性、观赏性都很强的体育项目，无论是参与游泳或者只是观看比赛，都能感受到游泳的魅力。事实上，游泳确实有着许多地上运动无可比拟的益处。

（1）加强抵抗力。由于在泳池中人体散热快、耗能大，为保持冷热平衡，神经系统能快速作出反应，加快人体新陈代谢，从而使人增强对外界的适应能力。

（2）保持体形。人在游泳时，通常会利用水的浮力俯卧或仰卧于水中，全身松弛而舒展，使身体得到全面、匀称、协调的发展，使肌肉线条流畅，而不至于长出生硬的肌肉块。

（3）不易受伤。游泳锻炼是克服水的阻力而不是克服重力，减少了地面对骨骼的冲击性，使骨关节不易变形。

（4）加强肺部功能。游泳时人的胸部要受到12~15公斤的压力，加上冷水刺激、呼吸感到困难，这些都迫使人用力呼吸，加大呼吸深度。

（5）保护皮肤。人在游泳时，水对肌肤、汗腺、脂肪腺的冲刷，起到了很好的按摩作用，促进了血液循环，使皮肤光滑有弹性。此外，在水中运动时，大大减少了汗液中盐分对皮肤的刺激。

除此之外，游泳还是生活中非常实用的一项工具和技能，熟练的游泳技术，

◇获得心灵宁静的休闲方式◇

同朋友聚会游乐旅游确实可以充实我们的业余生活，使我们获得快乐，但想要获得心灵上的宁静，确要靠自己寻找。

在闲暇时候回校园走一走，校园的花草、道路、生活、文化活动，都能使我们思绪轻盈，放松神经，难得地给我们忙碌的生活带来惊喜和宁静。

闲暇时找一间书屋来读书，不在乎什么类型，自己喜欢就好，"书中自有黄金屋"，多读书不仅丰富我们的知识，还引人思考，引起精神上的共鸣，获得心理上的宁静。

到真正的乡村去走一走，那里远离城市的喧嚣，远离工业的污染，往往能让我们感受到在城市里久违的温暖、宁静、快乐，以及安全感。

是我们从事水上资源开发、防洪抢险、救护打捞工作的重要保障。可以毫不夸张地说，学会游泳，生命才更有保证。

登山有何益处

无论是参加健身俱乐部，还是自己购买健身器材在家健身，这些往往都投资巨大。相比之下，登山运动简单、经济，使人远离城市喧闹，沐浴在新鲜空气之中，是一项不可多得的大众健身运动。

经常出外进行登山活动好处多多：

（1）改善近视。城市的空气中颗粒悬浮物较多，能见度较差。而山野之中，可以极目远眺，将目光放至无限远，能有效解除眼部肌肉的疲劳，改善近视。

（2）改善平衡能力。山路崎岖颠簸，登山可以改善人体的平衡功能，增强四肢协调能力以及灵活度。

（3）延缓衰老。在山林中行走可以吸收到大量的氧气负离子，它可以与人体代谢中产生的、能引起人体组织发生衰老的自由基结合，并排出体外。

第十二章
不可不知的安全常识

◎ **基本救助常识** ◎

如何紧急止血

当发生意外流血情况，尤其是遇到大量出血，很容易让人不知所措。因此，平时就掌握紧急止血的方法，就显得非常实用和必要。

（1）包扎止血

此方法适用于无明显动脉性出血。小创口出血，有条件时先用生理盐水冲洗局部，再用消毒纱布覆盖创口，绷带或三角巾包扎。无条件时可用冷开水冲洗，再用干净毛巾或其他软质布料覆盖包扎。

如果创口较大而出血较多时，要加压包扎止血。

（2）指压法止血

用于处理较急剧的动脉出血。手头一时无包扎材料和止血带时，可用此方。具体做法是：手指压在出血动脉的近心端的邻近骨头上，阻断血液来源。方法简便，能迅速、有效地达到止血目的，但也有一个缺点，就是止血不易持久。

（3）止血带法止血

如果是较大的肢体动脉出血，而且从运送伤员方便考虑，应当使用止血带。没有止血带时，用橡皮带、宽布条、三角巾、毛巾等替代均可。

根据出血部位的不同，止血带上的位置也有所不同：

（1）上肢出血：止血带应结扎在上臂的上1/3处，禁止扎在中段，避免损伤桡神经。

（2）下肢出血：止血带扎在大腿的中部。

上止血带前，先要将伤肢抬高，尽量使静脉血回流，并用敷料垫好局部，然后再扎止血带。

触电应如何急救

遇到有人触电昏迷，首先要帮助触电者脱离电源。若在室内，则应立即切断电源；若在室外，电源无法切断，则应用木棍将电线挑开，或用干的衣服将触电者拉开。

当触电者脱离电源后，应根据其不同情况分别采取不同的紧急救护措施：

（1）若触电者尚未失去知觉，还有呼吸和脉搏（心还在跳），则应立即设法把触电者送往附近医院救治。

（2）若触电者已失去知觉，但呼吸、心跳都没有停止，应在通知医院抢救的同时，将触电者放在平坦、空气流通的地方，然后让他嗅阿摩尼亚；同时可向触电者的身上洒些冷水，再摩擦他的全身，使他发热。一旦发现触电者呼吸困难，逐渐变弱，或者断断续续有痉挛现象出现，则应立即为他进行人工呼吸。

（3）若触电者呼吸停止，心脏也停止跳动，急救人员要马上为他做人工呼吸；否则，触电者会很快死亡。

骨折时的处置方法

发生骨折的处置方法是：

（1）不要急于搬动病人。

（2）开放性骨折或发生出血时，应马上进行止血、消毒和包扎，避免病菌侵入骨髓引起骨髓炎。

（3）用夹板或树枝、木棍等物妥善固定骨折部位，厚纸板、杂志等也可以利用。

（4）固定物不要接触伤处，应该用棉花或布料等柔软物品垫在中间。

（5）颈、脊柱或腰部骨折，要让伤者躺在木板上，再在其颈部或其他受伤部位用软布或毛巾绑扎安定好伤部。

以上几项工作完成后，即可小心安全地将病人送往医院。

有些人在受到撞击或跌落以后，由于能够行走而认为没有骨折，实际上已经出现骨裂或其他各种不同程度的症状。这种情况下应尽快到医院接受X光检查并接受治疗。

对酒醉者如何处理

酒精对中枢神经系统的影响是先兴奋后抑制。过量饮酒引起呼吸中枢的抑制甚至麻痹，而且对肝脏也有毒性。一旦酒醉，首先会出现兴奋现象：红光满面，爱说话，语无伦次，行走不稳以致摔倒，继而呕吐，昏睡，颜面苍白，血压下降，最后陷入昏迷，极严重的可造成死亡。因此绝不可忽视醉酒。对酒醉者采取的急救措施为：

（1）浸冷水。当酒醉者不省人事时，可取两条毛巾，浸上冷水，一条敷在后脑上，一条敷在胸膈上，并不断地往口中灌入清水，可使酒醉者渐渐苏醒。

（2）敷花露水。在热毛巾上滴数滴花露水，敷在酒醉者的脸上，此法对醒酒和控制呕吐有奇效。

（3）多喝茶。沏上些较浓的绿茶，晾温后让醉酒者多喝一些。茶叶中所含的单

◇人工呼吸的操作方法◇

　　针对溺水者，就必须用到人工呼吸，而在人工呼吸中，以口对口吹气式人工呼吸最为方便和有效。它对大人、小孩效果都很好。

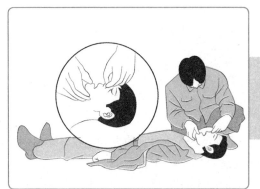

　　1.**捏鼻掰嘴**。病人取仰卧位，即胸腹朝天，颈后部（不是头后部）垫一软枕，使其头尽量后仰。用一手将其鼻孔捏住。

　　2.**贴紧吹气**。救护人站在其头部的一侧，自己深吸一口气，对着伤病人的口（两嘴要对紧不要漏气）将气吹入，捏住鼻孔是为了使空气不从鼻孔漏出。

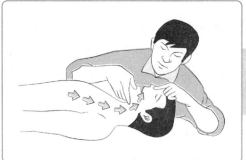

　　3.**放松呼气**。在病人胸壁扩张后，即停止吹气，让病人胸壁自行回缩，呼出空气。

　　这样反复进行，每分钟进行 14～16 次即可。

宁酸能分解酒精，减轻酒精中毒的程度。

另外需要注意的是，轻度酒醉的人，经过急救，睡几个小时后，就会恢复常态，不需要太担心。如果已陷入昏迷状态，就应立即请医生处理。

中暑的紧急处理

发现有人中暑倒下时，要根据病人不同的症状给予不同的治疗。

（1）如果是因为在强烈的阳光下或闷热的环境中停留时间过长，表现为面色潮红、皮肤发热的病人，则应迅速将病人抬到阴凉通风的环境下躺下，头稍垫高，脱去病人的衣裤，用电扇扇风。同时用冷水擦身或喷淋，以加快病人体内热量的散发。

为避免皮肤冷却过快引起皮下血管收缩，救助者还应不时按摩病人的四肢及躯干，直至皮肤发红，以促使循环血液将体内热量带到体表散出。若病人昏迷不醒，则可用针刺或用手指甲掐病人的人中穴（位于鼻唇之间中上1/3交界处），促使病人苏醒。

（2）如果是在潮湿闷热的环境中大量活动，致使过度疲劳，表现为面色苍白、皮肤湿冷、心慌、呼吸困难的病人，应尽快将病人抬到凉爽通风的地方躺下，松解衣领、腰带，保持呼吸通畅。用冷毛巾湿敷前额及颈部即可，不要给予其他任何降温处理，以免使症状恶化。对于昏迷不醒的病人，经解救清醒后，必须在凉爽通风处安静地休息，并饮用大量盐水以补充体液。

安眠药中毒如何救助

安眠药属镇静催眠药，通常含有速可眠、氯丙嗪、安定、奋乃静等物质。倘若一次性超剂量服用，则会引起急性中毒。如果发现有人因服用过量安眠药而中毒，此时应保持镇定，迅速采取以下急救处理：

（1）将患者平卧，尽量少搬动其头部。

（2）在患者比较清醒的情况下让患者尽量多喝水。

（3）用汤匙压舌根刺激患者咽喉，帮助患者催吐。同时，应速将中毒者送往医院救治。

腹痛的紧急处置方法

腹痛起病急骤，需要及时送往医院进行救治，否则就有可能危及生命。急性腹痛常常具有以下一些症状：

（1）腹部剧痛，病人流冷汗甚至倒地乱滚，或是抱膝屈蹲难以站立。

（2）意识逐渐模糊，脸色苍白，脉搏变慢，身体发冷。

（3）腹部发硬，甚至变成一块硬板似的坚硬状态。

（4）呕吐。

常用处置方法：

（1）一般的腹痛，可让患者松解衣服，躺在床上休息。

（2）如果一般的急救处置难以见效，必须尽快送医院救治，途中要注意保暖，不要进食和喝水。

（3）如果患者体温升高或是脉搏、呼吸不正常时，要立即送医院治疗。

暴饮暴食、食物中毒、饭后马上运动等均容易引起腹痛，需加以注意。

刀伤如何处理

如果是轻微的小伤口，则可以用清水或生理盐水以伤口为中心稍微冲洗，然后再用干净纱布进行包扎，注意不要使用棉花。

如果是普通的刀伤，则应将双手洗净，以开水清洁伤口，并涂上消毒药水如双氧水。太刺激的消毒或消炎药会伤害伤口的组织，所以要小心使用。最后用消毒纱布盖住伤口，包扎固定。

如果是严重的刀伤，则要先用纱布、手帕或毛巾按住伤口，再用力把伤口包扎起来，这样能暂时使出血速度减缓。如果是严重刀伤血流不止，则应用布条、三角巾或绳子绑在止血点上，扎紧，每15分钟略松开一次，以避免组织坏死。严重刀伤患者最好在40分钟以内送往医院进行急救。

烧伤急救

烧伤分火灾烧伤和化学烧伤，处理办法有所不同。

（1）对火灾烧伤

①烧伤后不要惊慌，尽力保持镇静，立即脱掉着火的衣服或扑灭身上的火源。

②切忌带火奔跑、呼喊，以免呼吸道烧伤或火借风势越烧越旺。

③用湿毛巾等捂住口、鼻，同时身体应放低姿势撤离火场。

④脱离火场后，立即用凉水冲洗或将烧伤处放入凉水中10～20分钟，减轻烧伤程度。

⑤若烧伤口出现了水泡，可在低位刺破，然后再包扎伤口。切忌把皮剪掉，造成感染。

（2）对化学烧伤

①若被生石灰烧伤，忌将受伤部位用水浸泡，应迅速清除石灰后，用大量流动

◇遇到火灾怎样逃生◇

受到火势威胁时，要当机立断披上浸湿的衣物、被褥等向安全出口方向冲出去。

穿过浓烟逃生时，要尽量使身体贴近地面，并用湿毛巾捂住口鼻。

身上着火，千万不要奔跑，可就地打滚或用厚重衣物压灭火苗。

的洁净冷水冲洗10分钟以上，尤其眼内烧伤，更应彻底冲洗。

②凡眼部烧伤，严禁用手或手帕等揉擦，首先应立即用大量流动清水彻底冲洗。

③伤员如口渴，应给予含盐饮料。

④对严重烧伤者应迅速向急救中心呼救，送往医院治疗。

吸气性创伤的急救

吸气性创伤多是胸壁为利器刺穿，或折断的肋骨凸出胸壁外而造成。

（1）让伤者躺下，然后扶起伤者的上身，使其身体倾向受伤一侧。

（2）替伤者止血，先在伤者吸气时，用手按住伤口，继而在伤口处用纱布、毛巾等物堵住伤口。

（3）如发现空气从伤口进出肺部，可先用手迅速将伤口盖住，接着换用纱布、毛巾等敷料；并用胶布贴牢。切勿让伤口再透气，以免伤者肺部缩陷。

（4）将受伤一侧的手臂斜放于伤者的胸部，系三角巾，加以固定。立即将伤者送往医院。

家人噎食的紧急处理方法

噎食是老年人猝死的常见原因之一。发生噎食时常有如下表现：

进食时突然不能说话，并出现窒息的痛苦表情；噎食者通常用手按住颈部或胸前，并用手指口腔；如为部分气道阻塞，可出现剧烈咳嗽，咳嗽间歇有哮鸣音。

有一种简易治噎食的方法，其具体操作方法是：

意识尚清醒的病人可采用立位或坐位，抢救者站在病人背后，双臂环抱病人，一手握拳，使拇指掌关节突出点顶住病人腹部正中线脐上部位，另一只手的手掌压在拳头上，连续快速向内、向上推压冲击6～10次（注意不要伤其肋骨）。

昏迷倒地的病人采用仰卧位，抢救者骑跨在病人髋部，按上法推压冲击脐上部位。这样冲击上腹部，等于突然增大了腹内压力，可以抬高膈肌，使气道瞬间压力迅速加大，腹内空气被迫排出，使阻塞气管的食物（或其他异物）上移并被驱出。如果无效，隔几秒钟后，可再做几次，造成人为的咳嗽，这样就能将食物团块冲出了。

煤气中毒的家庭急救

煤气中毒，实际上是急性一氧化碳中毒。当一氧化碳吸入人体后，与血液内的血红蛋白结合成碳氧血红蛋白，且不易解离，导致人体缺氧而发生中毒。轻度中毒病人意识尚清楚，表现为头晕、头痛、恶心、呕吐、心悸等症状；中度中毒者并发有神志不清、皮肤黏膜呈樱桃红色；重者出现昏迷、休克，危及生命。由于煤气中毒的程度与病人在中毒环境中所处时间长短及空气中毒气浓度的高低有密切关系，所以，当发现家庭发生煤气中毒时，应当争分夺秒地进行抢救。家庭急救要做到紧张有序，按照以下4个步骤进行：

（1）打开门窗将病人从房中搬出，搬到空气新鲜、流通而温暖的地方，同时关闭煤气灶开关，将煤炉抬到室外。

（2）检查病人的呼吸道是否畅通，发现鼻、口中有呕吐物、分泌物应立即清除，使病人自主呼吸。对呼吸浅表者或呼吸停止者，要立即进行口对口呼吸。

方法是：让病人仰卧，解开衣领和紧身衣服，抢救者一手紧捏病人的鼻孔，另一手托起病人下颌，使其头部充分后仰，并用这只手翻开病人嘴唇，抢救者吸足一口气，对准病人嘴部大口吹气。吹气停止后，立即放松捏鼻的手，让气体从病人的肺部排出。如此反复进行，频率为成人每分钟14～16次，儿童18～24次，幼儿30次。直到病人出现自主呼吸或明显的死亡征象为止。

（3）给病人盖上大衣或毛毯、棉被，防止受寒发生感冒、肺炎。可用手掌按摩病人躯体，在脚和下肢放置热水袋，促进吸入毒物的消除。

（4）对昏迷不醒者，可以手指尖用力掐人中（鼻唇沟上1/3与下2/3交界处）、十宣（两手十指尖端，距指甲约0.1寸处）等穴位；意识清醒的病人，可饮浓茶水或热咖啡。

一般轻症中毒病人，经过上述处理，都能逐渐使症状消失。

胸外心脏按压法

当有人突发心搏骤停时，必须立即采用胸外心脏按压法进行现场抢救，方法如下：

（1）让病人仰躺在平坦而坚硬的床板或地面上，将下巴突出以确保气道的顺畅。急救者屈膝跪坐在患者的一边，找到准确的按压部位。

（2）然后再将另一手掌重叠在手背上，伸直手臂，下压使病人胸骨下陷3～4厘米为宜，然后放松。

（3）如此反复进行，以每分钟按压60～80次为宜。

（4）如果病人同时停止呼吸，则在进行胸外心脏按压的同时，还要进行口对口的人工呼吸。

搬运伤员的方法

在搬运前要做好充分准备，包括相应器材和搬运人员。担架是理想的搬运工具，也可用门板、竹竿、绳子、毛毯、毛巾被等制成应急担架。

骨折病人，尤其是脊柱骨折病人必须用担架搬运。抬担架时，要让病人头朝

◇四肢骨折固定方法◇

发生事故时，疑似骨折怎么办？除了在搬运伤员时要注意，在此之前还应该做些固定急救。下面，就介绍一下四肢骨折固定方法。

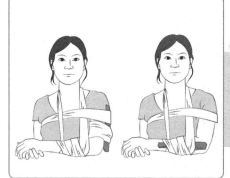

手臂骨折固定

可分为上臂和前臂两种，用木板木棍儿、杂志、书本、硬纸夹等敷于上臂/前臂内外侧，用叠角巾叠成带状或其他布带、领带、皮带等环绕绑扎 3 ~ 4 匝，然后再用三角巾或绷带等将上臂悬吊并固定在躯干上。

小腿（胫腓骨）骨折固定

用木板木棍儿或纸板、杂志等敷于腿内、外侧，然后用布带绑扎 5 ~ 6 匝固定，最后将双踝成 90° 角 "8" 字绷带固定。

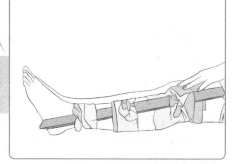

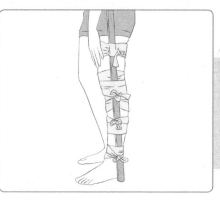

骨折固定

选用三合板、五合板或木板两块，从伤者患侧腋下至足的外侧长度者一块，从大腿根内侧至脚的内侧长度者一块，并将两块板用棉衣或布片包裹紧贴皮肤的一面，用绳索、布带将两块木板分别固定在伤肢内外两侧，再加两块木板分别放在伤肢的前后面也可。

后，以便能够随时观察病人的表情。如果是冬天，还要注意病人的保暖。

搬运脊柱损伤的病人，不能使用布类或竹绳制成的软担架。

如果病人颈椎损伤时，要在其头部两侧垫上衣物，不让头左右摇晃。

在没有担架的情况下，如果病人不是脊柱骨折，也可以视情况采取单人徒手（或用床单、毛毯）搬运或双人或多人徒手搬运的方法。

休克、昏迷的急救

（1）让休克者处于平卧位置，脑后不能垫枕头或其他物品，腿部垫高与地面成30°角。若属于心源性休克，同时伴有心力衰竭、气急，不能平卧时可采用半卧。

（2）注意保暖和安静，尽量不要搬动病人，如必须搬动时动作一定要轻缓。

（3）吸氧并保持呼吸道畅通，用鼻导管或面罩给氧。危重病人根据情况给予鼻导管或气管内插管给氧。

（4）立即通知医生前来或送往医院进行救治。

沉着应对突发心肌梗塞

急性心肌梗塞是由于冠状动脉粥样硬化、血栓形成或冠状动脉持续痉挛，导致冠状动脉或分支闭塞，导致心肌因持久缺血缺氧而发生坏死。

此病多见于老年人，是一种突发而危险的急病，但在发病前多会出现各种先兆症状。如自觉心前区闷胀不适、钝痛，钝痛有时向手臂或颈部放射，伴有恶心、呕吐、气促及出冷汗等。

当急性心肌梗塞发生时，患者自觉胸骨下或心前区剧烈而持久的疼痛，有些患者无剧烈胸痛感觉，或由于心肌下壁缺血表现为突发性上腹部剧烈疼痛，但其他症状表现会更加严重，休息和服用速效扩血管药物不能缓解疼痛。若身边无救助者，患者本人应立即呼救，拨通120急救电话或附近医院电话。在救援到来之前，可深呼吸然后用力咳嗽，其所产生胸压和震动，与心肺复苏中的胸外心脏按压效果相同，此时用力咳嗽可为后续治疗赢得时间，是有效的自救方法。

医学统计资料表明，心肌梗塞发生的最初几小时是最危险的时期，大约有2/3的患者在未就医之前死亡。而此时慌乱搬动病人、背负或搀扶病人勉强行走去医院，都会加重心脏负担使心肌梗塞的范围扩大，甚至导致病人死亡。

因此，急救时患者保持镇定的情绪十分重要，家人或救助者更不要惊慌，应就地抢救，让病人慢慢躺下休息，尽量减少其不必要的体位变动，呼叫救护车或医生前来抢救。

在等待期间，如病人出现面色苍白、手足湿冷、心跳加快等情况，多表示已发生休克，此时可使病人平卧，足部稍垫高，去掉枕头以改善大脑缺血状况。如病人已昏迷、心脏突然停止跳动，家人不可将其抱起晃动呼叫，而应立即采用拳击心前区使之复跳的急救措施。

若无效，则立即进行胸外心脏按压和口对口人工呼吸，直至医生到来。

◎ 生活事故应对常识 ◎

两招搞定落枕

早晨起床后发现脖子僵硬疼痛，不能转动，这多半是由于睡觉姿势不对造成的。太软的枕头和床垫会造成颈背部肌肉持续紧张，刺激神经而产生疼痛，治疗的关键在于肌肉的彻底放松。

急救方案：

（1）淋浴5分钟，要使热水直接落在颈部和背部，可以促进血液循环，缓解肌肉紧张，减轻疼痛。

（2）将下巴顶在前胸，坚持一会儿，然后头向后仰，眼向上看，再坚持一会儿，头再向前伸。最后向两边轻轻转动脖子数次，这套动作对轻微的落枕很有效。

用冷毛巾救"晕堂"

洗澡是一件十分舒服的事，它可以消除疲劳，增进健康。但是，有的人在洗澡时常会出现心慌、头晕、四肢乏力等现象，严重时会跌倒在澡堂，发生外伤。这种现象叫"晕堂"。"晕堂"者多有贫血症状，是洗澡时水蒸气使皮肤的毛细血管开放，血液集中到皮肤，影响全身血液循环引起的；也可能因洗澡前数小时未进餐、血糖过低引起。

急救措施：

（1）出现这种情况不必惊慌，只要立即离开浴室躺下，并喝一杯热水，慢慢就会恢复正常。

（2）如果较严重，取平卧位，最好用身边可取到的书、衣服等把腿垫高。待稍微好一点后，应把窗户打开通风，用冷毛巾擦身体，从颜面擦到脚趾，然后穿上衣服，头向窗口，就能恢复。

流鼻血时怎么办

鼻子由鼻中隔分为前后两部分，前部聚集了大量毛细血管，是最常见的出血处。而掩盖鼻子嗅觉神经的鼻膜脆弱易伤，遇到干燥的天气，或碰伤如挖鼻孔、揉擦鼻子、经常擤鼻子或打喷嚏，都可能令鼻膜受损导致流鼻血。

一般来说，流鼻血的症状都相当轻微，可自行急救或找人帮助，程序如下：

（1）坐下并松开围在颈项上的衣物。

（2）稍向前倾，不要仰头，应任由鼻血从鼻腔流出，而非倒流入咽喉。

（3）用嘴呼吸，紧捏鼻梁部位约5分钟。

（4）5分钟后若鼻腔止血，便可放松鼻梁，否则应继续捏紧鼻梁。

（5）鼻腔止血后，继续以口呼吸，4小时内不要擤鼻子或尝试清除鼻腔内的血块。

如果这样仍然无法使出血得到控制，出血持续超过20分钟，或鼻子遭撞击受伤，出现移位、肿胀或变色等症状时，应立即前往医院找医生。

为避免鼻子因干燥而流鼻血，平时应保持鼻孔的湿度，多饮水，或按需在鼻孔里涂用凡士林等润滑剂，都能缓解干燥引起的鼻出血。冬天家里暖气很热时，也应在暖气旁边放一杯或一盆清水，保持室内湿度。

小虫钻进耳朵不要慌

春天，气候逐渐转暖，万物复苏，小飞虫也多了起来，耳鼻喉门诊接诊了许多因飞虫入耳的病人。医生提醒：小飞虫飞进耳朵后乱掏最有可能损害听力。

人的外耳道是一条一端开口的管道，长约3厘米。许多小虫尤其是小飞蛾、蚊子容易飞进耳朵里，小虫在耳道内爬行、骚动、挣扎，由于耳道里的肉皮比较娇嫩，神经丰富，觉得耳朵又痒又痛。这些虫子在耳道内爬行或飞动捣乱时，往往会给人们带来难以忍受的轰隆耳鸣声和疼痛。当飞虫触及耳道深处的鼓膜时，还会引起头晕、恶心、呕吐等症状。如果你不断地触动耳道或耳郭，只会使耳道内的虫子乱飞乱爬，更增加痛苦。严重的会引起鼓膜外伤，损坏听小骨，影响听力。

如果小飞虫飞进耳朵里，不妨利用某些小虫向光性的生物特点，可以在暗处用手电筒的光照射外耳道口，小虫见到亮光后会自己爬出来，也可向耳朵眼里吹一口香烟，把小虫呛出来。

如果上述方法不奏效，可侧卧使患耳向上，而向后耳内滴入数滴食用油，将虫子粘住或杀死、闷死。当耳内的虫子停止挣扎时，再用温水冲洗耳道将虫子冲出。我国古代医学书中早有"百虫入耳，好酒灌之"以及麻油滴入耳窍中毙虫的记载。用酒、油的目的是使小虫迅速淹死或杀死，即使不死也使其动弹不得，可以减少些痛苦，然后从容地去医院耳鼻喉科，让医生帮忙。

异物卡在咽部不要乱捅乱拨

异物卡在咽部时，应立即停止进食，并尽量减少吞咽动作，用手指或筷子刺激咽后壁诱发呕吐动作，以帮助排除咽部异物。若此法无效，救助者可令患者张大口腔，以手电筒或台灯照亮口腔内部，用筷子或勺柄将舌面稍用力向下压，同时让患者发"啊"声，即可清晰看到咽部的全部情况，若发现异物，可用长镊子或筷子夹住异物，轻轻地拨出即可。对于位置较深、探查拨出困难的异物，不要乱捅乱拨，避免发生新的创伤，应立即去医院，交由医生处置。

扎了刺别急着拔

日常生活中，扎刺儿的事情很常见，此时，不要急于拔出，稍不留神，容易将露在外面的一截刺弄断，反而会使它越陷越深。其实，只要掌握较合适的方法，就能顺利地除掉刺。竹、木类刺，如方便筷子、牙签等，扎入肉中，可用微火烧缝衣针，待冷却后，轻轻地挑开刺周围小面积的表皮组织，再用镊子夹住刺头迅速拔出，最后点上风油精即可消炎止痛。当竹、木类刺进肉里较深时，可先在有刺处滴几滴芝麻油，过一段时间，刺会突出，再用镊子去除。

如果鱼刺扎进肉中，可用棉花蘸上陈醋敷。在有刺的部位，用伤湿膏包几分钟，鱼刺就容易软化，轻拔就可以将刺除掉。

◇鱼刺卡在喉咙怎么办◇

鱼刺虽然也是属于异物，但卡在喉咙里实在找不到，却仍觉得卡在喉咙不舒服的时候，就可以用这个小偏方。

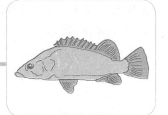

鳜鱼胆

治鱼骨卡喉

威灵仙、草果

治鱼刺卡喉

鳜鱼胆1个，黄酒少许。将鱼胆晒干，研碎末。需要时取如黄豆大一块碎末，以温黄酒煎化服。

威灵仙、草果各45克，砂仁30克。将上述草药加水两碗，文火煎熬，当熬至约有一大茶杯时即可。放凉后，在20～30分钟内慢慢饮完，鱼刺即可被软化，顺流而下。

如果仙人掌刺扎进肉中，可用胶布贴敷，用电吹风吹一会儿，然后快速揭去胶布，刺可去除。

如果刺扎进指甲缝，将甘草用水浸泡变软，然后贴敷在被刺部，刺自然冒起，再用镊子夹出。

扭伤后怎样应对

关节没有充分准备时，过猛的扭转，超过其正常的活动范围，撕裂附着在关节外面的关节囊、韧带及肌腱，就是扭伤，俗话称为"筋伤"。扭伤的常见症状有疼痛、肿胀、关节活动不利等，痛是必然出现的症状，肿及皮肤青紫、关节不能转动，都是扭伤的常见表现。

扭伤后不要慌，应该沉着应对。

（1）在运动中扭伤手指：最常见于打篮球争球时，末节手指触球的瞬间，有触电样的疼痛而突然停止活动。伤后应立即停止运动，首先是冷敷，最好用冰块。没有条件时，可用冰水代替。将手指泡在冰水中冷敷15分钟左右，然后用冷湿布包敷。再用胶布把手指固定在伸直位置。检查手指的活动度，如果手指的伸直弯曲都受限或者末节手指呈下垂样，可能是发生了撕脱性骨折，一定要去医院诊治。

（2）踝关节扭伤：急救时可以用毛巾包裹冰块外敷局部，48小时后可以用热毛巾外敷（皮肤破损不严重）。首先是要制动休息，用枕头把小腿垫高，促进静脉回流，使淤血消散。另外可用茶水、黄酒、蛋清等调敷云南白药、七厘散等，2～3次/日敷伤处，外加包扎，促进淤血消散，有较好的效果。

（3）腰部扭伤：见于突然的转身或二人抬物时的用力不均，其治疗要点也是要静养。应在局部作冷敷，尽量采取舒服体位，或者侧卧，或者仰平卧屈曲，膝下垫上毛毯之类的物品。止痛后，最好是卧硬板床送医院或找医生来家治疗。

以上扭伤在家都可以口服药物活血止痛，如云南白药胶囊2片，一日三次；或三七片2片，一日三次，并加服止痛药如散利痛1片，一日二次。

家中停电怎么办

即使现代城市生活，停电有时也是无可避免的。

如果在家中时遇到停电，许多正常的生活方式都无法进行，此时应该怎么办呢？

（1）经常关注报纸、电台、电视台等媒体，及时获得有关停电信息。

（2）要养成床边放一个小手电筒、客厅或厨房放一盏应急灯的好习惯，以备不时之需，并且要经常检查手电筒和应急灯的电池是否充足，可多准备一些电池。

（3）如果准备好了蜡烛，应注意远离窗帘等易燃物品，蜡烛最好放在烛台上，以免被碰翻。

（4）遇到大范围停电，如果正在家中，就应尽量避免上街，此时，家里是最安全的。

（5）如果突然发生停电，应拨打电力部门的电话95598了解情况。电话使用的是独立电源，通常不受停电影响。

（6）假如你正在家中，一定要尽可能关闭停电时处于开启状态的家用电器，但冰箱除外。同时至少要开着一盏电灯，这样就可以知道何时恢复供电。

（7）不要关掉冰箱的电源，停电时，食物仍可保存至少12小时不变质，冰箱越满，食物保存得越久，满载的冰箱如果不打开，食物能保存48小时。

（8）停电后要预防火灾、燃气泄漏，注意室内通风。

（9）为确保安全，最好拔掉电源插销，并把电线收好，以免在黑暗中把人绊倒。

食物中毒怎么办

食物中毒多数是由细菌感染引起，少数由含有毒物质有机磷、砷剂、升汞的食物，以及食物本身的自然毒素（如毒蕈、毒鱼）等引起。发病一般在就餐后数小时，表现为呕吐、腹泻次数频繁。如食物中毒发生在家中，我们应视呕吐、腹泻、腹痛的程度适当处理。

主要的急救方法有：

（1）补充液体，尤其是开水。

（2）补充因上吐下泻所流失的电解质，如钾、钠及葡萄糖。

（3）避免制酸剂。

（4）慎服止泻药，等到体内毒素排出之后再向医生咨询。

（5）无须催吐。

（6）饮食要清淡，先食用易消化的食物，避免对胃刺激的食物。

需强调的是，呕吐与腹泻是肌体防御功能起作用的一种表现，它可排除一定数量的致病菌释放的肠毒素，故不应立即服用止泻药。

呕吐、腹泻会造成体液大量流失，引起多种并发症状，直接威胁病人的生命。这时，应大量饮用清水，排除致病菌及其产生的肠毒素，减轻中毒症状。

如无缓解迹象，甚至出现失水明显，四肢寒冷，腹痛、腹泻加重，极度衰竭，面色苍白，大汗，意识模糊，说胡话或抽搐，以致休克，应立即送医院救治，否则会有生命危险。

小腿抽筋时怎么办

小腿抽筋时，用力伸直，用手扳脚拇指，并按摩抽筋部位，或者把脚跟使劲往前蹬，脚尖尽量往回勾，这样即可治疗腿抽筋。除了这种方法外，还可以尝试以下几种方法：

◇夜间小腿抽筋的原因◇

　　很多人在晚上睡觉的时候有小腿抽筋的经历，抽筋时，小腿扯着痛，不能自已。您知道为什么夜间经常出现小腿抽筋的现象吗？

　　小腿受寒。夜间睡觉时，小腿暴露在外面，容易受到寒冷刺激，导致小腿肌肉出现抽筋。

　　腿部过度劳累。白天做过激烈的运动，腿部肌肉过度劳累，产生太多的乳酸，容易导致小腿抽筋。

　　我看了一下你的各项指标，应该是缺钙的缘故。

　　医生，我夜里小腿老是抽筋。

　　低钙血症。当身体出现低血钙的时候，肌肉更容易兴奋导致抽筋。

（1）赤脚立地数秒，或用拇指按揉承山穴，抽筋即可消除。

（2）每晚睡觉时，脚下垫一枕头，腿就不易抽筋。

（3）腿抽筋时，可立即用拇指和食指捏住上唇中央的人中穴20～30秒钟，可使肌肉松弛，抽筋消除。

（4）常喝骨头汤预防效果好。

（5）用清凉油，用力摩擦抽筋部位，5分钟后可见效。

异物入眼怎么办

（1）当异物刺入眼球时，应马上安静平卧，不要随便擦拭或清洗受伤的眼睛，更不可挤压眼睛，以防更多的眼内容物被挤出。

（2）用清洁手帕或毛巾进行包扎，松紧适度，一定要双眼一起包扎，因为只有这样才可减少因好的一侧眼睛眼球活动而带动受伤眼的转动，避免伤眼因震动、摩擦、挤压而使伤口加重。包扎时忌滴不洁净的眼药水，以免感染。

（3）不要涂眼药膏，以免给医生检查和手术时带来困难。

烫伤时怎么办

烫伤是生活中比较常见的一种意外伤害，经过多年的实践经验，人们也发现了多种治疗烫伤的方法：

（1）先用凉水把伤处冲洗干净，然后把伤处放入凉水浸泡半小时。一般来说，浸泡时间越早，水温越低，效果越好。但伤处已经起泡并破了的就不能浸泡了。

（2）手、足皮肤烫伤后，可立即把酒精倒在盆内或桶内，将伤处全部浸入酒精中，即可止痛消红，防止起泡。

（3）皮肤被油或开水烫伤后，可用风油精、万花油或植物油直接涂于创面，如果伤口皮肤没有破，一般5分钟即可止痛。

（4）小面积烫伤时，可立刻涂些牙膏，不仅止痛，且能抑制起水泡。

怎样预防晕车

晕车是我们在旅途中经常会碰到的问题，那么我们应当怎样预防呢？

首先在上车之前不要吃过饱，过饱容易造成胃部不适，引起恶心、呕吐。但也不能太饿，太饿造成低血糖也会使人出现头晕、出汗等现象。乘车时尽可能选择前排的座位减少颠簸。尽量不去看窗外那些晃动飞逝的景物，以免眼花缭乱，引起眩晕不适。也可预先服用一些治疗晕车的药物，如"晕车宁"等。还有几种方法可帮助你：

（1）在乘车前将"伤湿止痛膏"贴在肚脐上，即使每天乘车8~9小时，也不会有晕车现象。

（2）上车前在左右手腕动脉处各贴一块药用胶布，可预防一些意外。

（3）在口罩上涂点清凉油，上车时戴上可防晕车。

（4）在上车前1个小时用新鲜的橘子（橙子皮也可），向内折成双层，对准鼻孔，用手指捏挤橘皮（橙子皮），橘皮中喷射出无数细小的橘（橙）皮的油雾，并被吸入鼻孔，在上车后继续随时挤压吸入，可有效地预防晕车。

被困于电梯内怎么办

如果突然被困在了电梯当中，千万不要慌张，可用电梯内的电话或对讲机求救，还可按下标盘上的警铃报警。

由于无法确认电梯所在的位置，因此不要强行扒门，这样会带来新的险情。

◇电梯下坠时保护自己的最佳动作◇

当电梯突然下坠时，不要惊慌，你可以通过以下几个动作来保护自己：

不论有几层楼，迅速把每层楼的按键都按下。然后整个背部和头部紧贴电梯内墙，呈一条直线，运用电梯墙壁作为对脊椎的防护。如果电梯内有扶手，最好紧握把手。

如果电梯内没有扶手，用手抱颈，然后膝盖呈弯曲姿态，脚尖点地，脚跟提起。

电梯顶部均设有安全窗，但该安全窗仅供电梯维修人员使用，扒撬电梯轿厢上的安全窗，从那里爬出电梯会更加危险。

拍门叫喊，或脱下鞋子，用鞋子拍门，发信号求救。如无人回应，要镇静等待，观察动静，保持体力，等待营救。

游泳抽筋怎么办

游泳时发生抽筋，最重要的是保持镇静，动作千万不能乱，在呼人救援的同时，自己可以设法恢复。

（1）手指抽筋时，可手握拳头，再用力张开，这样快速交替做几次，直到恢复。一只手掌抽筋时，可用另一只手掌用力猛压抽筋的手掌，同时做震颤动作。上臂抽筋时，紧握拳头，并尽量屈肘，再用力伸直，反复做几次。

（2）脚趾或小腿抽筋时，先吸一口气，仰浮水上，用抽筋脚对侧的手握住抽筋的膝盖，帮助膝关节伸直，如一次不能恢复，可连做数次。

（3）大腿抽筋时，先吸一口气，仰浮水上，弯曲抽筋的大腿和膝关节，再用两手抱着小腿，用力使它贴在大腿上，并加以颤动，然后用力向前伸直。

（4）胃部抽筋时，先吸一口气，仰浮水上，快速弯曲两大腿，靠近腹部，用手轻抱膝盖，随即向前伸直，如此连做几次。

如何免遭雷电伤害

雷电无情，要想免遭雷电伤害，就必须需注意：

（1）遇到雷雨天气要及时躲避，不要急于赶路。

（2）千万不要到高耸的物体，如旗杆、高树、尖塔、烟囱、电线杆下去避雨，这些地方最危险。

（3）雷电交加时，若身处空旷地带，则应立即蹲下，双脚并拢，双臂抱膝，低头，降低身体的高度。手中的导电物体要迅速抛到远处。

（4）若进到屋内避雨，则不要靠近门窗，也不要靠近暖气片、自来水管，还应该远离有室外天线的电视机或收音机。同时还要停止打电话，要关闭手机。

怎样在野外发送求救信号

在野外遇到危险需要求助时，旅行者常常需要运用多种不同的方式发送求救信号，以使自己早些被人发现。

（1）国际通用的山中求救信号是哨声或光照，每分钟6响或闪照6次，间隔一分钟后，重复同样的信号。

（2）如果有火柴和木柴，则可以点起一堆火，烧旺后加些湿枝叶或青草，使之升起大量浓烟。

（3）穿着颜色鲜艳的衣服，帽子也应选择鲜艳的。

（4）用树枝、石块或衣服等物在空地上砌出SOS或其他求救字样，每字最少长6米。如在雪地上，则在雪上踩出这些字。

（5）用颜色最鲜艳、宽大的衣服当旗子，不断挥动。

（6）看见直升机到山上来援救而飞近时，引燃烟幕信号弹（如果有的话），或在附近生一把火，升起浓烟，让救援者知道风向，这样能帮助救援者准确地掌握停靠的位置。

如何应对洪水

洪水常常是防不胜防的。当洪水来临时，为使生命财产的损失降到最低，人们应该做到：

（1）尽快转移或联络当地政府、驻军和公安部门。

（2）将煤气阀门关紧，切断电源。

（3）将食物、清洁饮水、必备药品、御寒衣物、救生用品（手电、绳索、哨子、镜子、充气床垫、火柴或打火机、鲜艳的床单或衣物等）准备好，随时转移到屋顶或其他高处。

（4）如果洪水来得不是很凶猛，就要想方设法将水堵在门外。用沙袋装入沙子、泥或碎石将门槛外侧堵住，如果没有沙袋，也可以用地毯、毛毯塞进门的缝隙。

（5）如已被困水中，应尽快找到大树、高地等待救援。

（6）注意收集木板、箱子等物，必要时可做救生筏。

如何在地震时自救

地震发生时，如果恰好是独自在家，首先必须关掉燃气，然后躲在桌子底下，或躲入面积较小的房间，同时用被褥、枕头、脸盆等物护住头部。等地震间隙时，可以头顶安全帽等物跑到室外开阔地带。地震时如果房屋倒塌，则应待在床下或桌下，千万不要乱跑，要等到地震停止，再跑出室外或等待救援。

住在楼房里时若发生了地震，不要试图跑出楼外，因为时间来不及。最安全、有效的办法是迅速躲到两个承重墙之间最小的房间，如厕所、厨房等。也可以躲在桌、床、柜等家具下面以及房间内侧的墙角，并且注意保护好头部。千万不要去阳台和窗下躲避。

如果不幸被倒塌的建筑物压埋，应先设法清除压在腹部以上的物体，但要注意不能随意移动身旁的支撑物，以免引起大的坍塌。同时用毛巾、衣服等物捂住口、鼻，防止烟尘窒息。然后考虑怎样才能逃离这种危险之地，实在没有办法时，应保存体力，等人来救。当你听见有人经过时，马上呼救，并和解救者一起努力，为自己解围。

◎ 财产安全防范常识 ◎

居家防盗要点

居家防盗，最根本的就是"小心驶得万年船"。具体来说，在不同情况下有多种方法：

（1）就寝：确认"五关"，即水、电、燃气、门、窗要确定关好。

（2）有人敲门：先观察后询问，若是陌生人，坚决不开门。而且也一定不要因为来者是女性就减少戒心。

（3）外出旅游：请朋友、邻居代为处理信件、报纸、小广告等，以免盗贼就此判断家中无人；拜托邻居、居委会和保安多关照，留下自身联系方式；长期不在家，必须拔掉电话接线，并将门铃的电池卸下，以免长时间响铃暴露家中无人。

晚上全家外出时应注意什么

在生活中总有有应酬需要外出的时候，或者晚上全家去听戏看电影，或走亲访友。尤其是一些小夫妻，每逢周末要去父母家看看，家里就常常没人。那么，晚上全家暂时外出或整夜不归时应该怎样防范呢？

第一，在离家前要关好窗、锁好门，再跟比较可靠的邻里打个招呼，请他们关照一下。第二，别忘了将窗帘拉上，最好点上瓦数较小、耗电少的电灯。这样，盗贼如果发现你家亮着灯一般不轻易作案，因为闯入有人住的家总比无人住的家要危险得多。

自行车如何做好安全防盗

自行车是很多人日常生活中的代步交通工具，给人们的出行带来了很大的方便。但如今自行车被盗成风，不但造成了经济损失，而且会给生活带来许多不必要的麻烦。怎样防范自行车被偷呢？专家建议应从以下几方面多加注意：

（1）离车一定要上锁：防范自行车被盗最重要的是克服麻痹思想，离开车子时不要嫌麻烦，随时随地锁车。虽然上锁并非就能完全防止自行车被盗，但至少能给盗车贼造成困难。

（2）选择高质量的车锁：由于盗车贼一般不会把各类工具都携带齐全，因此如果能同时使用两种类型的车锁则更加安全。

（3）忌随处乱放：特别是一些高档名牌自行车，最好存放在有人看管的停车场，花钱买安全。

（4）存车不忘索取存车牌：自行车丢失，车主有索取赔偿的权利，而存车牌则是存车交费的唯一证据。

（5）不贪便宜买"黑车"：自行车被盗现象日趋严重，很重要的一个原因就在于黑车市场的存在，它给偷车贼提供了一个很好的销赃场所。

怎样妥善保管银行卡

现代社会人们已经越来越离不开银行卡，一人拥有多张银行卡的现象也越来越多。但银行卡究竟应当如何保管才能确保安全，许多人却并不清楚，以为只要别人不知道密码就可以了。其实，银行卡的保管还有很多知识。

（1）银行卡和身份证应当分开存放。由于银行卡挂失时需要提供身份证明，因此如果身份证与银行卡同时丢失，各种挂失手续的办理都将大大复杂化。

（2）新办的卡应立即先将原始密码改为自己容易记忆且不为他人所知的新密码；密码尽量不要使用生日、电话号码或简单的数字。

（3）记住银行卡卡号及银行的客户服务电话号码并另行抄录妥善保管，以便出现意外时可以及时联系。

（4）在一些需要寄放外套的公共场合，不要将装有银行卡的钱包放在外套口袋，也不要将其置于车内或寄物柜中。不要转借他人，不可到处炫耀，不要随意泄露银行卡卡号和有效期。

（5）输入密码时要防范旁人窥视，应用另一只手或身体遮挡；操作完毕后，要将凭条取走妥善保管或撕毁。

怎样避免个人信息被泄露

个人信息属于个人隐私范畴，信息一旦泄露，落入有不良企图的人之手，则可能给自己带来无尽的麻烦，甚至是巨大的损失。那么，人们在保护自己个人信息时应注意哪些问题呢？

（1）身份证、社会保障卡、护照、户口簿及其复印件，这四种证件要谨慎保管。

（2）个人简历、保险合同及其他合同等含有个人信息的文件，也要保管好。

◇谨防各种形式的信息泄露◇

信息社会催生了一批"吃信息饭"的人，他们收集大量个人信息，或出售牟利，或用于个人目的。许多人收到这种针对性极强的信息时都感到十分纳闷：我的个人信息是怎么泄露出去的？

请朋友帮忙收集。一些商家或个人充分利用自己的朋友网络，请他们帮忙提供单位同事或周围其他人的个人信息。应对措施：面对很多熟人的请求，要慎重，不要无意间泄露自己和他人的私人信息。

自行套取，他们通过问卷调查、网络注册、会员登记等方式收集用户姓名、职业、年龄、住址、电话号码等信息。应对措施：面对各种诱惑性质的问卷，谨慎填写，不要主动泄露信息。

一些商家对个人信息管理不善或恶意泄露。消费者在就医、求职、买车、买房、买保险，办理各种会员卡、优惠卡或银行卡时，往往会填写真实详尽的个人信息，这些信息资料可能由于随手乱扔、保存不善或倒卖牟利而被泄露出去。应对措施：妥善保管自己的各种个人信息单据、卡等，不要给有心人可乘之机。

（3）一般来说，人们可以从电话号码簿上查找到某人的住宅电话，但用户有权要求电话公司不刊登其住宅电话号码。另外，各类通讯录如单位的通讯录，最好不要登记住宅电话号码。

（4）对于个人的身份证的复印材料要特别慎重。在使用身份证复印件时，一定要在上面注明其用途，例如，"此身份证复印件仅提供给某某银行，他用无效，不负责任"，并尽量用蓝色圆珠笔，部分笔画与身份证的字交叉或接触，每一行后面一定要画上横线，以免被偷加其他文字，被人恶意利用。

坐火车时如何防盗

春运时，旅途中的"第三只手"总是让不少乘客感到不安。对此，我们可以通过扒手最常下手的几个时段来对症下药：

时段一：旅客上车和列车开车前人流较为拥挤时

对策：有序地排队进站上车；上车后及时将自己的行李物品放好，避免随手乱放。

时段二：列车中途站停车前部分旅客准备下车时

不少扒手会假扮旅客，买一张短途的火车票混入车厢中。他们上车后通常会在列车各车厢内来回走动，寻找目标，然后在列车快到达前方车站而周围的旅客开始做下车前准备时，趁乱下手偷窃，并且在得手后迅速下车逃脱。

对策：列车快要到站时，要特别注意看管好自己的行李物品。

时段三：车上有人找你"玩一玩"或者请你吃东西时

有的不法分子利用旅客在列车上烦闷和无聊的心理，以解闷为名，搞猜扑克、猜大小等各种把戏来设赌局和骗局。有的不法分子还会假装慷慨，请你吃他带来的食品，其实他们事先就在食品上做了手脚，计划麻醉抢劫。

对策：不要参与各种赌博游戏，发现这种现象要积极向乘警报告。不要吃不相识的人给的食品，发现可疑人员要及时提醒周围的人，并向列车乘警报告。

时段四：列车上的盗窃和抢劫案件多发生在下半夜

对策：如有同伴，可分头睡觉，留一人看护行李。如一人旅行，可与同座位的旅客互相提醒。看到有不法分子作案时，要勇敢、及时地报警。

乘汽车时如何防盗

（1）在等车之前，首先准备好坐车的零钱，尽量不要在公共场所翻弄钱款或拨打手机，以免引起扒手注意。

（2）上车后尽量往里走，不要挤在门口。注意故意碰撞你的人及你周围两三个紧贴你的人。

（3）时刻保持防范意识。乘车前后要注意自己的财物，最好将其放到扒手不易接触的地方，背包等物品应放在胸前。

（4）对周围发生的异常现象要保持警觉，比如你感觉到有人在你身边挤来挤去，这时要赶快离开，尤其是女孩子更要注意这一点。

（5）在汽车启动、刹车、转弯、上坡、下坡时也要提高警惕，发现车上有异常情况时，有必要检查一下自己的钱物是否被盗。

超市如何防盗

超市防盗主要有以下几个方面：

（1）尽量少带现金，不要露财。

（2）不要将背包和手袋背在后面，也不要把钱放在后裤袋中。

（3）试衣时，一定要将背包和手袋交同伴照管或随时掌控在自己手中。

（4）在超市购物时，不要将包或衣物放在手推车或篮子里，以防不注意时被人拎走。

（5）遇到热闹，不要光看热闹而疏忽自己的钱物。

（6）避开老跟在你身边的陌生人，如果不小心被人撞了一下，要及时查看钱物。一旦发现被盗，首先不要惊慌，应迅速通知所在商场的保安人员，争取在最短时间内发现窃贼，并及时拨打110进行报警。现在各大商场、超市都有先进的监控设备，可以及时将一些情况拍录下来，为警方迅速破案提供有力帮助。

投宿旅店需要注意哪些安全问题

住宿的安全问题一直是旅行中的重大问题，只有住得安全才能玩得开心。因此，人们在出行投宿时应多注意以下问题，以便在旅途中做到心中有数，有备无患。

（1）谨慎选择投宿旅馆，避免单独投宿环境复杂的小旅社。

（2）入住后及时告知家人旅馆名称、电话、预订留宿时间，如果是团队游，则要记下队友的房间电话。

（3）进入旅馆后，应先察看安全门和安全通道，以备危险时刻迅速离开，同时还应注意周围的安全逃生出口及紧急电话联络系统。

（4）入住客房时，应由服务人员陪同检视旅馆房内橱柜、浴室是否有可疑人物。

（5）外出时，贵重物品应随身携带，不要放在房间内。

（6）有访客时必须再三确认，不要随便让陌生人进入，若有问题，应打电话请

◇出门在外，注意安全◇

出门并不像在家，要时刻注意自己的财产和人身安全，所以，出门在外，要时刻注意：

在街上行走，选择路基内侧，并妥善保管好自己的手提包，切勿随意地背、跨在肩上；注意骑摩托车抢劫几乎都发生在马路边上或自行车道中间。

单人乘坐出租车时（尤其在晚上），要记住车牌号，一旦发现异常，马上打电话联系家人或朋友，并大声地告诉对方自己所乘车辆的车牌号和目的地。

你坐这辆出租车，我记下车牌号了，你放心坐，到家给我打电话。

王总，我把钱都带来了，现金。

小李呀，出门在外财不外露，特别是你一个女生，下回不要带这么多现金了，明白吗？

避免身上带大量现金，随身携带的现金分几处保存，现金与贵重物品切勿外露。

旅馆柜台人员派人处理。

（7）注意旅馆内门窗设施的安全，入睡前将房内插拴扣好。

（8）不要卧床吸烟，注意电器使用安全，仔细阅读宾馆制作的安全宣传手册。一旦发生火情，不要慌乱，立即拨打火警电话，并与服务台、消防控制室联系。

贵重物品丢失怎么办

一旦遗失了贵重物品，首先应按时间顺序仔细回忆一下，当天去过哪些地方、办过哪些事情，回忆得越具体越好，这对分析物品可能遗失在哪里会有很大帮助。若确认物品的遗失位置，你应该立即回去寻找。

如在车站、码头等公共场所遗失了贵重物品，除了在原地等待以外，可以到总值班室请求广播寻找失物，并写明联系地址。如果确定物品被偷窃，应及时向当地公安部门或保卫部门报告，请他们帮助查找。当然，还可以按规定张贴寻物启事或登报寻找。

◎ 女性自我保护安全常识 ◎

公共场所遇到性骚扰怎么办

在我国，女性在公共场合遭到性骚扰的问题已经日趋严重。为了使自己免受伤害，我们建议：

（1）在公共场所，倘若有人用语言、神态和动作进行挑逗，可视而不见，让其自讨没趣。如果骚扰者纠缠不休，则要对其严厉警告，或让保安人员来处理。

（2）如果有人动手动脚，应当立即警告他们，并向周围的人呵斥其丑恶行径，求得大家声援和帮助，并视情况决定是否报警。

在罪犯身上留下暗记

当受到不法侵害后，应理性、机智地注意采集各种犯罪证据。其中，巧妙地在罪犯身上留下暗记尤其重要。

暗记有留在身体上的，也有留在其衣服上的。

（1）留在身体上的，如将案犯的皮肤抓破，若现场有墨水、油印泥、颜料、漆、石灰等，可悄悄地将它们涂在案犯的身上或衣服上。涂在身上的暗记保留时间不会太久，案发后应立即核查；留在衣服上的则相对保留时间长一些，而且留暗记时案犯也是不知不觉的。在其衣袋中放入细小的物品如稻谷粒、纸团、钢笔、药片等也是做暗记的一种方式。作案后，犯罪分子很难发现和注意到它们的存在。将其衣服撕破也是留暗记的一种方法。

（2）与之相反，另一种暗记的形式是从犯罪分子身体、衣服上取得，如抓头发时留下犯罪分子的头发，抓伤后留下他的血迹，或者故意让犯罪分子接触光滑的物体，如箱子、屉斗、杯子、台板等，让其留下指掌印痕；从其衣服上扯下纽扣、衣料碎片等，这些无疑是一个个证据，在甄别、认定犯罪分子时将会起到重大的作用。

女性行夜路要注意什么

走夜路是许多女性都感到棘手但又不得不面对的问题，其实一些简单实用的技巧就能大大提高走夜路的安全性。

（1）保持警惕性。如果是经常走的街道，要记住晚上营业的商店、治安岗亭或附近居民住宅、派出所等；如果是陌生的街道，要选择有路灯、行人较多的路线。同时，还要对路边黑暗处有所戒备。

（2）陌生男性问路时不要为他领路，如发现有人跟踪尾随要设法摆脱。

（3）最好不穿过分暴露的衣服。

（4）不要搭乘陌生人的车辆。

（5）如遇不怀好意的男性挑逗，要及时斥责，表明态度；如遇坏人，首先应高声呼救；若四周无人，则要保持沉着冷静，要利用自己随身所带的物品进行自卫。

（6）要记住犯罪分子的外貌、服饰、体形、口音等特征；要设法留取犯罪分子的作案物证。

（7）如遇到侵犯要迅速报案，协助公安机关捉拿凶犯。

不容忽视的安全细节

安全是永不过时的话题，以下这些安全细节，都是人们容易忽视却又不应忽视的：

（1）回到家之前准备好开门的钥匙，不要到了门口才找钥匙。

（2）行车时，一定要把车门反锁。停车熄火、熄灯后，留在车内观察片刻再开车门出来。

（3）在皮夹内放一张有自己的名字及亲友名字、电话的小卡片。

（4）进出电梯注意同乘者是否面露邪恶、不按楼层。尽量站在控制钮的地方，一旦被攻击，立即用手拍打每层楼的按钮，此时，电梯会在每个楼层停下来，同时对外大喊"失火了"，不要徒手跟歹徒搏斗。

（5）晚上出门尽量拿件外套，将皮包套住，避免被抢劫。

◇女孩晚上单独外出被人跟踪怎么办◇

如果你晚上外出碰到有人跟踪,特别是当你单独一人的时候,为了避免受到可能的攻击,你可以尝试下面几种不错的方法来保护自己,做出更好地反应。

首先要确定自己是否真的被跟踪,你可以通过过马路(看看跟踪的人是否做同样的事情)和加快或放慢你的脚步(跟踪者会本能地与你做着相同节奏的事情)等来判断。

往光线充足或者人多的地方走,比如商店、咖啡馆等,尽量寻找那些光线充足并且有摄像头的地方,当然如果你知道你附近有警察局或者消防队那是最好的选择。

当走到一个较安全的地方,或者装作平常打电话的样子给警察、家人、朋友打电话求助。

第十三章

不可不知的防骗常识

◎ 街头防骗常识 ◎

捡钱平分是陷阱

这是一个比较老的骗局了，骗子骗人主要分为四个步骤：

（1）捡钱：当你正在路上行走时，前面突然有人将一个钱包故意掉出来。倘若你打算弯腰去捡，此时旁边就会有人抢先将钱包捡起，并称里面有大量钱物。

（2）分钱：捡钱的人会"善意"地提出与你平分钱物。

（3）骗钱：之前故意丢钱包的人会返回询问有没有人捡到钱包，并立即咬定是你和另一个人捡了他的钱包，还要求去公安局对质。另一个捡钱的人此时则再一次显示出"善意"，他说他和失主去公安局，但为了防止你独吞钱包，他要你先给他一些钱作为"定金"。面对丢钱骗子的威胁、捡钱骗子的好意，还有钱包中的财物诱惑的多重压力，行人往往会不假思索将自己的财物交给骗子。

（4）逃跑：当骗子得手后，就会立即寻找各种理由离开现场，等到受害人警觉的时候，骗子早已不见踪影。

面对这种钱包骗局，警方给出的建议是"不看、不听、不理睬"，一旦发现上当受骗，要立即向警方报案。

陌生人要求兑换"外币"要小心

此类诈骗犯罪分子除了会使用兑换假外币的手段外，有时也会以兑换古币，或者玉石、金银首饰等名义，但不论形式如何变化，其特征都是一样的：

（1）都是利用受害人贪财心理，使之以为可以通过汇率差价或市场差价轻松赚一笔。

（2）通常以亲戚朋友发生车祸或紧急事故急需现金为借口。

（3）往往以抱小孩的妇女的形象与受害人接触，为行骗增加隐蔽性。

（4）骗子往往多人协同配合，当受害人质疑外币真实性时，总会有一名"权威人士"适时地出现。

专家提醒，要想不被骗，一是要克服自己贪图钱财的心理，二是不要随便相信半路出现的"鉴定"人员。发现可疑人员立即拨打110报案，警方会在第一时间赶到现场，协助受害人抓获犯罪分子，减少损失。

谎称车祸骗钱财

这也是一个在街头经常碰到的骗局。骗子骗人的情节大致如下：

骗子往往是衣着入时，但表情狼狈的外地人。他会自称是某地生意人，开车至本地时不幸出了车祸，朋友受了重伤，急需现金给医院交押金。这时骗子会拿出一件看似非常值钱的首饰，或者玉器，表示愿意低价卖掉。这时另一人凑上前来要出钱买下，但是身上没带那么多钱要回家去取，让卖的人在此等他，便匆匆离去。

卖首饰之人仍缠着诈骗对象，称救人如救火，愿意再降一点价。本无意买下的受害人心里盘算：等那买首饰的人来了再转卖给他便可以轻易赚得一笔钱，于是花钱将首饰买下。

待到受害人醒悟过来，骗子早已不知去向。

不要随意把手机借人

骗子总会利用一切人们放松警惕的时候来行骗，骗手机即是一例。

骗子经常会称有急事，但忘了带手机而向受害人借。打手机时，又会借故说信号不好，或者说一些极为隐私的话，以此来逐渐远离手机主人。如果受害人不加以警惕，骗子就会拿着手机越走越远，等受害人反应过来，却为时已晚。

还有一种在公交车上骗人手机的伎俩，原理相通，但手法更加隐蔽：当公交车快要到站时，一个骗子会突然高喊自己丢了手机，这时旁边通常会有人建议给被盗手机打个电话，这样就能找出窃贼。于是骗子就会借机向周围的人借手机。当正在拨号时，另一个骗子会假装成窃贼仓皇逃跑，而此时手握他人手机的骗子也就顺理成章地去追"窃贼"。众人还未反应过来，骗子已经跑得无影无踪了。

因此，我们在任何时候都不要轻易将手机借给陌生人，如果对方确有困难，可令其用耳机对话，手机仍然在自己手中。

假乞丐骗术知多少

街头上的乞丐看似可怜，他们中十有八九都是骗子：

（1）假残疾：通常用大块的橡胶把本身完好的一条腿包裹起来捆绑好，以滑板代步，还有的穿上宽大的裤子，两条腿弯曲在膝盖处绑住，手持一根拐杖，扮成"残疾人"沿街乞讨。

（2）假孕妇：假孕妇将小枕头、碎布条等塞入宽大的衣服内，假扮孕妇，同时以"丧夫""丈夫病重""丈夫致残"等借口进行乞讨，骗得路人的同情。

（3）假学生：一些身材瘦小的成年人装扮成学生模样，跪地乞讨。他们大多自

◇警惕这几种常见的骗局◇

现在社会骗子太多了，人们出门在外，要当心一些常见的街头骗局。

第一 古董骗局

一个人蹲路边，故意装扮成民工，面前摆一个泥块包裹着的古董（比如玉龟），声称是自己种地挖出来的。

第二 象棋残局骗局

在街头遇到摆象棋残局，往往让你觉得一方必胜，然后利用托来激将那些看棋看的急的人，让围观者下注。

称考上大学后，家中突生变故无法继续学业，他们通常都会带着某大学的录取通知书，而实际上这些人都是文盲或小学文化程度的骗子。

（4）假寻亲：大多为老妇人或怀抱婴儿的中年妇女，以"寻亲无着，身无分文"为幌子，向路人乞讨。此外，还有假孤儿、假尼姑、假和尚等行骗手段。人们在遇到流浪乞讨人员时，不应盲目地向流浪乞讨人员施舍钱物，而应做告知、宣传工作，劝说乞讨者到该地救助站求助。

（5）小心"撞炮"诈骗："撞炮"也叫"撞骗"。骗子事先采点，物色骗取对象，然后在行走时与被骗者相撞。一旦相撞，骗子装作受伤或物品毁坏，让被骗者包赔。由于要价太高，二人不可避免地发生争执，这时，骗子同伙出现，各自扮演不同角色，有的帮助骗子要钱，有的装出仗义执言，有的充当和事佬，但一个目的，就是向被骗者要钱。一般的被骗者为了息事宁人，都会掏钱免灾，因此给了撞炮者极大的市场。

利用女性同情心行骗

一般而言，女性都比较有同情心，而且身体柔弱。骗子针对这一点，也想出了令人不寒而栗的骗术：

下班路上，如果看到路边有个小孩一直在哭，女性通常都会上前关心地问孩子发生什么事了。而这个小孩则会说自己和父母失去联系了，回不了家，并希望这位女性能带他回家，接着就报出了自己家的地址。当受害人带着孩子来到家门口，准备按门铃时，门铃却成了"电老虎"，将受害人电晕。歹徒此时再借机不轨。

大学新生容易遇到的骗术

在对大学新生实施的骗术中，最常用的方法，就是认老乡。一般而言，认老乡的骗法有两种：

第一种：需要3~4个人，一个冒充学生家长，另一个冒充学生。两人在找到目标后，上前认老乡。这时冒充家长的骗子就邀请目标一同乘车去学校报到。

这时，另一个骗子出现。问冒充家长的那位，预订的某件高档电器是不是马上去取货。这时，"家长"装作为难的样子，称没有那么多现金。然后求助目标。

第二种：只需要一个人，与目标认上老乡或同校后，立即说，自己被偷了，身上没有钱，银行卡也没了。需要借目标的银行卡和密码，等家人汇钱过来。目标借出银行卡后，钱则会被取走。

遇到这两种情况，大学新生应尽量不要和陌生人说话，更不要相信老乡这么容易就遇上了。

◎ 防备骗子公司常识 ◎

哪些公司可能是骗子公司

（1）直接在网上搜索查询，如果是黑公司，大多网上有求职者投诉揭露骗子公司。直接搜索这家公司名称或电话号码，既避免上当受骗，也可了解该公司情况，为应聘面试做好准备。

（2）收钱的公司，十拿九稳是骗子！骗子们无论说得有多天花乱坠、多么动人好听，无非都是利用你急于求成的心理骗钱，只要你紧紧捂住钱包，他就没有任何办法。

（3）大批量到处粘贴招聘、急聘、急招的牛皮癣广告。正规的企业绝不会到处在车站牌、路边大规模地张贴广告。

（4）常年招聘的公司，最好不要去应聘。那是做广告的，求职者费尽口舌投简历应聘、浪费时间和精力来回跑面试也很难有结果。

职业中介骗招揭秘

现在找工作不容易，许多求职者便往往会寄希望于职业中介。但现在黑中介泛滥，常常是拿了中介费要么不介绍工作，要么重复介绍，或者介绍的工作根本无法干，有的不仅不退中介费，甚至还出现伤人的现象。因此在找中介时，需要特别提防遇到黑中介：

（1）黑中介招聘广告中往往不写具体办公地址，只留下手机号码或小灵通号码。

（2）黑中介总是将工作岗位吹得天花乱坠，并信誓旦旦地保证求职者即日上岗，让求职者赶紧交纳数百元报名费。

（3）黑中介一般不向求职者开发票，收据上也不注明收费项目，甚至不盖印章。

（4）黑中介提供的所谓用人单位，大多是他们同伙临时租赁的办公地点，等求职者前往报到时，他们开始提高上岗条件，无限期地拖延上岗时间，以便他们随时开溜。

因此，广大求职者在交纳中介介绍费前，一定要查看中介机构是否具有营业执照及职业介绍许可证，一定要查看营业执照上经营地址是否与其办公地址一致。万一遇上黑中介，求职者应保存好相关凭证，并及时向有关部门投诉。

高薪聘请可能是陷阱

高薪聘请，的确让人心动不已。可是，高薪的得来就那么容易吗？高薪的承诺能够实现吗？当求职者遇到高薪时，一定要睁大眼睛，做到"四看"：

一要看单位的实力。衡量单位的实力如何，可以从其注册资本、生产规模、市场占有率等方面入手。只有实力真正雄厚的单位，才会不惜千金纳贤才。

二要看行业特点。高薪并不是每行的从业人员都能得到的，行业特点是影响薪资水平的重要因素。

三要看同类人员的薪资水平。其他同类从业人员的薪资水平是极有参考价值的，如果所谓的高薪与同类从业人员相差悬殊，那就务必要提高警惕。

四要看自己的价值。要仔细审视自己，对自己有一个科学的认识和评价，看一看自己是否真的能够胜任将来的工作，能否应对各种难题和挑战。

最后还要记住，高薪只有口头的承诺是不行的，一定要把它落实到合同里才行。

警惕培训中的种种陷阱

随着继续教育、职业培训的兴起，参加培训的人员日益增多，但须警惕培训中的种种陷阱，以免上当受骗，花了钱又浪费时间。

（1）确认培训者的办学资格：根据国家有关规定，开办社会培训机构必须得到当地教育主管部门的批准，学员在报名前可要求培训者出示有关证明或直接向教育部门咨询，避免参加假冒伪劣的培训班。

（2）听口碑、看效果：现在北京一些大的培训机构如新东方、海文、北大青鸟等都已经办学多年，取得良好的培训效果，也获得了学员的认同。所以，一个培训机构口碑的好坏，也是衡量其教学质量的重要标准之一。

（3）保留好培训者发放的资料：这不仅仅是为了复习，也可作为出现问题后维护自己权益的有力证据。

总之，在参加各种培训时一定要保持清醒的头脑，擦亮眼睛，不要轻易被蛊惑性的语言所迷惑。

传销陷阱须注意

在传销组织中，发展"下线"被称作邀约"新朋友"。传销组织内对选择"新朋友"要有严格的规定，只选择那些对现状不满的人、想改变自己命运的人、曾经失败过想东山再起的人、有挣钱欲望的人。传销者们正是采取"投其所好"的方式，利用一部分人想快速致富、"一夜暴富"等心理，垂下"高工资""高额回报"等诱饵来让人上钩。

费尽心机设骗局。传销人员在确定好对象后，便会随即展开电话、网络、邮件等邀约。为了提高骗人的成功率，传销者在电话邀约前都经过精心布局。电话邀约的大致步骤为：从沟通感情、促进升温再转入邀约的主题。于是有着发财梦想的"新朋友"，便在这些"善意的谎言"蛊惑下，踏上了传销的不归路。

快递骗术须谨慎

假快递专骗投递费。一些不法分子利用从各种渠道获得的消费者姓名、电话号码等信息，联系消费者，声称有快递物品要送，并仔细询问消费者的办公地址和是

◇传销是如何使新人步入深渊的◇

传销组织用了什么魔法让参加者六亲不认、执迷不悟呢?

对新人施行疲劳战术。通过逛街、逛商场、串网、打球、玩扑克等,把业余时间占满,让新人没有时间考虑关于行业的问题。

切断新人与外界联系。以种种理由将手机收缴,目的是切断新人与外界的联系。

诱导新人参加听课,专业洗脑。授课者结合社会实际和个人经历,分析影响成功的因素以及人性的弱点,并结合我国转型期的典型案例,突出他们抓住机会取得巨大成就的特征,向听讲者灌输速成、暴富理论。

营造亲和力假象。每一天的沟通内容、每一次活动,都是随着人的思想变化而来的。它的效果惊人,能令每一位留下来"考察"的人认同、加入,并随其摇旗呐喊,疯狂地再去骗自己的亲人。

否正在办公室内。一旦得知消费者不在办公室，便建议让消费者的同事代收和交纳投递费。

专家提醒消费者在接到此类电话时，要先了解寄件人的信息以便确认，或让投递人在可以找到自己的时候送件。

防范股市骗术

火暴的股市催生了许多人的赚钱欲望，同时也催生了许多骗钱的骗术。股民朋友在炒股理财时如果"财迷心窍"，则很可能掉进骗子设下的圈套。

骗子公司往往以资讯服务公司的身份出现，并承诺高收益。他们还会宣称自己正在发展会员，按不同等级缴纳相应会费后，投资者便可以获得"贴身"服务。

由于咨询服务公司往往只会告诉会员在某价位购买某股票，但是几乎不会明确建议卖出时机，甚至有些纯粹就是在配合庄家出货，因此会员被套牢的几率很高。

待到投资者要求赔偿损失的时候，骗子公司又会摇身变成"政府机关"承诺给过去亏损的会员进行补偿，给投资者另讲一个美丽的"故事"。

有鉴于此，投资者无论在何种情况下，对打着各种高收益旗号的资讯公司都要保持足够的警惕，不要因一时冲动而上当受骗。

不可不防的专利诈骗

在某项专利被公开或授权公告的初期，专利权人一般都急于将专利转让出手以换取经济利益，而自己又往往缺乏项目转让的实际操作经验。一些骗子正是看准了这一点，乘虚而入。

骗术一：以购买专利为名，将专利权人骗到行骗者当地，然后提出由专利权人请客以联络与其单位领导的感情，以此骗吃骗喝。如果对方发现专利权人对合同缺乏知识，则下一轮欺诈即又告开始。

骗术二：以高价作饵，不进行或只是进行极少量的细节磋商，要求发明人直接到骗子所在地签署协议。届时，临时找来几个托并假称也是专利权人，由这些托与发明人竞争，最终以跳楼价买下发明人的专利。

骗术三：来信给发明人，表示很有购买诚意，要求尽快将样品寄出以便快速投产。这种骗子主要是拿准了一般专利在取得证书后往往需要较长的时间寻找买家或投产资金，在这个阶段内发明人往往根本无暇去市场上追踪自己的专利是否被仿冒。

◇警惕婚介服务陷阱重重◇

由于工作繁忙、交际面窄等原因，很多单身人士一直无法踏上婚姻的殿堂。为了迎合这类人群的需求，各种婚介服务中心如雨后春笋般出现，由于婚介市场的混乱，婚介服务中可能存在着重重陷阱：

巧立名目乱收费。一些婚介公司在征婚门槛上动脑筋，诸如收取"见面费""约会费""会员费"等名目繁多的费用。

"婚托"成盈利潜规则。中介工作人员挑选一些条件不错的来"吊"征婚者的胃口，然后收取价格不等的登记费。

"直到介绍成功为止"往往成为一些婚介公司设置的"陷阱"。

由此可见，在寻求婚介服务时，一定要加强自我保护意识，要提高警惕，对征婚广告要区别真假，保留证据。

如何确定婚介机构的合法性

不少上婚介所征婚的人士，由于其内心有一种羞怯的心理，因此常常在尚未确认婚介机构相应资格的时候就轻信对方，给犯罪分子留下可乘之机。其实，为了保护自己的合法利益，先确定一下婚介机构的合法性是有百利无一害的。

（1）首先要看婚介所是否具备经营资格，即有没有营业执照，执照中的经营范围是否有"婚介"项目，营业执照是否已年检或验照。

（2）婚介所在给你第一次介绍对象见面时，是否提供对方的身份证明、婚姻状况证明及资产证明等。如果没有提供，就有可能属于婚托。

（3）如果是通过征婚广告去应征，就首先应该让婚介所提供与广告内容相符的对方身份证明及财产证明，无法提供，就是虚假的。

（4）如果双方第一次见面不是在婚介机构注册地点，而是茶楼、酒吧等消费场所，那么一定要提高警惕，当心掉入消费陷阱。

（5）看在收取服务费之前是否给你填表登记并签订婚姻中介服务合同，如果都没有做就让你交服务费，那么就可能是在骗服务费。

（6）要看中介机构是否给你出具正规收据，如不出具，就不要交服务费。

外贸合同陷阱

在国际贸易中，既有世界跨国公司，也有中小企业，同时还有许多骗子公司，它们从外表上常常难以识别。一些骗子公司隐藏得很深，在业务前不露破绽，而在业务进行中设陷阱，它们往往利用合同并以"法律"的招牌来引诱对方上当，其表现形式为：

（1）名片主体。合同当事人一方没有注册资本，不能提供营业证明、法人资格证明，仅有个人名片，标有公司、职务、通信地址、电话等。

（2）变更检验条款，要求改为外方检验机构。

（3）变更支付条款，改信用证支付为托收或汇付。

（4）变更合同运输条款，改班轮运输为租船运输。

（5）变更合同主体条款。诈骗者会寻找各种理由建议由第三方代替自己履约，受骗方则常常会轻易答应而上当。

（6）不签书面合同。骗子公司常会宣称外贸公司不必有书面合同，只要双方认同即可。

（7）其他容易被利用的合同条款还有：品质条款、索赔条款、担保条款、违约金条款，等等，设置陷阱。

◎ 旅途防骗常识 ◎

揭开黑旅行社的骗术

（1）大街上派送卡片：行骗者大多是在车站、机场、商业街等人流集中的地方派送印刷精美的卡片，卡片上公司的业务范围、名称、地址、电话、商标等一应俱全，给人以逼真的印象。旅行者在收到这种卡片后完全可以通过网上查询，了解到这些旅行社是否具备相关业务资格。

（2）上门服务：黑旅行社利用游客图方便的心理，主动提出上门服务的口号，收钱之后迅速蒸发。实际上正规旅行社不为散客提供上门服务，除了团体客以外。

（3）专找旅游"新手"及外地游客：初来乍到的外地游客、缺乏旅游经验的老人最容易相信行骗者，并成为其目标。因此初来乍到的旅客应留意相关新闻报道，主动通过多种渠道查证。在外出旅游前，游客可通过114或者网站查证所选旅行社的总部电话，并进行咨询。

超低折扣机票中的陷阱

一些口岸城市的航空票价相对于全国其他省较低，但是在各个航空售票处的票价宣传中，一个航线多种价格的现象让旅客一头雾水，无所适从。据业内人士介绍，许多航空售票点打出低价格，目的在于吸引消费者打电话过来，接着服务人员便会以低价票已经卖完等方式回应消费者，并乘机推荐高价机票。

专家指出，有些航空售票点在航空公司特定时间打折的机票已过期的情况下，仍继续打出已过时的低折扣，属欺骗消费者的违规行为。

另外，现在很多人在街上散发名片，低价机票让消费者眼花缭乱。实际上这些人多是中介，他们的机票都是从正规的航空售票点购得后再转手卖出。消费者购买这种机票后，若是出现航班变更、名字以及身份证号码出错的情况，航空公司服务人员无法及时通知到消费者，消费者有可能遭受损失。

不可信的开罐中奖

相信看过电影《疯狂的石头》的人都不会对这个骗局感到陌生，但在生活中，因为这个骗术上当受骗的人仍然不在少数。

易拉罐诈骗大多发生在长途汽车上。骗子们为制造互相不认识的假象，会在途中先后上车。

途中，一个"傻子"会掏出一个易拉罐，装作不知道如何打开。这时另一个骗子就会假扮好心人帮他打开。当"傻子"准备把拉环扔掉时，又有一个骗子会提醒他"看看有没有中奖"。当这个骗子装模作样检查的时候，乘客肯定会听见"中奖了"的惊呼，果然，拉环上印着"恭喜您中了×万元"的字样。

为了让乘客确信奖金的真实性，一个骗子会将身上所有的钱物、手机给"傻子"要求交换拉环。这时另一个骗子马上会站出来说他出价更高，并问乘客有没有出价的。

如果此时有人上钩买了中奖拉环，骗子们就会"好心地"劝该乘客换乘一辆汽车，以免"傻子"反悔。而等上当乘客下车后，骗子们随后也就会陆续下车，逃之夭夭了。

春运坐火车要防骗

不少违法犯罪分子在春运纷纷"摩拳擦掌"，企图浑水摸鱼。在此曝光一些春运常见骗术，旅客朋友可以此为鉴。

（1）买票防骗

春运期间，买票是个老大难问题，也是不法分子下手的首选时机。犯罪分子常常以未过有效期的中转签字票诈骗。乘客需注意此类票面一般较旧，且已被剪口。

（2）候车时防偷抢

在候车时客流量大，旅客一定要提高警惕。售票厅外，火车站附近的小巷子、僻静街道、进站口、剪票口、出站口等拥挤地方都是高危地段。

（3）车上防骗

在车上应注意拒绝陌生人提供的香烟、饮料和食品。如果在家收到在列车上的亲人遇到意外的消息，千万要冷静，不要急于汇款。应及时与铁路客运部门或铁路公安机关联系，避免上当，一旦上当受骗，应及时向公安机关报案。

长途汽车上的常见骗术

每年总有旅客坐车被骗的案例发生，其中最常见有以下几种：

（1）猜"3"和"8"：猜"3"和"8"就是利用一张胶布叠成一个小方块，一面写上"3"另一面写上"8"，放在一个小酒杯里，然后用块胶皮盖在上面，让围观的人猜上面是"3"还是"8"。这种骗术表面上看起来没有什么破绽，其实那块胶布里面包的是一块小磁铁，如果下注"3"的人多，那么行骗者就利用绑在胳膊上的一大块磁铁，在最后下注的时候令胶布翻转过来；如果下注"8"的人多，那么这个胳膊上绑磁铁的人就按兵不动。

（2）猜铅笔：一般诈骗分子用一红一蓝两支铅笔，然后用一根绳子先套在其中的一支上，而后把两支笔缠在一起，问围观的人当绳子打开后，绳子会套在哪支

◇车站上的骗局◇

在汽车站、火车站这种人口密集且复杂的地方，最容易发生骗局，所以，在这些场所时要注意防骗。

冒充接站骗局

冒充要接你的人，然后编出各种理由，骗走你身上的钱财。遇到这种情况，当事人不能主动透露自己的情况，要先向对方发问，不能轻易答应对方关于钱、物的要求，同时要注意隐私的保密。

残疾人索要捐款骗局

拿着残疾人证明和爱心登记表拿给乘客看，然后要求乘客捐款至少5元以上遇到这种情况，当事人要保持理性，不要同情心泛滥，可以联系车站服务人员。

笔上。这种骗术比较简单，如果他先套住蓝色铅笔，手里抓住两个绳头，打开绳子时，那么绳子依然缠在蓝色铅笔上；如果用一个做过标记的绳头打开，那么套子就移到了红色铅笔上。

（3）猜扑克：诈骗分子一般用三张扑克牌让围观的人猜哪张扑克为红，哪张扑克为黑。这种骗术，玩扑克的人手法比较快，一般的人根本看不出其中的变化，而且在他的胳膊中还藏有其他的扑克牌，他会在令人眼花缭乱的洗牌中把扑克换掉。

打电话骗旅客家人

由于旅客在到站下车后一般都会给家里打电话报平安，犯罪分子利用这一点进行诈骗。据车站警方介绍，他们一般以没有随身携带手机的老年人和青年或者大学生作为目标，以同乡为名，主动上前攀谈，获取对方的信任，以此来骗取这些作案对象家里的电话号码，等受害者上车后，他们便立即拨打受害者家里的电话号码进行诈骗。通常称受害者在火车上突发疾病或是发生其他意外已被送下火车在医院抢救，但是手中没有足够的钱，需要家属立即汇钱，否则医院不予治疗。

数钱变戏法，找钱少一半

某些火车站的附近有很多小商店，一些小商店看似没有什么特别之处，但是他们在给旅客找钱时，下手手法相当"高明"。许多乘客在车站附近小商店购物时，当老板给顾客找完钱之后，通常会主动提醒顾客再数一次钱，等顾客数完钱之后会发现少了一元钱，这时他们会拿回钱再数一次，然后补给顾客一元钱。其实他们已趁机将钱抽出一半或者一部分，大部分顾客由于赶车着急并不会再次数钱，都会拿着钱就走人，这样便给了这些骗子得以行骗的机会。

假扮英雄骗钱财

见义勇为原本是让人倍感钦佩，叫人禁不住竖起大拇指的正义行为。可是当今骗子横行，也打起了假扮英雄、利用群众对英雄见义勇为的敬意来骗取不义之财的主意。这些"英雄"总是"横空出世"，打抱不平，流泪流血。最后在其他"托"的鼓动和"示范"下，不明就里的群众便会解囊相助……现实生活中确实存在着见义勇为的英雄，但人们在被这些勇敢的行动所感染的同时，也要擦亮眼睛，分清真伪，不要被眼前的"义举"蒙蔽了双眼。

◎ 网络防骗常识 ◎

网络求职骗术曝光

在网上求职已经为越来越多的应聘人员运用，而一些非法网站利用毕业生求职心切的心理，进行诈骗等违法活动。

骗术一：骗取资料出售牟利。张同学在一招聘网站上看到招聘信息后，填写自己的详细资料以后一星期，开始频繁地收到莫名其妙的短信和邮件。显然这是非法网站以招聘为幌子，骗取网民的详细资料后出售给中介公司牟利。

骗术二：利用照片赚取点击率。长相不错的王同学听说某航空公司网上招聘"空姐"，于是就按照要求寄去自己的资料和艺术照，但复试通知没有等到，却在该网站上看到自己的照片，被命名为"某少妇玉照"，点击率高达2万次。

骗术三：骗取报名费。许多上网求职者填写资料以后会收到索要报名费或者考试费之类的电子邮件，而一旦将钱汇出，通常没有下文。

骗术四：模糊概念，偷梁换柱。周同学在网上应聘到某单位，签合同时对方承诺待遇从优，月薪2000元包食宿，年终福利另算。正式上班时才发现食宿条件恶劣，待遇也无法落实，但是迫于高额违约金，有苦难言。

识破银行卡诈骗短信

某些短信通过所谓的"银行卡消费提醒"来套取持卡人的卡号、密码和卡内信息，然后再通过制假卡或者网上银行转账等渠道，最终把持卡人卡里的现金转走。专家提示，持卡人只要注意把握以下几个问题，基本上可以识破银行卡诈骗短信。

（1）发信人号码：目前，每一家银行都有一个移动运营商分配的专用于银行短信发送的特服号码，而诈骗短信的发信号码基本上是手机号。

（2）自称：短信的自称提示不对，正规的刷卡消费短信通知都是由发卡银行发送的，而诈骗短信大多以"××银联"自称。

（3）消费地点：诈骗短信中都会写明具体的消费地点，而银行发的正规消费短信，均不会涉及具体的消费地点。

（4）结算：银行卡特别是借记卡消费一般都是实时扣款的，也就是消费时马上就结算。骗子在有些诈骗短信里写了"将在结算日扣划"。

怎样识别彩票骗子网站

目前，彩票骗子网站很多，有的彩民先交纳了一定的会员费用后，想开通时，却在网站上看不到所谓的预测内容，即使能查看，其内容也完全不符合当初向彩民承诺的，使彩民遭受不可挽回的经济损失。

那么，如何辨别这些骗子网站呢？以下这些基本辨别方法可供参考：

（1）不要相信"包中大奖"的广告言辞。例如有的网站宣传，买双色球推荐号码"买8保6"，即推荐8个号码，保证中6个号码。这样包中大奖的话无异于天方夜谭，完全是不现实的。

（2）彩票网站提供收费预测分析服务费的，要查询对方是否是正规公司，有没有营业执照等。

（3）查询相关彩票网站的经营地点和公司联系方式。现在有些骗子彩票网站，连电话都没有，或者只是放了个手机号码或小灵通号码，服务难以保证。同样，网站有合法的经营场所也很重要，要辨认其经营场所的真实性。

警惕"狼披羊皮"的假冒网站

此类假冒网站冒充正规电子商务网站通过一些搜索引擎的"竞价排名"业务，利用一些"竞价排名"代理商对发布人身份审核不严的漏洞，花钱把自己排在搜索引擎的显著位置，坐等用户上钩。

曾出现过这样的案例：假网站冒充某证券网站，通过竞价排名的形式被排在搜索引擎的显要位置，由于该网站网名与冒充的证券网站网址相似，用户如果不小心通过搜索引擎点击进入后会感染"证券大盗"病毒，该病毒能盗取用户的证券交易号码，从而操纵用户的账号进行证券买卖。

电子邮件骗术有哪些

以下这些骗术有的可能在平面媒体或以其他方式出现过，但由于电子邮件的隐秘性，邮寄来源或广告主不易查明，因此在电子邮件中格外泛滥：

（1）提供商业机会：这些电子邮件通常都宣称，你可以不必花太多时间或金钱就能赚得报酬。这类邮件的特点是大都有一长串的承诺，但却很少提及详细内容。

（2）健身及瘦身减肥骗局：这些电子邮件中声称，他有能让你不必运动或改变日常饮食，就可减轻体重的药丸，可融化脂肪细胞使身体吸收的草药秘方，及治疗阳痿与秃头掉发等，这都是充斥电子邮件信箱的诈骗术之一。

（3）提供不劳而获的机会：有些电子邮件宣称他们有目前最时髦的快速致富方式，如在世界货币市场上套汇赚取无止境的利润等。事实上，如果这些方法真的有效，这些人为什么不赶快利用此法去赚钱呢？

◇网络诈骗的其他形式◇

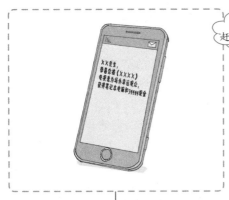

1. 利用手机短信息进行诈骗。行骗者利用手机向用户发送虚假信息，骗取被害人邮寄费、信息费、预付款、定金等。

2. 利用网上拍卖进行诈骗。行骗者使用假身份证在各大网站商品拍卖平台注册，提供虚假供货信息，诱导受骗者将钱汇入指定的银行账号。

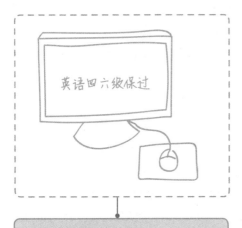

3. 在网上发布虚假信息进行诈骗。行骗者通过发布"出售高考或英语四六级考试题"等虚假信息诈骗钱财。

4. 通过网上聊天进行诈骗的。行骗者利用网上聊天结识网友，骗取信任后，伺机骗财骗色。

网上购物骗术揭秘

随着网络经济的繁荣，网上购物由于其快捷、便利、价格较低的优点，已经成为许多年轻人的时尚购物方式。尽管这种购物方式使人们享受到了足不出户、送货上门的方便，但一些不法分子利用网络购物行骗也经常令购物者防不胜防。

（1）网托诱惑：一般的消费者看到"卖家好评率"和"卖家信用"时，便会放心地把款汇到对方账户。于是卖家往往会找身边的好朋友来当"托儿"，对自己的网店进行留言，网站则根据这些点评就会生成"卖家的信用等级"。

（2）货品标价：在很多网站都会看到一些价格上超乎想象的"宝贝"，进去一看，还确实是好产品，再寻思这个"天上掉馅饼儿"的价格，难免会有消费者动心。但实际上，这类商品往往或者质量有问题，或者是无法保修的"水货"，或者干脆就是商家设下的一个骗局。

（3）看图买货：看了图片引起购买欲望的消费者不占少数，但买了之后后悔的也不少。实际上，有的网站对照片没有任何要求，既可以从网上下载，也可以实物拍摄。因此，卖家随意发布产品图片信息，以次充好的事情就总是会出现。

◎ 出国留学防骗常识 ◎

如何选择留学学校

国外的学校并不是每一所都是值得信赖的，基本上公立学校都非常可靠，而私立学校由于各方面的原因，需要谨慎对待。选择学校时要想做到知己知彼，可以从以下几方面着手：

（1）挑选可靠的留学中介机构：目前，很多学生通过留学中介办理出国留学，因此选择经过资格认证的合法中介机构就显得十分关键。

（2）确认学校的办学资质和水平：很多学生和家长已经意识到需要辨别留学中介机构，但是却忽视了对所办理合作学校的实际办学资质和水平的核实和确认。学生和家长要经常关注一些留学的权威网站，比如教育部教育涉外监管信息网（www.jsj.edu.cn），上面会发布很多留学预警，并且可以查询33个可留学国家的学校名单。

（3）选择声誉好的学校：一般一所声誉好的学校更值得信赖。在选择学历、学位教育的学校时，应选择办学实力和水平被社会公认的学校，所颁发的学历、学位是否经过所在国政府教育主管部门或其授权的权威机构承认或注册。

（4）认准所在国的一些认证：有些国家对私立学校进行资格认证，颁发认证证书。学生在留学时，认定这类学校相对而言，比较有保障。

选择留学国家、院校、专业要遵循的原则

在留学选择中很重要的就是选择留学国家、学校和专业。那么这三点该如何去选，有没有个先后顺序、轻重缓急？专业人士认为，学生应按照国家、专业、学校的顺序去选择。

出国留学以学习知识获取文凭为目的，但同时要考虑学成后的安排，选择像美国、加拿大、澳大利亚、新西兰等移民国家出国读本科就意味着自动移民。

另外，学生在选择留学国家时，还必须考虑语言问题，这方面显然选择英语国家留学会方便许多。除了语言外，留学前还要充分考虑家庭实际承受能力及留学国家的总体消费水平、在校就读期间是否可以合法打工，等等。

许多家长和学生都把学校的综合排名作为首要考虑因素，其实这里存在不少误区。除了综合排名外，以下几个因素也是至关重要的：第一，学校的学费；第二，是否提供奖学金；第三，学校是否开设符合自己理想的专业，该专业是否为知名专业；第四，毕业生的就业率以及受就业市场欢迎的程度，等等。

如何看待中外合作班

据专家介绍，中外合作班的办学模式一般有两种：一种是学校开办中外合作学院或专业。一种是不管从教材还是模式、文凭都和国外接轨。

西方教育、欧式教育与我国传统教育不一样，参加中外合作班的学习就相当于不出国就能拿国外的文凭。

因此可以说，中外合作班是大学面向世界改革的一个方向，如果经济允许，对于一些考生来说是个不错的选择。

留学黑中介常见伎俩

伎俩一：掩人耳目，多收费用

一些中介以极低的中介费吸引生源，却在学费上做了手脚。合法的中介都会要求学生直接把学费汇到学校，并告知学校的名称、地址、账户等信息，而不是让学生将钱汇入私人账户或通过中介转汇。

伎俩二："预科班"门道多

有一些中介许诺上了"预科班"，不再需要英语考试就可以轻松进大学。事实上，"预科班"不仅要耗费比在国内攻读英语更多的资金，而且部分预科班是有最后结业考试的，其通过成绩一般比及格分要高许多。

◇选择出国留学中介存在的误区◇

近些年，随着留学行业规模的不断壮大，出国留学的人也日益增多，各类留学公司和留学中介也随之而起。但，其实选择留学中介办理留学，有八成家长存在很大的误区。

留学中介就是"骗子"。中介在大部分人们的心中就被理解为"赚自己钱的""骗子"等，但是出国留学的信息只能在网络或者其他媒介上面了解，具体的操作和规划只能找寻留学中介咨询和办理。

规模越大越可靠。有些大的机构，它真正的留学代表或业务员，很多是过去没有做过留学中介的，是这个行里的新手。留学中介属于咨询行业，从业人员的业务水平往往要依靠经验的积累，而新手往往需要一段时间的磨合与经验积累。

交给中介万无一失。极个别获得自费出国留学中介资格认定的机构为谋取利益，也违规操作，从事挂靠或转借资质等活动，损害了自费出国留学人员的利益，干扰了自费出国留学服务市场的正常秩序。

广告多就是名中介。做广告多的可能真的有钱，但不一定有资质，而且广告语太过于忽悠消费者。

伎俩三：垃圾学校摇身一变成"名校"

有些所谓的名校实际上是不被教育部承认的垃圾学校，中介为了营利却把很多学院性质的学校美化为名校，或者极力推荐自己代理的学校。

歪大学的骗人招数有哪些

歪大学，社会上也俗称为"野鸡大学"，指的是在没有得到国家权威认证机构认证的情况下授予欺诈性的或毫无价值的学位的学校。一般而言，这些歪大学的骗术主要有以下几种：

（1）取个响亮的名字，沾点名校的光：在中国招生的国外歪大学，不管大小，都叫大学，而且往往一听来头不小，比如"美国世纪大学""美国国家大学"等。

（2）"金字招牌"国际认证："我们颁发的学位是得到国际认证的。"这是他们最喜欢挂在嘴边的一句话。事实上，正规大学没有几家会把自己学校的毕业文凭和认证证明放在网页上给大家看，也不会说自己被国际机构承认，等等。

（3）网络障眼法：这种学校网址的结尾大多是".com"或".org"，而不是".edu"。

（4）标榜学历可以进行公证：很多歪大学都喜欢强调授予学生的学历可以获得公证，可以获得中国驻外大使馆的认证，其实，所谓的文凭公证、认证，是利用中国学生对国外法律制度认识不够而采取的一种骗术。